Martina Rellin
Wir sind die neuen Liebhaber

SERIE PIPER

Zu diesem Buch

Eine Frau mit Liebhaber – das war früher die alleinstehende Geliebte eines verheirateten Mannes. Vorbei sind diese Zeiten: Heute genießen verheiratete Frauen und Frauen mit festem Partner selbstbewußt die Leidenschaft mit ihren Liebhabern. Diese neuen Liebhaber begegnen ihren Liebsten auf Augenhöhe. Freundschaftlich, geradezu partnerschaftlich geht das heimliche Paar miteinander um und erlebt zusammen die aufregenden Gefühle, die in den Hauptbeziehungen oft fehlen. Das Liebhaberpärchen ist sich einig: Wir trennen uns nicht von unseren Ehepartnern, alles bleibt, wie es ist. Offen, ehrlich und im Schutz der Anonymität erzählen zwanzig Männer in diesem Buch der Bestseller-Autorin Martina Rellin von Lust und Leidenschaft ohne schlechtes Gewissen, von Glück und überwältigend schönen Gefühlen.

Martina Rellin, geboren 1962, lebt mit ihrer Familie in Berlin und in Leipzig. Sie war von 1994 bis 2001 Chefredakteurin der Zeitschrift »Das Magazin« und veröffentlichte die sehr erfolgreichen Bücher »Ich habe einen Liebhaber«, »Wir sind die neuen Liebhaber« und »Mein Liebhaber«. Zuletzt erschienen von ihr »Klar bin ich eine Ost-Frau!« und »Ich habe einen Liebhaber. Die Gebrauchsanweisung«.

Martina Rellin
Wir sind die neuen Liebhaber

Männer erzählen von ihren Begegnungen mit der ganz besonderen Frau

Piper München Zürich

Das Anaïs-Nin-Zitat stammt aus: Die Tagebücher der Anaïs Nin 1.

Von Martina Rellin liegen in der Serie Piper vor:
Ich habe einen Liebhaber (4363)
Wir sind die neuen Liebhaber (4366)

FSC

Dieses Taschenbuch wurde auf FSC-zertifiziertem Papier gedruckt. FSC (Forest Stewardship Council) ist eine nichtstaatliche, gemeinnützige Organisation, die sich für eine ökologische und sozialverantwortliche Nutzung der Wälder unserer Erde einsetzt (vgl. Logo auf der Umschlagrückseite).

Ungekürzte Taschenbuchausgabe
Piper Verlag GmbH, München
September 2005

Umschlag/Bildredaktion: Büro Hamburg
Heike Dehning, Charlotte Wippermann,
Alke Bücking, Kathrin Hilse
Foto Umschlagvorderseite: Marie-Françoise Prybys/Getty Images
Foto Umschlagrückseite: Agentur Ostkreuz, Berlin/Ute Mahler
Papier: Munken Print von Arctic Paper Munkedals AB, Schweden
Druck und Bindung: Clausen & Bosse, Leck
Printed in Germany
ISBN-13: 978-3-492-24366-7
ISBN-10: 3-492-24366-5

www.piper.de

Angst tötet die größte Liebe.
Anaïs Nin

Reden wir über Eva

Vorwort von Martina Rellin

Liebe Leserinnen und liebe Leser,

überblättern Sie dieses Vorwort, wenn Sie hier den Ratgeberteil oder die wissenschaftliche Einordnung zum Thema Liebhaberinnen und Liebhaber suchen. Die folgenden Zeilen gönne ich, die Autorin, mir, um Gedanken und Beobachtungen loszuwerden, die in die Protokolle im Buch natürlich nicht passen, weil da völlig unkommentiert die neuen Liebhaber zu Wort kommen sollen.

Lassen Sie mich zuerst ein bißchen gemein sein: Die Männer haben mal wieder Glück gehabt. Emanzipation der Frau in den letzten Jahrzehnten hin oder her, freie Liebe der 68er, Pille ... Profitiert vom unbestritten erstarkten Selbstbewußtsein der Frauen, ihrer zunehmenden Berufstätigkeit und finanziellen Unabhängigkeit, dem von Frauen erkämpften gleichberechtigteren Umgang von Männern und Frauen in Partnerschaft und Familie haben mal wieder – die Kerle. Auch und insbesondere die, von denen hier die Rede ist: die neuen Liebhaber.

Die neuen Liebhaber erleben Lust und Leidenschaft mit starken, selbstbewußten Frauen, sie haben Teil an der Freiheit der Frauen, und sie genießen das – wie anders dagegen läuft es in der ebenso klassischen wie überkommenen Geliebten-Beziehung: verheirateter Mann und alleinstehende, hingehaltene Geliebte, wo Gezerre und Tränen an der Tagesordnung sind, der Mann bestimmt, wo's langgeht – und dieser Weg führt gewiß nicht zur Aussprache mit der Ehefrau und dann via Scheidungsanwalt zum Standesamt mit der Geliebten.

In den neuen Liebhaber-Beziehungen dagegen begegnen sich Männer und Frauen auf Augenhöhe. Neue Liebhaber – und Liebhaberinnenn – lieben leidenschaftlich, hingebungsvoll, gehen verbindliche Bindungen ein, teilen Macht in der Liebhaberbeziehung freundschaftlich. Liebhaberin und Liebhaber sind sich einig: Unsere Lust, unsere Liebe ist das eine, aber wir trennen uns nicht von unseren festen Partnern. Da wagen sich auch Männer vor auf ein Terrain der unsicheren, weil starken Gefühle, das der klassische Ehemann mit klassischer Geliebter nie und nimmer betreten hätte. Denn es ist so: Wo Lust und Leidenschaft gedeihen, da wächst auch Liebe, und wie weit darf die gehen? Diese und viele Fragen mehr beantworten die 20 Männer in diesem Buch.

Das haben vor ihnen bereits 23 Frauen getan, und zwar in meinem Buch *Ich habe einen Liebhaber. Frauen erzählen von ihren Begegnungen mit dem ganz besonderen Mann*, das ebenfalls als Taschenbuch in der Serie Piper vorliegt. Gabi, Bettina, Lisa und all die anderen Frauen aus dem ersten Buch haben vieles gemeinsam: Sie gehen mit ihren außerpartnerschaftlichen Beziehungen genauso selbstbestimmt um wie mit den festen Partnerschaften, nicht selten stabilisieren ihre Liebhaber die Ehe oder feste Partnerschaft. Frauen suchen und finden in ihren Liebhaber-Beziehungen all das, was in ihren langjährigen, altgedienten Partnerschaften häufig auf der Strecke geblieben ist: Romantik, Abenteuer, dieses gewisse Prickeln im Bauch und nicht zuletzt: leidenschaftlichen Sex. Frauen fühlen sich durch ihre Liebhaber in ihrer Weiblichkeit bestätigt.

Und die Liebhaber? Die Männer, die zu diesen starken, eigensinnlichen Frauen passen? Was denken sie über ihre Beziehungen mit ihren Liebhaberinnen? Mein erstes Buch war noch nicht erschienen, da fragten mich Frauen: »Und? Wann gibt es das Buch, in dem Männer erzählen?« Die Fragestellerinnen waren natürlich Frauen, die für das erste Buch ihre Geschichten erzählt hatten, und am liebsten hätten sie gehabt, daß ihre eigenen Liebhaber ihre Sicht der Beziehung schildern. Warum? Nun, Frauen können es sich denken: Wir Frauen haben oft das Gefühl, daß Männer ihre wahren Gefühle uns gegenüber nicht äußern, sei es, weil sie das nicht wollen, oder weil sie es nicht können. In dieser Hinsicht unterscheiden sich übrigens Ehemänner respektive feste Partner kaum vom Liebhaber ... Wir Frauen möchten aber gerne alles oder wenigstens möglichst viel darüber wissen, wie und was ein geliebter Mann fühlt.

Stellvertretend für andere wollte ich die Männer also ausfragen, und ich wurde sofort selbst mit einer Frage konfrontiert – von einem Mann: »Kann eine Frau überhaupt darüber schreiben, was ein Mann denkt und fühlt?«, wollte ein Mann aus dem Publikum bei der Premiere des ersten Liebhaberbuches in der Berliner Volksbühne wissen. Mit dieser Frage hatte ich nicht gerechnet – für mich stand aber fest: Klar kann ich über Männer schreiben. Geantwortet habe ich auf die Frage des Mannes sinngemäß: »Na, wenn nicht eine Frau, wer sonst sollte mit Männern über ihre Gefühle reden? Männer untereinander, selbst beste Freunde, sprechen kaum über ihre Gefühle. Und über die Erlebnisse als Liebhaber zu reden ist sowieso heikel, weil ja meistens alles geheim bleiben soll – wem also sollen die Männer sich offenbaren?« Den Mann, Wolfgang, hat es überzeugt, er gab mir nach der Lesung seine Telefonnummer und sprach das erste Mal über Eva.

Tatsächlich ist es so – das hat sich bei der Recherche zum Buch dann herausgestellt –, daß Liebhaber über ihre Affäre, Liaison, Beziehung, oder wie immer Sie es nennen wollen, meist mit niemandem reden. Für Dreiviertel der Männer war ich – außer der Geliebten selbst – der erste Gesprächspartner in dieser Sache überhaupt.

Warum die Männer zum Gespräch bereit waren, dafür waren die Beweggründe höchst unterschiedlich. Bei den Frauen im ersten Buch hatte ich das Gefühl, sie wollten ihre Geschichten erzählen, um ihre Freude am Erlebten – wenn auch anonym – mit anderen zu teilen, geteilte Freude ist doppelte Freude. Keiner ging es darum, wirklich das Gewissen zu entlasten – die Frauen genießen ihre Lust relativ unbeschwert.

Die erzählenden Frauen wollten die Geschichten, die ja meist geheim bleiben müssen, auch durchaus durch die Schriftform für die Ewigkeit festhalten. Außerdem wollten sie sich austauschen, auch anderen Frauen Mut machen.

Bei den Männern liegen die Motive anders. Da sind zum einen die Männer, die das erste Buch gelesen haben und die Aufforderung im hinteren Teil des Buches, sich mit ihrer Geschichte zu melden: Diese Männer wollten meist endlich mal mit einem Außenstehenden über ihre Beziehung reden, sie hatten auch durchaus Klärungsbedarf, und meistens kam von den Männern ganz direkt am Ende des Gespräches eine Frage: »Sagen Sie mal, Frau Rellin, Sie sind doch auch eine Frau, was meinen Sie, warum verhält sich meine Geliebte so und so?« Meistens war die Antwort für mich denkbar einfach.

Dann sind da die Männer, die von ihren Liebhaberinnen auf die Idee gebracht wurden: »Erzähl du doch mal.« Beispielsweise Uli, Paul und Norbert, die Liebhaber von Gabi, Marie und Diana aus dem ersten Buch, die jetzt ihren Part erzählen, zum Teil mit verblüffendem Perspektivwechsel, zum Teil nahezu deckungsgleich. Es kommen aber auch viele Liebhaber zu Wort, deren Freundinnen bei meinen Lesungen von dem neuen Buchprojekt erfuhren und die ihre Freunde animierten zu reden. Uns allen, mir, Liebhabern wie Frauen, die von dem Projekt wußten, war klar, daß wir uns hier durchaus auf gefährliches Terrain begeben: Wenn die Männer die Wahrheit erzählen, kann die auch unbequem sein. Und die neuen Liebhaber wären keine Männer, wenn sie sich dieser Gefahr nicht aussetzten. Ich habe es in mehreren Fällen genau mitbekommen, daß Männer schon in dem Moment, in dem sie mir etwas erzählten, wußten: Das gibt Ärger, hier habe ich einen Streitpunkt in unserer Beziehung berührt, und das ganze nun schriftlich ... Natürlich sagt Arvid seiner Igel auch im richtigen Leben: »Ich verliebe mich nicht in dich.« Aber das schwarz auf weiß zu lesen, kann schon wehtun. Oder wenn Norbert von seinem schlechten Gewissen seiner Ehefrau gegenüber berichtet, von seinen Befürchtungen ... Das hat Diana wehgetan, das weiß ich. Ich bin froh, daß die Männer trotzdem offen geredet haben und daß wir ihre Berichte hier jetzt so veröffentlichen können, denn ich weiß auch: Liest man als nicht-betroffene Frau beispielsweise Arvids Geschichte, spürt man seine Liebe zu Igel, die sich bei aller Rauhbauzigkeit eben so äußert, daß er gemeinsame Nächte möglich macht, natürlich nur ihr zuliebe ...

Oder Wolfgang, Mister Cool – als er merkt, daß er plötzlich dabei ist, sich in Eva zu verlieben, da sagt er ihr das nicht einfach ... Nein, er zieht die Notbremse, indem er vorschlägt: »Ich möchte, daß wir uns ein halbes Jahr nicht treffen. Kein Kontakt, weder dienstlich noch privat.« Muß man da als betroffene Frau nicht unweigerlich denken: Der liebt dich nicht!? Mir würde es so gehen. Als Außenstehende konnte ich zu dem von Wolfgang Erzählten lächeln.

Ja, Männer verhalten sich anders als Frauen, und sie erzählen auch anders darüber. Direkter, schonungsloser, sachlicher. Nicht selten passierte es, daß ein Mann zu unserem Treffen mit einer kleinen Stichpunktliste erschien, darauf notiert Ereignisse, Aussagen, Schlüsselerlebnisse, die er auf jeden Fall erzählen wollte. Das hatte ich mit keiner der Frauen aus dem ersten Buch erlebt. Daß dann im Laufe des Gesprächs auch die Männer ins Erzählen kamen und nicht mehr an der Kladde klebten, das stand natürlich nicht auf dem Spickzettel. Auch nicht, daß die Männer ganz häufig, nachdem sie das von mir Aufgeschriebene dann gelesen hatten, sagten: »Was, das habe ich Ihnen auch erzählt?«

Ich gebe zu, daß ich diese Gespräche mit den Männern genossen habe, weil die Gesprächssituationen denkbar ungewöhnlich waren. Sind Sie eine Frau, muß ich Ihnen nicht sagen, daß es häufiger geschieht, daß man mit einer wildfremden Frau plötzlich sehr vertraut über intime Dinge, über Gefühle redet – erinnern Sie sich nur, wie oft einem das früher im Zug passiert ist, als es noch Abteile und keine Großraumwagen gab. Aber mit einem fremden Mann über Gefühle zu reden, das ist ganz etwas anderes, denn es kommt so selten vor. Man mag einwerfen: »Das sind Sie als Journalistin doch gewöhnt«, aber das stimmt nicht. Selten, viel zu selten für meinen Geschmack, befragen wir in unserem Beruf Menschen nach ihren Gefühlen. Journalisten fragen normalerweise nach reinen Fakten wie: Wann wird das Gebäude fertig, was kostet das, welche Probleme gibt es? Das ist nicht schwierig. Ganz etwas anderes ist es, bei einem fremden Mann nachzufragen: »Und, haben Sie dabei eigentlich ein schlechtes Gewissen, wenn sie am Eßtisch sitzen, wo beim Frühstück noch der Ehemann Ihrer Freundin saß?« oder auch: »Sie haben vorhin erzählt, daß Ihre Geliebte mit Ihnen Dinge tut, die sie mit dem eigenen Mann nie tun würden – erzählen Sie mir das doch mal genau.« Und am Nebentisch der Lufhansa-Lounge bekommen andere Reisende ganz spitze Ohren, wenn plötzlich von Unterwerfungsfantasien, Fesselungen und Keinem-Slip-unterm-Kostüm die Rede ist.

Meine Bekannten und Freunde haben auch die Arbeit an diesem Buch liebevoll und kritisch, gespannt und biestig begleitet. Und ich habe in den letzten Monaten neue Begleiterinnen und Begleiter bei der Arbeit gefunden: Die Frauen und Männer, die sich zu meinen Lesungen eingefunden haben. Da wurde kritisch nachgefragt: »Ist das nicht eine Belastung für die Kinder, wenn eine Frau sich ein solches Lügengebäude aufbaut?« – und bevor ich antworten konnte, äußerten schon zwei, drei Frauen aus dem Publikum ihre Meinung. Da wurde auch einfach kommentiert: »Endlich mal positive Berichte von Liebhaberinnen, nicht diese traurigen, moralinsauren Geschichten mit erhobenem Zeigefinger, wie sie so oft in der Presse stehen.« Ja, und es wurde auch schon neugierig gefragt nach dem Männerbuch: »Was kann man über die neuen Liebhaber sagen?«

Irgendwann bei der Arbeit an diesem Buch fing ich an, vorsichtig Schubladen aufzumachen und die Männer, mit denen ich sprach, hineinzutun. Das soll man nicht, ich weiß. Ich mache diese Schubladen jetzt trotzdem mal für Sie auf, denn ich habe mich gehütet, dieses Buch wie eine Kommode anzulegen, also Segmente für die einzelnen Kapitel zu bilden, die Geschichten folgen einer Reihenfolge, die beim Lesen Abwechslung und Überraschungen verspricht.

Trotzdem: Ich habe grob drei Arten von *neuen Liebhabern* geortet. Kategorie eins: *Der neue Liebhaber light*. Dieser Mann wäre früher wahrscheinlich der Ehemann mit klassischer Geliebter gewesen. Er möchte die Beziehung zur Geliebten bloß nicht zu nah, aber er läßt die Geliebte durchaus dicht an sich ran, ist respektvoll und nicht rücksichtslos. Er würde die Beziehung aber sofort beenden, käme sie aus dem Ungleichgewicht, würde die Geliebte ihn *haben* wollen. Diese Männer können sich auch in der Liebhaber-Beziehung den Veränderungen nicht entziehen, die zwischen Männern und Frauen in festen Partnerschaften stattgefunden haben. Zum Beispiel Sven, Wolfgang, Arvid – ihre Beziehungen zu ihren Freundinnen haben nichts mehr gemein mit dem überkommenen Klassiker, die Männer sind ihren Freundinnen durchaus (unterschiedlich) nah, aber leben möchten sie mit ihren Freundinnen trotzdem nicht – und die auch nicht mit ihnen. Schublade zwei: *Die typischen neuen Liebhaber*. Männer, die voll und ganz dem Bild vom neuen Liebhaber entsprechen. Johannes, Uli, Georg – ebenso leicht und vergnügt wie heimlich lieben sie ihre Freundinnen neben der festen Frau. Mal über Trennung vom festen Partner oder der festen Partnerin zu sprechen ist durchaus drin, aber das wird nicht wirklich enst gemeint, es gilt das Motto: Am besten alles bleibt, wie es ist.

Ändern soll sich dagegen das Leben für die Männer der dritten Gruppe, sie sind für mich ein richtiges Phänomen, über dessen Existenz ich mir zu Beginn der Arbeiten an diesem Buch nicht richtig im klaren war: *Die duldsamen neuen Liebhaber*. Es handelt sich um Männer, die sich auf eine Beziehung mit einer gebundenen, also verheirateten oder fest liierten Frau einlassen und irgendwann vor der überraschenden Erkenntnis stehen: Eigentlich will ich diese Frau für mich.

Die Männer kommen unterschiedlich in diese Situationen: Harald zum Beispiel hatte sich, wie viele andere auch, als alleinstehender Mann etwas Kluges ausgedacht. Er wollte eine Geliebte, die ihn nicht vereinnahmt, ihn nicht zur Aufgabe seines Lebens als Alleinstehender zwingt, die nicht irgendwann sagt: »Heirate mich.« Darum die Kontakt-Anzeige: »Suche Frau, gern gebunden.« Gut ausgedacht, aber nicht mit den eigenen Gefühlen gerechnet. Die waren nämlich plötzlich da, und – bei aller Vernunft – nun leidet Harald, weil er mit Annegret nicht so frei umgehen kann wie mit einer ebenfalls ungebundenen Frau.

Noch heftiger trifft es die *duldsamen Liebhaber*, die es einfach erwischt hat: Sie haben sich in eine gebundene Frau verliebt, die Frauen haben sich ebenfalls verliebt. Relativ einfach erscheint das, wenn beide sich von ihren Partnern trennen wollen, wie bei Alex und Lena – und dennoch ... Lesen Sie selbst, was Alex erzählt. Aber engelsgleiche Geduld braucht jemand wie Justus, der sich schon von seiner Frau getrennt hat und nun auf Franziska wartet, er würde auch 20 Jahre warten.

Ich war überrascht, wie viele Männer heimlich in der Warteschleife fliegen – und keiner weiß es. Es haben sich so viele von ihnen bei mir gemeldet, daß ich irgendwann dachte: Halt, aufpassen, das spiegelt nicht mehr die Wirklichkeit wider, Männer in dieser Situation haben einfach einen überproportional großen Gesprächsbedarf und sind deswegen so aufgeschlossen für das Buchprojekt. Es ist ja auch wirklich nicht verwunderlich: Mit wem soll ein Mann, der eine gebundene Frau liebt und wünscht, sie möge sich von ihrem Mann trennen, darüber reden? Mit Freunden? Das ist bei Männern nicht unbedingt üblich. Und in dieser Situation? Einfach zum Freund sagen: »Du, ich habe da eine Frau kennengelernt, toll. Sie ist noch verheiratet, aber das kriege ich hin …« Und wenn der Freund dann nach vier Wochen fragt: »Und?« Dann eingestehen: »Na ja, dauert noch.« Und nach vier Monaten zugeben: Sie ist immer noch bei Mann und Kind – er, der Liebhaber, wartet geduldig auf ihre Anrufe, sehnt sich nach Zeit mit ihr, genießt die Stunden mit ihr und ist traurig, wenn ihm allein zu Hause die Decke auf den Kopf fällt? Nein, so sind Männer nicht gestrickt.

Aber denken Sie nun bitte nicht, daß wir hier die Umkehrung des Geschlechterverhältnisses verheirateter Mann und hingehaltene Geliebte haben, daß Frauen den Spieß sozusagen nur umdrehen. Nein, dafür sind verheiratete Frauen einfach zu nett und die Männer zu sehr kluge Kämpfer. Ein Vergleich: In der klassischen Geliebten-Konstellation möchte die Frau ihren verheirateten Freund für sich, sie setzt Sex ein und gute Laune, sie jammert und weint und macht ihm Vorwürfe. Zieht er sich zurück, gibt sie nach und umgarnt ihn mit weiblicher Verführungskunst, er verspricht zum Ausgleich: »Nächstes Jahr sitzt du nicht allein unterm Tannenbaum.« Mit vertauschten Rollen sieht das so aus: Der alleinstehende Mann, der für sich möglicherweise bereits Fakten geschaffen hat, indem er sich von seiner Frau getrennt hat, sagt der verheirateten Geliebten: »Ich will dich. Ich warte auf dich.« Kein Greinen, kein Jammern, nur: Ich bin für dich da. Der nichtsahnende Ehemann hat schlechte Karten: Wo ist seine Aufmerksamkeit für seine Frau, seine Zärtlichkeit und Leidenschaft? Meist verflüchtigte sie sich mit der Geburt der Kinder und dem Bau des Hauses. Die verheiratete Frau vergleicht, der Geliebte läßt nicht locker in seinem Werben. Sie belohnt ihn mit Freundlichkeit, ärgert sich auch über sich selbst, daß sie den letzten Schritt nicht wagt. Und irgendwann tun ihn viele Frauen doch – anders als die verheirateten Ehemänner mit hingehaltener Geliebten, die eigentlich nie vorhatten, ihr trautes Heim zu verlassen.

Ein weiterer Unterschied: Merkt ein Mann, daß er seine Geliebte offenbar doch nicht rausgeeist kriegt aus ihrer festen Bindung, setzt er ein Ultimatum, ganz offiziell oder heimlich für sich. Und das nimmt er – anders als die ewig nachgiebige hingehaltene Geliebte – ernst. Kommt die Liebste nicht, ist er weg. Und sie ist nicht die erste, die dann plötzlich, zurückgeworfen auf ihren festen Partner, schmerzlich konfrontiert mit der eigenen Zaghaftigkeit, bitter weint und leidet.

Doch die meisten Geschichten in diesem Buch handeln von Männern und Frauen, die miteinander erleben, was sie in ihren festen Partnerschaften vermissen: starke Gefühle, Lust, Leidenschaft, Romantik, Abenteuer – fast in allen Fällen geheim, ohne den festen Partner einzuweihen, um ihn nicht mit dem eigenen Tun zu belasten. Wie man mit der Beziehung umgeht, darüber sind sich Liebhaberinnen und Liebhaber, läuft ihre Beziehung gut, meist problemlos einig, auch wenn beide Partner meist unterschiedlich an die Sache rangegangen sind. Bei Männern dominiert anfangs meist der Wunsch nach sexueller Abwechslung – und sie lassen sich dann gerne von lange verschütteten Verliebtheits-Gefühlen überraschen. Frauen wollen oft endlich mal wieder verliebt sein, aber eben nur so weit, daß sie ihren festen Partner nicht verlassen müssen – und dann genießen sie vergessene oder auch erstmals entdeckte Leidenschaft.

Ob *neuer Liebhaber light, typischer neuer Liebhaber* oder *Liebhaber in der Warteschleife* – allen Varianten von Liebhabern können Frauen, die auf der Suche sind oder auch nur leise mit dem Gedanken spielen, schon morgen begegnen. Darum bedanke ich mich an dieser Stelle bei allen Männern, die für dieses Buch ihre Gedanken und Gefühle offenbart haben – glauben Sie als Leserin oder Leser bitte nicht, jemanden wiederzuerkennen, denn alle

Namen und sonstigen Angaben, die Rückschlüsse auf die Identität der handelnden Personen zulassen, sind selbstverständlich in Absprache mit unseren Helden geändert. Seien Sie aber gewiß, daß sich alle Geschichten so zugetragen haben – man kann Wirklichkeit nicht besser erfinden, als sie ist.

Mir bleibt nur, Ihnen viel Freude beim Lesen zu wünschen und Sie zum Diskutieren bei einer der Lesungen einzuladen. Die aktuellen Termine finden Sie unter *www.wir-sind-die-neuen-liebhaber.de* im Internet.

Arvid, 38, Innenarchitekt

Bei mir ist das keine Liebe

Oder: Wir sind Spielernaturen

Der Mann sieht aus wie ein Sportler: schlanke, durchtrainierte Figur, Seglerteint schon im Frühjahr, dunkle kurze Haare, geschwungener Mund, warme blaue Augen, schöne Hände. Er lächelt viel mit Grübchen. Vor ihm warnten die Schwiegereltern – nicht zu Unrecht.

Ich hatte meine Prinzipien. Ich war fürs Fremdgehen, ich habe also immer versucht, meine Liaisons in fremden, ich betone: fremden Gefilden zu suchen, was also nicht nah am Lebenspartner ist. Das ist mir immer gelungen, das muß ich sagen. Frauen von Freunden und Bekannten sind eigentlich tabu – jetzt bin ich aber durch Igel eines Besseren belehrt worden.

Die Initiative ging von ihr aus. Wobei sie das anders sieht. Sie, also Igel. Diesen Spitznamen hat sie schon seit Kindertagen. Das hat sich so ergeben mit uns und ging dann relativ flott. Als einmal feststand, daß wir es versuchen, wollte sie auch wissen, ob ich Qualitäten habe oder nicht. Wir haben uns also schnell getroffen und in einem Hotelzimmer eine gemeinsame Nacht verbracht. Mit einer Reisetasche voll mit Teelichtern und Champagner sind wir angereist. Ich hatte vorher schon Verhältnisse in Hotels. Viele scheuen ja davor zurück, die meisten Menschen haben Hemmungen an der Rezeption, dabei lebt die Branche davon, daß Liebespaare kommen. Ich weiß nicht, wie man da verklemmt sein kann, Sex macht doch das Leben aus.

Bei mir ist das keine Liebe. Damit hat Igel ein bißchen Probleme. Frauen neigen eher zur Liebe. Ich hatte das auch schon mal umgekehrt mit einer Frau. Sie hat das knallhart beendet. Mit ihr habe ich heute noch Kontakt. Ich habe versucht, unser Verhältnis wieder aufzuwärmen, Silke ist wirklich gut im Bett, aber sie will nicht.

Wir gehen von Zeit zu Zeit essen. Die reizt mich, weil sie nicht will und weil sie eben gut im Bett ist. Sie ist bi, sie macht also auch mit Frauen rum, und das merkt man ihrer ganzen Ausstrahlung an, daß sie sexuell aktiv ist.

Igel kannte ich flüchtig seit vielen Jahren, nur vom Guten-Tag- und Auf-Wiedersehen-Sagen. Wir sind als Jugendliche beide Leistungssportler gewesen, wir haben im selben Verein trainiert. Jetzt sind wir seit einigen Jahren im selben Tennisverein, ich als Trainer, sie als Spielerin, dadurch haben wir uns näher kennengelernt. Wir unternehmen auch viel zu viert, also sie, ihr Mann, meine Frau und ich. Sauna, Radtouren, Wandern, wir waren auch schon zusammen im Urlaub. Meine Frau, Verena, spielt manchmal mit Gert Tennis. Igel und ich unterhalten uns manchmal: »Denkste nicht, daß Verena was mit Gert hat?« Wir können uns das beide nicht vorstellen. Genausowenig können sich das wahrscheinlich unsere Partner von uns vorstellen.

Verena und ich sind elf Jahre zusammen, davon acht Jahre verheiratet. Igel hat in drei Jahren Silberhochzeit, ihre Tochter ist 16. Unsere Partner sind Saubermänner, die machen das nicht, fremdgehen. Für meine Frau würde eine Welt zusammenbrechen, wenn sie das von mir erfahren würde. Ich könnte meinen Koffer packen. Das Sexleben hat in unserer Ehe nie die tragende Rolle gespielt. Vielleicht am Anfang. Sex ist für meine Frau nicht das Primäre.

Bei mir war das schon immer so gewesen, daß ich nie treu war. Meine Partnerin, mit der ich zusammen bin, die liebe ich. Vor Verena war ich mit einer Frau zusammen, mit der habe ich eine Tochter, die ist 13. Die Frau, Kristin, hat mich überfahren. Ich wollte eigentlich keine Kinder. Jetzt, in diesem Alter, mit 13, sind Kinder natürlich toll, meine Tochter fragt mir Löcher in den Bauch und genießt es, mit mir einkaufen zu gehen, zum Sport zu gehen. Aber mit Kleinkindern kann ich nichts anfangen.

Als ich meine Frau Verena kennengelernt habe, war sie noch verheiratet. Wir haben uns durch die Arbeit getroffen, ich bin Innenarchitekt und habe ihren Kunstgewerbe-Laden eingerichtet. Innerhalb von vier Wochen stand sie mit gepacktem Koffer bei mir vor der Tür. Da war ich bei Kristin schon ausgezogen. Ich kam nämlich eines Tages morgens früh nach Hause, da sagt Kristin: »Du warst wieder die ganze Nacht weg?« Ich sage: »Wo wir schon mal dabei sind, ich habe 'ne andere.« Sie hat geheult. Aber ich war, schwupp, weg.

Herbie, mein Geschäftspartner, hatte damals gerade ein Haus gekauft, alles unsaniert, wir hatten nur unsere Räume halbwegs hergerichtet. Da bin ich in eine kleine Wohnung gezogen, Außenklo, keine richtige Küche. Ich habe mir inmitten der Baustelle ein Schlafzimmer eingerichtet, eigentlich nur für mich. Zum Duschen bin ich runter in die Geschäftsräume, im Bademantel einmal quer durchs Haus. Dann kam nach ein paar Tagen Verena dazu. Wir sind damals viel unterwegs gewesen, haben viel Urlaub gemacht – immer in der kleinen Bude, so potent bin ich auch wieder nicht. Meine Frau war damals 26 und völlig unselbständig, ich mußte ihr erst mal beibringen, wie man auf eigenen Füßen durchs Leben kommt. Als dann richtig klar war, daß sie sich von ihrem Mann trennen wird, war ich für ihre Eltern der Böse, der fiese Ehebrecher, und wegen dem läßt Verena ihren tollen Mann sausen. Bisher war nämlich in Verenas Leben alles so gelaufen, wie es sich angeblich gehört, da mußte ich mich gehörig zur Schnecke machen lassen. Wobei mich meine Schwiegereltern heute lieben.

Meine Ex-Frau, Kristin, würde mich heute noch sofort zurücknehmen, sie wechselt oft die Partner. Mit einem, Sven, einem Dänen, hat sie auch ein Kind. Sven und ich verstehen uns gut, man kann sagen, wir sind richtige Freunde. Wir saßen eines Tages da , sprachen über Kristin und haben immer nur gesagt: »Genau das ist mir auch passiert.« Daß wir eben beide plötzlich auf dem Weg waren, Vater zu werden, obwohl wir das nie vorhatten. Sven und Kristin haben es miteinander versucht, waren sogar ein Jahr zusammen in Kopenhagen, und während dieser Zeit hat meine Tochter bei uns, bei mir und meiner Frau, gelebt, das ging prima. Aber dann kamen sie zurück und haben sich bald getrennt.

Meine Frau und ich verstehen uns super, sie schwimmt, wir gehen segeln, einigen uns problemlos auf Urlaubsziele. Deswegen habe ich überhaupt keinen Bedarf, mich zu trennen. Wenn mein Verhältnis auffliegen würde, würde mich das aus der Bahn werfen. Ich mach' das mit Igel nur, weil ich gerne bumse. Ich hatte viele Frauen. Igel ist eine von den guten.

Igel hat auch ein sehr harmonisches Leben. Für mich ist sie anstrengend. Ihr Mann sagt manchmal zu ihr: »Du bist wie Arvid, ihr seid beide Nervensägen.« Meine Frau findet das auch. Wir beide, Igel und ich, zusammen, das würde Mord und Totschlag geben. Wir haben auch jetzt, wo wir offiziell ein Freundschaftsverhältnis miteinander haben, eher den Umgang von Hund und Katze. Es kommt oft vor, daß wir uns kabbeln oder streiten, so schlimm, daß meine Frau sagt: »Du müßtest dich mal wieder mit Igel versöhnen.« Das habe ich dann meist schon getan, oder es ist nicht nötig.

In meinen ganzen Ehejahren hatte ich viele Frauen, die kennt Verena alle, jedenfalls flüchtig. Aber sie ahnt nichts. Ich spiele den Saubermann. Ich denke oft: Du darfst das nicht übertreiben. 'ne Nacht woanders zum Beispiel ist reizvoll, aber schwer unter einen Hut zu kriegen mit meinem sonstigen Leben. Ich leide auch nicht so darunter, wenn ich das nicht habe, ganz anders als Igel. Die möchte das schon, und ich richte es ja auch ihr zuliebe manchmal ein.

Igels Tennispartner fürs gemischte Doppel, Wolf, weiß, daß da was läuft zwischen Igel und mir. Wir reden zwar nie drüber, aber er weiß es. Wir kennen uns seit unserer Kindheit. Wolf ist ein stilles Wasser, aber die sind bekanntlich tief. Die beiden, Wolf und Igel, schlafen oft in einem Zimmer, wenn sie auswärts spielen. Und ich bin ja Trainer, da ist es naheliegend, daß ich auch mal zu ihrem Turnier fahre. Offiziell teile ich dann ein Zimmer mit Wolf – kurz vorm Frühstück komme ich eben aus Igels Zimmer zurück. Ich habe auch schon zu Wolf gesagt: »Ich brauch' mal die Schlüssel von deiner Ferienwohnung.« Er fragt nie nach.

Neulich waren Igel und Gert nur kurz auf einen Wein zu uns rübergekommen. Sie haben sich prompt in die Wolle gekriegt. Gert ist vorzeitig nach Hause gefahren, Igel wollte bei uns im Gästezimmer übernachten. Hat sie auch. Ich habe gewartet, bis alles ruhig war und eingeschlafen, dann bin ich zu ihr rüber. Ich hatte was getrunken, klar. Sie wollte nicht richtig. Aber schließlich haben wir es doch gemacht. Wir sind auch öfter zu Besuch bei Igel und Gert.

Die haben die Kinderzimmer so ziemlich separat unterm Dach. Einmal war ich total groggy und müde, als wir ankamen, und habe mich erst mal hingelegt, in einem der Kinderzimmer. Als ich aufwache, liegt Igel neben mir, die anderen beiden saßen unten im Wohnzimmer. Da ist noch richtig schön was gelaufen an dem Tag.

Der absolute Hammer war aber unser Ausflug zum Oldtimer-Festival. Wir waren zu viert da, abends noch bei einem Dixieland-Abend, wir sind noch durch die Kneipen gezogen, unter anderem waren wir in einer Bar, wo lauter Andersgestrickte waren, Igel hat das gar nicht geschnallt, daß um uns rum lauter Schwule und Lesben waren. Wir kamen zurück ins Hotel, und Gert hat sich fix und fertig in die Falle gehauen. Als wir anderen ins Bett wollten, haben wir an seiner Zimmertür gemacht und geklopft, aber er ist nicht aufgewacht. Was war da naheliegender, als daß Igel bei uns schläft? Da hatte ich auf einmal zwei Frauen im Bett. Meine Frau lag schön auf der Besucherritze, wie sich das gehört in so einem Fall. Als sie eingeschlafen war, bin ich aber aus dem Bett, habe mich schön bei Igel vors Kopfende gekniet, und sie hat mir einen geblasen. Wir sind beide ziemlich extrem, Spielernaturen. Igel hat auch keine Scheu, mich hemmungslos bei sich im Treppenhaus abzuknutschen, während die Familie vorm Fernseher sitzt.

Sie ist Journalistin und kann sich ihre Zeit gut einteilen. Wenn meine Frau in ihrem Laden ist, der ist immerhin eine Stunde mit dem Auto weit weg, weiß ich: So schnell kommt sie nicht nach Hause. Ich kann da also anrufen, weiß, sie ist dort, und dann habe ich eine ruhige Stunde. Und sie kommt ja auch nie früher nach Hause. Da kann Igel dann schon morgens zum Frühstück klingeln. Sie hat aber Hemmungen bei mir zu Hause, und umgekehrt habe ich die bei ihr. Wenn ich bei einer Nummer zu Hause meinen Samenerguß hatte, ist das für mich völlig genug und o.k. so, meinetwegen können wir uns anziehen. Frauen wollen dann ja meist noch schmusen, aber das geht in der Situation ja schlecht, und Igel sieht es ein.

Wir fahren auch gerne mit dem Auto in den Wald. Ich habe da verschiedene Stellplätze ausfindig gemacht. Da nehmen wir natürlich nicht das Cabrio, sondern den Firmen-Van, ich habe sogar die hinteren Sitze ausgebaut, da haben wir richtig Liegefläche. Daß wir Kissen und Decken mithaben, ist sowieso klar. Es gibt immer Spanner im Wald, die rumstreichen, das muß einem klar sein, die kennen die Plätze. Aber wir haben getönte Scheiben und machen die Zentralverriegelung zu. Manchmal gehen wir mit der Decke auch ins Gras, wo's schön hoch ist.

Mit Igel ist das eine coole Sache, immer. Sie verwöhnt mich auch richtig, sie hat kein Problem damit, wenn sie weiß, daß sie heute nichts davon hat. Vielleicht ist das auch so, weil sie weiß, sie will die Beziehung aufrechterhalten.

Es gibt Frauen, die wollen ständig angebaggert werden, Wein trinken, lange reden. Männer sind unkomplizierter. Mit Igel ist es auch unkompliziert. Zum Beispiel heute, da ist bis halb sechs Training. Ich hole sie dann ab, und wir fahren in den Wald. Offiziell ist sie noch beim British Council – aber da war sie dann schon vormittags gewesen. Das wird zwar heute nur ein Quickie und gut ist. Man sucht ja auch mal die Möglichkeit für länger, mit mehr Zeit. Sie will das, und ich mache das auch.

Igel nimmt die Pille. Ich bin kein Kondomfreund. Jetzt hat Igel die Pille aber wieder abgesetzt, weil sie ihr nicht bekommen ist. Neulich hat sie gesagt: »Wenn da was passiert, ist es mein Problem.« Und dann ist es noch richtig witzig geworden, hinterher hat sie nämlich gesagt: »Heute hättste aufpassen müssen.« Ich habe gesagt: »Hättest du was gesagt.« Aber das will sie nicht, daß ich weniger Vergnügen habe. Jedenfalls meinte sie dann noch: »Da muß ich heute noch mit meinem Mann schlafen, falls was passiert ist.« Vielleicht läßt sie sich eine Spirale einsetzen, mal sehen. Im Moment überbrücken wir das, wie wir das in unserer Anfangsphase auch gemacht haben. Es ist ja auch schlecht vorstellbar: mit 41 noch ein Kind. Vielleicht, wenn man eine neue Beziehung will. Da achte ich drauf, daß ich Frauen finde, die keine Kinder wollen. Noch ein Kind, das wäre bei mir, das wäre bei meiner Ehe das Ende – meine Frau weiß, was da dranhängt an einem Kind, an Geld, an Aufmerksamkeit.

Igel ist gefühlsmäßig stärker engagiert als ich. Sie macht mir Freuden, bringt mir Süßigkeiten mit zum Treffen, Obst, was zu trinken, wenn sie weiß, ich habe lange gearbeitet und wohl nichts gegessen und getrunken. Igel kocht für uns. Sie hätte es wohl auch gerne, daß ich mehr Gefühl zeige. Als ich jünger war und Verhältnisse angefangen habe, kam immer Liebe mit ins Spiel. Ich habe immer gelitten, wenn eine Frau sich von mir getrennt hat. Ich habe immer alles gegeben.

Meine erste große Liebe war auch meine erste große Enttäuschung. Für Regine bin ich für eine Nacht kilometerweit gefahren, dann morgens um halb fünf aufgestanden, um rechtzeitig auf der Lehrstelle anzutreten. Dabei bin ich einmal im Zug eingeschlafen und bis aufs Abstellgleis der Endstation durchgefahren. Ich fuhr dann zurück, natürlich ohne Fahrkarte. Aber die Kontrolleure haben meine Erklärung akzeptiert. Sogar mein Ausbilder hat gesagt: »Das ist wenigstens die beste Ausrede, die ich bisher gehört habe.« Dann hat sie, Regine, mir irgendwann einen Brief geschrieben: Sie kann nicht mehr sehen, wie ich mich für sie aufopfere. Sie war meine erste Liebschaft, wo wir uns gut vertragen haben, auch sexuell. Meine Freunde haben gesagt: »Ihr paßt so gut zusammen.« Der Brief von Regine erreichte mich Samstag früh. Ich habe mich sofort aufs Fahrrad gesetzt und bin zweieinhalb Stunden nach M. gefahren, da sollte sie bei der Ernte sein. Da hieß es aber nur: »Regine? Die ist nicht hier.« Dann wollte ich mit dem Zug und meinem Fahrrad nach H., zu ihr nach Hause, zu ihren Eltern. Der erste Zug ist nicht für Fahrräder, der zweite auch nicht. Halb eins in der Nacht war ich da, aber Regine nicht. Ich hatte bei ihren Eltern Sturm geklingelt und – bombombom – gegen die Tür gehauen. »Na, was suchst du denn hier, mitten in der Nacht?« sagte ihre Mutter. Und Regine sei doch bei der Ernte. Hahaha. Ich habe mich ausgeheult. Später habe ich erfahren, daß sie schon mit ihrem Neuen in G. war. Ich war damals so 17, 18, sie ein, zwei Jahre älter als ich.

Als ich jung war, habe ich sehr geklammert und war unwahrscheinlich liebevoll und habe für meine Frauen alles gemacht. Viele sagten: »Du bist zu gut.« Die Frauen wollen das auch gar nicht. Es ist eher so wie bei Igel, der ich zu verstehen gebe: Du mußt dir schon Mühe geben, sonst bist du irgendwann die zweite Garnitur. Ich hatte mal eine andere, da ist Igel ziemlich eifersüchtig gewesen.

Das war gleichzeitig auch ein bißchen ein Versuchsballon, was ist, wenn mal Schluß ist, ich habe das richtig ein bißchen angetestet.

Die andere, das war Kenny. Sie hatte privat Probleme. Ich habe ihren Laden gestaltet, und sie hat mir von sich erzählt, vom Freund, der trinkt, schon im Knast war wegen Drogen. Ich habe ihm einen Anwalt besorgt. Sie hat sich wirklich aufgeopfert für ihn. Sie war schrecklich unausgeglichen. Ich war der erste, der ihr zuhörte, sonst kannte sie immer nur zerklüftete Verhältnisse, die Freunde waren alle Chaoten, in der Kindheit ist sie mißhandelt worden. Als meine Frau zu einer Fortbildung war, ergab es sich so, daß ich mit Kenny ein Verhältnis anfing.

Kenny gehört auch zu den Frauen, die gut im Bett sind. Guter Sex, was ist das? Bestimmt nicht, wenn ich eine Frau habe, die zieht sich aus, legt sich hin, stimuliert mich, dann drei-, viermal reinstoßen, und das war's. Gut, da sind diese ganzen Facetten, das fängt an mit dem Ort der Handlung, ob schnell mal 'n Quickie oder ausgiebig, Blasen, Lecken, von vorn, von hinten, von oben, von unten, das muß nicht mit Sado-Maso und so sein. Mit Kenny zum Beispiel fahre ich auf der Autobahn, sie macht mir die Hose auf und fängt an, mir einen zu blasen. Ich sage: »Das ist unverantwortlich – ich fahre mal runter.« Wir haben kaum gehalten, da setzt sie sich auf mich drauf. Ich lebe meine sexuellen Bedürfnisse, und wenn das nicht klappt, suche ich mir jemand neuen.

Ich gehe auch ab und zu in den Puff, selten, denn das ist es nicht wirklich. Natürlich nicht in so ein Haus, wo Frauen gezwungenermaßen arbeiten. Nein, das sind alles Frauen, die nach der Arbeit nach Hause gehen. Das erste Mal, daß es sich ergab, war mit meinem Geschäftspartner. Da waren wir zusammen in Hamburg, und er sagt: »Da muß ich dir mal die Reeperbahn zeigen.« Wir haben das volle Programm gemacht, wo man an den Tisch gelockt wird, 100 Mark für 'ne Flasche Sekt bezahlt, wir hatten die ganze Palette, wir haben in dieser Nacht das Hotelzimmer gespart. Das war eine Erfahrung, die war witzig und belebend. Das Gefühl, das fehlte natürlich. Ich gehe also manchmal in den Puff, da gibt es Frauen, die treffe ich richtig gerne. Ich gehöre natürlich nicht zu denen, die nur reden wollen.

Obwohl ich Igel nicht liebe, ist es mit ihr ganz was anderes. Im Puff ist einfach rein und bum. Igel sehe ich so drei-, viermal die Woche, zum Sport wie privat, zweimal die Woche haben wir bestimmt Sex. Wenn ich im Urlaub bin, leidet sie, weil sie den Sex vermißt.

Mit meiner Frau schlafe ich so etwa alle vier Wochen. Meist geht die Initiative von ihr aus, ich finde das schön. Meine Frau macht so Sauereien, also Sauereien in Anführungszeichen, nicht mit, sie ist eher verklemmt. Ich habe immer versucht, sie zu animieren, aber das klappte nicht. Wenn im Fernsehen ein Sexfilm kommt oder *Wahre Liebe*, schaltet meine Frau schnell weg oder sagt: »Laß uns doch schlafen gehen.« Schmuddelthemen sind nichts für sie. Meine Frau liest sehr viel, Romane, alles. Ich lese nur Zeitschriften, meine Fachblätter für die Arbeit und den Sport, eine Tageszeitung und dann noch ein Seglermagazin.

Ich finde nichts Schlimmes dabei, bei meinem Verhältnis mit Igel. Aber wenn Verena es mitkriegen würde, würde ich meine Frau verlieren. Igels Mann, Gert, wäre nicht weg. Igel hat sogar schon zu ihm gesagt: »Ich muß mir wohl mal wieder einen Liebhaber gönnen.« Er weiß auch, daß sie jemanden sucht. Ich mag das gar nicht, wenn Gert und Igel sich in der Wolle haben. Ich befürchte dann immer, Gert könnte sich mal bei seiner Tennispartnerin, also bei Verena, ausheulen. Ich versuche auch, bestimmte Vierertreffen zwischen uns abzuwürgen. Igel macht das manchmal ärgerlich. Es wäre mir schon lieber, wenn sie nicht aus unserem Freundeskreis wäre. Das geht nun schon anderthalb Jahre gut.

Sie ist ja der Meinung, daß ich sie am Anfang animiert hätte, auch zu den ersten Schritten, mit meiner Art. Ich bin aber gar nicht so ein Frauenaufreißer, ich kann durchaus ein paar Jahre warten, bis es mit einer Frau so weit kommt. Bei unserem ersten Mal im Hotel hatte ich durchaus ein ungutes Gefühl. Ich bumse doch generell keine Frauen von Freunden und Bekannten. Da war ich also drauf und dran, das erste Mal mit meinen Prinzipien zu brechen. Wenn das schiefgeht, dachte ich, dann ist die Kacke total am Dampfen. Ich konnte Igel ja damals auch nicht einschätzen, ich war aufgeregt wie ein kleiner Junge. Irgendwann war dann klar: Na gut, du gehst mit ihr ins Hotel, und wir machen uns einen schönen Abend. Daß es nach dem ersten Mal regelmäßig lief, war ihre Initiative.

Igel ist wirklich cool, sie ist gut in dieser Beziehung, also ein heimliches Verhältnis zu haben. Sie hatte bisher immer ältere Männer. Mit einem Liebhaber beziehungsweise dessen Familie hatten sie und ihr Mann sogar ein Ferienhaus, sie sind auch zusammen hingefahren. Der Mann war außerdem noch ihr Kollege in der Redaktion. Irrsinn, wie das funktioniert hat. Seine Frau bekam leider Eifersuchtsanfälle. Dabei hat sie die beiden nie erwischt. Aber sie vermutete etwas. Sie haben den gemeinsamen Besitz, das Ferienhaus, dann aufgelöst, und er hat die Beziehung komplett beendet. Er hat sie total ignoriert, auch bei der Arbeit.

Vor dem Punkt des Endes habe ich Angst. Wenn ich sage: »Paß auf, Igel.« Da graut es mir davor. Da zerbricht dann auch eine Sport-Freundschaft, die nebenher auch sehr schön ist. Ich bin ein extremer Typ, was Sport betrifft. Wahnsinnswaldläufe, 100 Kilometer mit dem Fahrrad durch den Regen – Gert gehört zu den wenigen, die so was mitmachen. Je länger es mit seiner Frau läuft, wird es nicht einfacher. Ich könnte es ja mal antesten, wie so ein Ende anfangen könnte, ich habe es irgendwie schon mal gemacht. Ich hatte ihr ja erzählt, daß ich mich mit Kenny treffe, woraufhin sie so eifersüchtig war. Sie sagte aber auch: »Wenn du denkst, mußt du es halt machen.« Sie war trotzig und schmollig in dieser Zeit, sie hat auch gesagt, sie will mich nicht mehr sehen.

Ich habe kein Problem, drei Wochen in Urlaub zu fahren. Ich mache das mit Igel aus sexuellen Beweggründen. Sie will, daß ich mich auch verliebe. Daß das nicht so ist, da mache ich keinen Hehl draus. Da leidet sie.

Mein Geschäftspartner fragt von Zeit zu Zeit: »Bumst du immer noch mit ihr rum?« Ja, sage ich. Er: »Hast du keine Angst, daß es auffliegt?« Er weiß, das ist mein wunder Punkt. Er ist schließlich mein Geschäftspartner, er wäre auch betroffen, wenn in meinem Leben eine Bombe platzt. Also sagt er mir immer wieder mal: »Mach doch Schluß mit ihr.« Seine Tochter war auch ein One-Night-Stand von mir, und zwar ein guter. Das fand ich richtig cool, ich habe nicht gedacht, daß ich das mit ihr bringe. Herbie ist auch nicht ohne, ich weiß, daß er lange ein Verhältnis mit der Schwester seiner Frau hatte. Ich nun also mit seiner Tochter, dazu hat er eigentlich nichts gesagt, ich war 35, sie 23. Aber er hat mich gleich am nächsten Tag angefahren: »Du hast Scheiße gebaut, Steffi«, also, das ist seine Tochter, »mußte es gleich Henni erzählen, jetzt muß ich mit der reden, nicht daß Henni es Verena erzählt.« Er hat das dann hingebogen.

Manchmal frage ich mich, warum ich so was mache wie mit Igel. Ich glaube, ich würde mich sonst langweilen, so'n Kitzel muß ich schon haben im Leben. Und Frauen sind für mich da ganz wichtig. Die Studentin war meine erste Liebe. Ich habe sehr spät angefangen. Meine erste Bekanntschaft hatte ich mit einem Mädchen aus der zehnten Klasse, eine Schulfreundin. Die hat genau über uns gewohnt. Das war wie in dem Lied: *1000mal berührt, 1000mal ist nichts passiert*. Und dann eben doch. Ihre Eltern waren weg, wir haben uns getroffen. Sie hatte schon ihre Erfahrungen. Ich hatte kaum die Hose auf, da war's schon vorbei. Ich wollte es wiedergutmachen, das ist mir aber bis heute nicht gelungen. Ich habe sie aus den Augen verloren. Ich bin sicher, daß aus ihr eine Frau mit sehr aktivem Sexleben geworden ist.

Der Umschwung in meinem Leben kam, seit ich mit meiner jetzigen Frau zusammen bin. Zu meiner Zeit mit Kristin hatte ich eher mal One-Night-Stands. Das war auch nicht schlecht. Aber so ein One-Night-Stand läßt sich eben nicht wiederholen. Es sind meistens Frauen, die sich richtig überwunden haben, die machen das einmal, und dann heißt es: »Ruf mich lieber nicht an.« Die schaffen es, einmal über ihren Schatten zu springen. Eine war die Schwägerin eines Freundes, ich wußte, irgendwann mußte ich die haben. Ich hatte sie lange aus den Augen verloren, aber dann war sie wieder da. Es ist dann auch passiert. Sie hat uns, den Schwager und andere Freunde, nach Hause gefahren, ich war der letzte im Wagen, völlig ohne Grund, sie hat das so eingerichtet, die kürzeste Strecke wäre anders gewesen. Ihr Schwager hat das genau mitbekommen. Sie war wirklich 'ne tolle Frau, sah top aus, aber es war nix. Ich weiß nicht, wie das mit 'ner Gummipuppe ist. Aber so war es. Was mich nicht daran gehindert hat, als ich mal bei ihr in der Nähe war, sie wieder anzurufen, ich dachte, warum sollst du das nicht mitnehmen, im

Bordell ist es auch nicht anders. Ich habe sie also angerufen, aber ich habe auf Granit gebissen. Telefonnummer löschen, Schluß, aus.

Es gibt so Sachen, die ich nicht will. E-Mails. SMSe. Igel hatte eine Phase, wo sie's häufig gemacht hat, mir SMSe schicken. Ich habe gesagt, daß sie das lassen soll. Ich finde diesen ganzen neuen Medienkram doof, wenn man sich was zu sagen hat, soll man telefonieren oder sich treffen. Es war und ist also so: Sie schreibt, ich antworte nie. Ich lösche ihre SMSe nach dem Lesen. Auch andere Leute sagen zu mir: »Sag mal, haste meine SMS nicht gekriegt?« Ich sage: »Komm vorbei, ruf an.« Das Resultat ist, die Leute hören auf mit den Mails und SMSen.

Ich bin zufrieden, so wie es ist, mit Igel, mit meiner Ehe. Warum soll ich wieder neu anfangen. Meine Freunde führen ganz andere Beziehungen mit ihren Frauen. Einer ist dabei, der ist fast 30 Jahre verheiratet. Er und seine Frau haben noch zwei-, dreimal die Woche Sex. Es ist schon so, daß er mal nach anderen Frauen kuckt. Er hatte auch mal was mit der Musiklehrerin von seinem Sohn. Aber das war die Ausnahme, er und Jutta gehen top miteinander.

Ich bin unsensibel mit vielen Äußerungen gegenüber Igel, richtig plauzig, das weiß ich. Sie ist da aber auch ein Trampel. Nicht mir gegenüber, gegenüber anderen. Es ist schon so, daß wir uns nichts schenken, aber auf der anderen Seite auch prima zusammenpassen, nicht zuletzt, weil wir beide ein gewisses Risiko mögen. Als meine Frau sich den zweiten Laden zulegen wollte, habe ich natürlich wieder den Innenausbau gemacht. Einmal waren wir mit Igel zusammen da, kucken. Es ergab sich, daß meine Frau mit einer anderen Freundin zurückfuhr und ich mit dem Kombi und Igel. In irgendeinem Dorf haben wir dann den anderen Wagen aus den Augen verloren. Wir kamen eine Viertelstunde später als die anderen in B. an, und raten Sie, was wir in der Zwischenzeit gemacht haben.

Uli, 51, Fotograf

Ich weiß, ihr Mann schätzt mich

Oder: Mit Gabi ist es Leidenschaft

Wer Uli und Gabi, 45, zusammen erlebt, denkt: Was für ein tolles Paar, frisch verliebt. Dabei sind beide lange verheiratet, über 35 Jahre – nur: nicht miteinander. Gabi erzählte bereits in Ich habe einen Liebhaber *über die Liebe zu Uli, die bald fünf Jahre dauert – und über ihren Mann Frank, der nichts bemerkt.*

Mein Freund Harald rief an, als ich gerade dabei war, eine neue Ausstellung vorzubereiten. Ich habe ihn zur Eröffnung eingeladen. Er wollte kommen, hat aber kein Auto, und darum meinte er: »Ich bringe vielleicht meine Kollegin aus der Buchhandlung mit, kennst du nicht, die ist total nett.« Sie tauchten also zu zweit hier auf. Ich habe zwar wahrgenommen, daß Harald mit jemandem da war, aber richtig bewußt habe ich mich mit der Dame nicht beschäftigt, auch als wir alle mit Wein rumgestanden haben. Da waren 'ne Menge Leute dabei, auch meine Frau Anne. Hätte ich vor fünf Jahren geahnt, daß Harald mir an diesem Abend meine Königin mitbringt, hätte ich einen roten Teppich ausgerollt, mindestens.

Nach der Vernissage waren wir mit vielen Gästen im Restaurant gegenüber, da ist mir Gabi bewußt geworden, durch ihr Lachen. Ich habe sie mir das erste Mal näher betrachtet. Ein sehr ansehnliches Frauchen, dachte ich. Sie saß am Nebentisch. Gabi hat an diesem Abend viel gelacht und Spaß gehabt. Bei mir war da gleich ein Gefühl. Als Harald und sie sich verabschiedet haben, habe ich mit ihr noch besprochen, daß ich ihr einen Abzug von einem Foto mache. Bäume.

Ich habe Harald nach Gabis Telefonnummer gefragt und sie in den nächsten Tagen auf dem Weg von W. nach S. angerufen. Ich habe ihr erzählt, wo ich gerade langfahre und so. Ihr kam das komisch vor, daß ich einfach so anrufe und erzähle, ich habe sie dann alle zwei, drei Tage angerufen. Zehn Tage später haben wir uns im Café getroffen, ich hatte das versprochene Baum-Foto mit. Ich fühlte mich zu dieser Frau hingezogen. Ich habe mich doll auf das Treffen gefreut und wir haben uns gut unterhalten. Es dauerte dann aber alles noch ein bißchen.

Das nächste Mal sahen wir uns bei einem Konzert. Ich war ziemlich aufgeregt, weil ich wußte, daß sie kommt. Und ziemlich spät dran war ich an diesem Abend, das hat mich geärgert, denn ich wollte nach ihr kucken. Es war aber so voll, ich konnte sie gar nicht sehen. Ganz vorne war noch ein Platz frei, da habe ich mich hingesetzt. Sie hat mich die ganze Zeit beobachtet. In dem Lokal, in dem wir hinterher waren, habe ich was ganz Mutiges gemacht: Ich habe ihr die Hand auf den Oberschenkel gelegt, auf die weiche Wolle. Gabi hatte nämlich eine Wollstrumpfhose an, nicht so ein Nylonding. Neben uns saßen Leute, aber die haben keinerlei Reaktion gezeigt. Ich habe die Hand einfach da liegenlassen. Gabi hat nicht reagiert, sie hat meine Finger aber auch nicht weggenommen. Wir hatten unsere Autos beide ein bißchen weiter weg stehen. Als wir uns verabschiedeten, habe ich ihr einen ganz kurzen Kuß gegeben. Da kam von ihr so ein Zungenschneller. Ich dachte: So, jetzt habe ich sie, glaube ich, gewonnen. Ich bin ganz glücklich nach Hause gefahren.

Wir sind dann in den nächsten Tagen in F. spazierengangen, die Stadt ist nur fünf Kilometer weg von dem Dorf, in dem Gabi wohnt. In F. ist auch die Buchhandlung, in der Gabi arbeitet. Zum Essen waren wir im Kartoffelhaus. Da haben wir geknutscht, und ich hatte meine Hand unter ihrem Pullover. Das ganze Personal hat gekuckt, aber das war mir schnurzpiepe. So was hatte ich noch nie gemacht, in der Öffentlichkeit.

Gabi hatte deutlich Interesse gezeigt, aber sie wollte ja etwas Besonderes mit mir, das hat sie mir später erzählt. Da war also nichts mit mal eben im Auto. Es stand wieder eine Veranstaltung bevor, und an diesem Wochenende sollte meine Frau mit ihrer Tanztruppe unterwegs sein. Das Haus, unser Haus, war also frei. Ich hatte mir alles schon schön ausgemalt. Dann hat sich aber die Cousine von meiner Frau für dieses Wochenende angekündigt. Meine Frau hatte natürlich schon mitgekriegt, daß sich mal wieder etwas anbahnt, aber ihre Cousine rückte trotzdem zufällig an, glaube ich jedenfalls. Unser Haus kam also nicht in Frage, da hatte ich Belagerung.

Gabi und ich sind hier gelandet, bei mir im Atelier. Das war Gabis Idee, sie sagte: »Dann gehen wir eben dahin.« Auf die Idee wäre ich gar nicht gekommen. Wir haben nach dem Vortrag noch alle zusammen gegessen, viele Freunde und Bekannte, dann ist Anne, meine Frau, losgefahren. Ich habe gesagt. »Ich trinke mit Gabi noch was.« Wir haben uns sehr schnell von den anderen abgeseilt und sind ins Atelier. Ich hatte überhaupt keine Bedenken, daß uns jemand sehen könnte oder so. Unsere Stadt hat 80.000 Einwohner, da kucken die Nachbarn nicht so nacheinander.

Ich hatte im Atelier eine spanische Wand, die haben wir aufgestellt. Es war fantastisch. Wir waren bis fünf Uhr morgens zusammen, dann sind wir beide nach Hause gefahren, Gabi die 40 Kilometer aus der Stadt in ihr Dorf.

Seit ich Gabi kenne, von Anfang an, kann ich mit ihr über alles reden. Nicht, daß ich mich ausgefragt fühle, ich habe das Bedürfnis, ihr alles zu erzählen. Wenn mein Leben 100 Prozent ist, weiß sie bestimmt 50 Prozent mehr als meine Frau. Dabei lebe ich mit Anne so lange zusammen, sie entwickelt sogar meine Bilder, sie ist Fotolaborantin.

Anne und ich haben jung geheiratet. Das ist eigentlich nicht gut, du hast ja keine Erfahrung im Zusammenleben. Anfangs hatte ich auch nicht oft was mit anderen. Unser erstes Kind kam erst nach ein paar Jahren, danach verlagert sich natürlich was. Wenn man merkt, daß man nicht zufrieden ist mit dem ganzen Ablauf, dann sucht man sich Ausgleich. Anne und ich schlafen bestimmt seit vier Jahren nicht mehr miteinander, aber wir sprechen nicht drüber.

Ich bin nie gezielt rangegangen an andere Frauen, das ergab sich immer so. Dabei war ich sexuell ein Spätzünder. Als ich so 15, 16 war, habe ich mich nur für Fußball und Schwimmen interessiert, mit Mädels war gar nichts. Meine Mutter hat mir mal gesagt, daß sie damals anfing, sich Sorgen zu machen. In der Zeit, als ich Abitur gemacht habe, war ich eine Woche auf dem Campingplatz. Da freundet man sich schnell an. Einmal habe ich nachts mit drei Mädels eine Wandertour gemacht, richtig lange. Als wir zurück waren, sagt die eine: »Du kannst doch gleich bei uns schlafen.« Mein Zelt stand weiter weg, und es war stockdunkel. Wir lagen schon in Reihe, ich habe mich ganz ordnungsgemäß zur Seite gedreht. Ich war schon eingeschlafen und wurde nur wieder munter, weil mir jemand die Hose aufknöpfte. Das war mein erstes Mal. In dieser Woche habe ich gleich mit zwei anderen geschlafen. Die Mädels reisten ab, aber ich wußte ja nun, wie es geht. Ich habe es mit Begeisterung getrieben, bis ich meine Frau kennenlernte.

Ich gehe mit offenen Augen durchs Leben. Genug Frauen hatte ich immer. Das waren viele, klar, ich kann die durchzählen, aber das ist witzlos. Ich liebe Frauen und verehre Frauen – eigentlich nur deswegen, weil sie Frauen sind, darum bin ich auch bei Gabi gelandet. Es ist doch schön für die Frau, wenn sie angebetet wird und ein Mann ihr zu Füßen liegt, während der eigene Ehemann gerade mal wieder gar nicht merkt, daß man da ist. Wenn ich an Hermann denke, der ist Ornithologe. Über den hab' ich mal heimlich gedacht: Er kuckt den Vögeln in den Arsch und ich seiner Frau in die Möse.

Wenn meine Frau wüßte, was da alles gelaufen ist, sie würde kein weibliches Wesen aus dem Bekanntenkreis mehr um sich haben wollen. Glück gehabt, daß nie was rausgekommen ist. Ich hatte wirklich viele Frauen aus dem Freundeskreis, Freundinnen und Ehefrauen von Freunden und Bekannten. Gabi hat gesagt: »Du hast wirklich alles durchgevögelt.« Dabei hatte ich kein schlechtes Gewissen. Was soll ich denn ein schlechtes Gewissen haben, wenn die Frauen so bereitwillig mitmachen? Sogar meine Zahnärztin sagte mal zu mir: »Gut, daß du der Mann von der Anne bist, sonst hätte ich dich schon vernascht.«

Bei Gabi habe ich nie Scheu gehabt, auch intime Dinge, von ehemaligen Freundinnen und Liebschaften, zu erzählen. Ich war ja nie ein Kostverächter. Im Prinzip muß man nicht viel tun, die Frauen kommen von allein, wenn der Funke überspringt. Und was kostet es, eine Frau anzulächeln? Nichts. Gabi hat das nie belacht, ich kenne solche Geschichten auch von ihr. Bei uns ist die Basis wirklich absolute Gleichberechtigung, keiner nimmt dem anderen was übel. Meine anderen Verhältnisse vor Gabi waren alle kürzer, sporadischer, nicht so lange und intensiv.

Ich habe nie einen bestimmten Frauentyp bevorzugt. Gabi lästert: »Du hast gar keinen Typus, du bist ja geradezu wahllos.« Ich habe mich auf jeden Fall immer von den makellos Schönen ferngehalten. So Claudia-Schiffer-Typen, die sagen mir gar nichts. Oder Iris Berben, mit der ja angeblich die meisten deutschen Männer ins Bett wollen. Nö. Wen ich richtig toll und erotisch finde, das ist Hannelore Elsner, eine tolle Frau. Und als Jugendlicher hat mich immer Ornella Muti fasziniert. Aber die aufregendste Frau überhaupt – das ist Gabi.

Darum war dann auch mit Gabi alles auf einmal vollkommen anders als mit den anderen. Ich habe eine richtige Metamorphose erlebt, ich bin geläutert. Wenn man die Erde als Planeten sieht, von oben, dann bist du ja nur ein ganz winziges Sandkörnchen, wenn's ganz gut geht, triffst du ein anderes Sandkorn, mit dem es paßt. Es ist schon ein großer Glücksfall, daß mir das widerfahren ist, und ich bin auch sehr glücklich. Ich wünschte, das wäre bei vielen Menschen so, dann gäbe es auch nicht so viel Streß, Streit und Krieg ...

Eigentlich, wenn nichts dagegensteht, sehen Gabi und ich uns wöchentlich, wir haben häufig Sex. Anfangs haben wir es wirklich überall gemacht, im Atelier, im Auto, im Bad, aber wenn Gabi über Nacht bleibt, schlafen wir natürlich auch in einem Bett. Mit Gabi ist es Leidenschaft, einfach wahnsinnige Leidenschaft. Mit ihr könnte ich wahrscheinlich Liebe im Kopfstand machen. Gabi war ja immer der Meinung, sie wüßte, was ein Orgasmus ist, jetzt weiß sie es wirklich, wie es ist, wenn der ganze Körper explodiert. Ich habe die Hoffnung, daß das noch lange so weitergeht. Wenn jemand Sex gerne mag, dann mag er das auch noch mit 60 oder 70, du hörst ja nicht plötzlich damit auf. Und wenn es körperlich nicht mehr so gut geht: Es gibt so viele Arten, Sex zu haben, da ist man ja auch nicht aufs klassische Bild angewiesen.

Anne ist von Natur aus nicht mißtrauisch. Ich war unvorsichtig, recht schnell am Anfang. Da hat unsere Tochter mich telefonieren hören. Ich dachte, sie spricht auch, auf der anderen Leitung, sie hatte aber schon aufgelegt. Dann hörte sie offenbar unfreiwillig mir zu, trug anschließend der Mutter weiter, daß ich so doll geflirtet habe. Ich habe das runtergespielt und auch nicht gesagt, mit wem ich telefoniert habe. Aber meine Frau verfolgte mich wochenlang mit viel Eifersucht und Argwohn. Was Gabi und mich nur herausgefordert hat, uns neue Varianten für unsere Treffen einfallen zu lassen.

Gabi sagt immer: Männer können nicht lügen. Da bin ich etwas sattelfester geworden. Ich weiß jetzt, daß es reicht, wenn man sagt: Ich bin da und da, und dann bleibt man dabei. Früher habe ich immer versucht, kompliziert etwas zu konstruieren, Frauen sind bei Ausreden viel geradliniger. Die ersten Jahre waren schlimm, weil meine Frau uns mit dem Handy verfolgt hat, sie hat ständig angerufen. Das hat sich geändert, seit wir offen miteinander gesprochen haben. Mit dem eigenen Partner kann man nur schwer darüber reden, daß man eine Beziehung mit einem anderen, mit einer anderen hat. Ich habe Anne aber von Gabi und mir erzählt, vor zwei Jahren, als Anne und ich eine Woche an der Nordsee waren. Sie hat ja gespürt, daß irgendwas ist, und ich habe ihr gesagt, daß ich Gabi liebe. Ich habe nicht gesagt, daß ich ausziehe, ich habe aber klargemacht, daß ich mich von Gabi nicht trennen werde. Anne hat daraufhin lange mit ihrem Hausarzt gesprochen, der macht auch Psychotherapie. Seit diesen Gesprächen geht sie gelassener mit der ganzen Sache um.

Allerdings: Letztes Wochenende, da hatte ich erzählt, Gabi und Frank fahren nach W. zum Jazz-Frühschoppen, da hat Anne spontan gesagt: »Da können wir doch mitgehen.« Haben wir gemacht, aber ich habe genau gemerkt, daß was nicht in Ordnung ist. Wir standen alle nebeneinander, ich direkt zwischen Gabi und Anne. Als Gabi mir einmal was ins Ohr gesagt hat, da spielte das Saxophon gerade ziemlich laut, hat meine Frau sich ein paar Meter weiter längs hinter eine Säule verzogen, sie konnte die Nähe der Konkurrentin nicht ertragen.

Es ist immer unterschiedlich, wie Anne bei solchen Zusammenkünften auf Gabi reagiert, eigentlich ist sie mißtrauisch und krittelig, aber wenn Gabi bei uns zu Hause ist, taut Anne meist nach und nach auf, ihr Verhalten ist da schwankend. Bei meiner Frau gibt es immer noch den Verdacht, daß ich ausziehe und mit Gabi zusammenlebe.

Gabi hat neulich zu mir gesagt: »Natürlich würde ich mit dir weggehen, aber jetzt kann ich mein Zuhause erst richtig genießen.« Es ist ganz einfach, was sie damit meinte. Gabi hat ja zu Hause, in ihrer Ehe, sehr viel mitgemacht mit den Schwiegereltern. Die haben sie nie voll akzeptiert, wahrscheinlich, weil sie so anders ist. Für die Schwiegereltern war der Hof immer nur Bestellen und Ernten, daß man es sich da auch schön machen kann, den Garten anlegen, wie Gabi das tut, das war für die Alten eine andere Welt. Die haben sich auch massiv in die Ehe eingemischt, die kamen schon mal ins Schlafzimmer zu den jungen Eheleuten und haben gesagt: »Jetzt aber Schluß, Licht aus, schlafen.« Nur weil sie selber mit den Hühnern aufgestanden sind. Wie Gabi das ausgehalten hat, weiß ich nicht. Und daß Frank, ihr Mann, sich das nicht verbeten hat, kapiere ich nicht. Frank hat seinen Eltern nie Paroli geboten. Nie hat er Gabi in Schutz genommen, er hat immer alles akzeptiert, was von den Eltern kam. Wir haben uns darüber unterhalten.

Gabi hat Frank wirklich geliebt, als sie vor 15, 16 Jahren geheiratet haben. Das Zusammenleben mit den Eltern war über die Jahre belastend, schließlich waren auch noch die drei Kinder da, da müssen sehr verschiedene Interessen unter einen Hut gebracht werden. Vor sechs Jahren ist die Schwiegermutter gestorben, der Schwiegervater war schon ein Jahr vorher tot. Seitdem fühlt Gabi sich natürlich befreit, sie hat das Gefühl, sich auf dem Anwesen richtig frei bewegen und ausleben zu können.

Den Versuch der Eltern, in der Ehe mitzureden, das kenne ich auch von uns zu Hause. Ich habe meiner Mutter sehr schnell in aller Härte und Schärfe gesagt: »Hier ist Schluß, das geht dich nichts an.« Wir sind im Elternhaus sehr offen erzogen worden. Ich habe noch zwei Brüder, bei uns herrschte immer ein sehr freier Ton, der von den Eltern kam.

Es ist so wichtig, wie du aufwächst, was du in deiner Kindheit erlebst. Ich habe meinen Vater ein paarmal im Bad beim Masturbieren überrascht. Und wir Kinder haben auch mitgekriegt, daß hinter der Schlafzimmertür was passiert. Meine Eltern haben mit über

60 noch Sex gehabt, und als der Vater schon ein paar Jahre tot war, hat Mutter gesagt: »Er war bis zum Schluß noch aktiv.« Bei uns wurde also über so was geredet. Wer da keine Übung hat, muß es mühselig lernen. Aber nicht jeder ist heilbar, umdrehbar.

Meine Frau zum Beispiel. Sie war Offenheit, bei der Sexualität wie beim täglichen Umgang, aus ihrer Familie nicht gewöhnt. Ihre Mutter war eine schreckliche Glucke. Annes Bruder, der seit drei Jahren geschieden ist, wird jetzt wieder von Muttern bekocht und bemuttert, sie versucht, alle neuen Freundinnen zu verbeißen. Neulich hat sie sich schrecklich darüber aufgeregt, daß er eine Woche in der Ferienwohnung seiner Freundin war und da ein paar Mark für die Endreinigung bezahlt hat – das ist doch völlig o.k., schließlich kann sie die Wohnung in der Zeit nicht an andere vermieten.

Ich bin sicher: Anne hat wohl gehofft, daß sich das abnutzt, die Geschichte mit Gabi und mir, aber im Gegenteil: Alles ist auch nach mittlerweile fast fünf Jahren frisch wie am ersten Tag und wird eher stärker. Es ist schon verrückt, wenn du einen Menschen triffst, bei dem du das Gefühl hast, du kennst ihn schon 20 Jahre. Du tolerierst auf einmal Dinge, die du bei deinem Partner nicht ertragen würdest. Als wir zum Beispiel zusammen nach K. gefahren sind – da hatte mich die Museumsleiterin eingeladen, eine sehr attraktive Frau übrigens. Da war mein Auto kaputt, und ich habe einen Leihwagen genommen. Ein Passat-Kombi, ein fabrikneues Auto. Wir fuhren los, und Gabi wollte sich noch schnell die Nägel lackieren. Sie stellt die offene Flasche in der Mittelkonsole ab – und kippt sie natürlich prompt um, alles läuft aus, alles ist rot. Sie war perplex, daß ich nicht explodiert bin. Wenn ich hochgegangen wäre, wäre das völlig normal und logisch gewesen. Auf der anderen Seite natürlich völlig blödsinnig, denn was soll's, das Zeug war ausgelaufen. Vielleicht wird man einfach älter und vernünftiger und regt sich nicht mehr wegen Sachen auf, die es nicht wert sind. Trotzdem ist es mit meiner Frau anders, da würde es mich schon stören, wenn ihr so was passiert.

Ich hatte ja wirklich viele Freundinnen oder Liebschaften, aber so ein intensives Gefühl wie mit Gabi ist einmalig. Meine Frau hat mir jetzt angeboten, wenn ich mit Gabi in Urlaub fahren will, könnte ich das machen. Das hat Gabi und mich sehr gewundert, und wir wissen auch nicht, was wir davon halten sollen. Ich habe auch schon nachgehakt und ein bißchen gebohrt, ob meine Frau vielleicht jemanden kennengelernt hat. Aber das kann nicht sein, Anne hat ein großes Phlegma, sie würde sich bestimmte Dinge nicht auferlegen wollen. Anne hat auch jetzt gerade wieder gesagt, daß sie mich immer noch liebt. Nein, sie ist wirklich von ihrem ganzen Wesen her so, daß ihr die ganze Logistik für einen Liebhaber zuviel wäre, das würde sie nicht draufhaben.

Gabi und ich dagegen stellen uns auf den Kopf, damit wir einander sehen können. Wir haben wirklich sehr viel voneinander, auch wenn wir bei unseren Partnern bleiben. Es ist schon so, wie Gabi es erzählt hat in dem *Liebhaberbuch*, kuck das noch mal nach:

> *Gabi erzählte: »Uli ist etwas ganz anderes, mit ihm ist das Leben so übervoll – das könnte ich mir in einem Alltag gar nicht vorstellen, wahrscheinlich wäre es unerträglich. Wenn ich mit ihm leben würde, könnte ich gar nicht mehr arbeiten, wir hätten nur mit uns zu tun. Von Uli kommen schon manchmal so Anläufe, er sieht das Leben, das er eigentlich leben könnte. Ich sehe da eher Probleme.«*

Wenn ich mit ihr immer zusammen wäre, würden wir gar nicht aus dem Bett rauskommen. Nein, daß wir uns nicht trennen, hat wirklich die verschiedensten Gründe. Natürlich gibt es bei Gabi außer der neuen Liebe fürs Zuhause auch noch den Kredit fürs Haus, für den Ausbau, der abzuzahlen ist. Und bei uns, bei Anne und mir, ist das auch nicht anders. Auch wir müßten alles aufgeben und alles verkaufen, wenn mit uns Schluß wäre. Deswegen versuche ich, es so hinzukriegen, daß man zu Hause lebt und sich verantwortlich fühlt, und trotzdem lasse ich nicht von Gabi.

Ich besuche Gabi und Frank oft, er ist also oft da, wenn ich da bin. Gabi und ich haben es schon fertiggebracht, bei offenen Türen übereinander herzufallen, während die Familie in anderen Zimmern war. Einmal habe ich sie auf dem Wohnzimmertisch flachgelegt, sie hatte Ischias und sagte, das geht nicht, es ging aber doch, und der Rücken war hinterher viel besser. »Siehst du, das ist das beste Heilmittel«, hab' ich da gesagt. Manchmal sitzen wir abends zu dritt in Gabis Wohnzimmer und reden und trinken Wein. Frank zieht sich dann irgendwann zurück. Er sagt nichts, und Gabi stellt einfach nur fest: »Jetzt ist er ins Bett gegangen.« Wir vergnügen uns dann noch bis drei Uhr morgens im Gästezimmer, dann legt sie sich zu ihm ins Bett.

Ich kenne Frank ja doch recht gut, er ist ein asexuelles Wesen. Er paßt in der Hinsicht überhaupt nicht zu Gabi. Ich könnte mir auch nie vorstellen, daß er eine Freundin haben könnte. Ich habe einmal richtig mit Absicht zwei Bücher mitgebracht, *Salz auf unserer Haut* und eins über sexuelle Intelligenz. Da saß Frank plötzlich auf dem Sofa und hat drin rumgeblättert, als ich aus dem Garten reinkam. Ich habe furchtbar gegrinst. Und dann sagt er noch: »Leihst du mir das mal?« Das fand ich schon paradox. Als er mir das Buch wiedergegeben hat, lag noch ein Zettel drin, wo er sich wichtige Sätze rausgeschrieben hatte: »Sexuelle Intelligenz hast du – oder du hast sie nicht.« Das hältst du im Kopf nicht aus.

Ich gehe sehr unbefangen mit Frank um, er ist mir sympathisch, man kann mit ihm viel machen, wandern, im Garten arbeiten. Wenn ich das so analysiere, wieso läßt er uns gewähren? Er ist im Grunde seines Herzens wohl froh, daß ich ihm Gabi abnehme. Sie ist nämlich im Ehealltag sehr nervig, sie wuselt rum, sie redet viel, will ständig irgendwas ändern, und er reagiert nur schwerfällig. Deswegen sagt er auch oft, wenn Gabi was unternehmen will: »Fahr doch mit Uli.« Ich finde das völlig o.k.

Ich bin ja wirklich viel bei ihnen zu Hause, Gabi und ich sind oft alleine unterwegs. Man versucht ja, sich das zu erklären, daß ein Mann ahnt, seine Frau könnte etwas mit einem anderen haben, aber er sagt nichts. Ich denke, daß Frank ein schlechtes Gewissen hat Gabi gegenüber, weil er sie nie in Schutz genommen hat, vielleicht hatte er das sogar schon, als seine Eltern noch lebten, deswegen ist er so tolerant, das kann kein Desinteresse sein. Vielleicht eher mangelndes Temperament? Irgendwie wird er ja auch spüren, daß seine Frau andere Bedürfnisse hat als er, seelische, geistige und vor allem natürlich auch körperliche. Neulich gingen wir zu dritt durch den Wald, und Gabi sah so einen halbierten Baumstamm am Wegesrand liegen, drei Meter lang und leicht gekrümmt. »Das wäre eine prima Bank an der Hecke hinten im Garten, findest du nicht?« hat sie zu Frank gesagt. Der hat nur die Augen verdreht, mich angeguckt und gesagt: »O Gott, Uli, hörst du das? Jetzt müssen wir schon wieder was machen.« Wir! Ich sage dann jaja und sorge dafür, daß Gabi kriegt, was sie haben will.

Frank ist froh, wenn Gabi und ich uns trollen, dann hat er dieses Nervengift nicht um sich. Mir geht es ganz anders als ihm. Mit Gabi könnte ich 1000 Dinge unternehmen. Ich habe schon manchmal zu ihr gesagt: »Was wäre, wenn ich dich 20 Jahre eher kennengelernt hätte?« Da wären wir zusammen gewesen, und ich wäre eifersüchtig geworden, wenn sie mal den ganzen Tag weg gewesen wäre oder abends spät noch unterwegs, ist sie ja oft, wenn in der Buchhandlung noch 'ne Lesung ist, sie mit anderen ausgeht. Heute habe ich unendliches Vertrauen. Das Schlimmste in einer Beziehung ist, wenn einer den anderen einengt. Das verlange ich natürlich auch für mich, daß ich Freiheiten habe. Nein, wenn wir uns 20 Jahre eher kennengelernt hätten, wäre das wahrscheinlich nicht gutgegangen. Gabi hat jetzt das Gefühl, sie kann ihr Leben, ihre Liebe leben.

Frank kennt wenigstens den Liebhaber seiner Frau, das scheint ihm angenehmer zu sein, als wenn es ein Unbekannter wäre. Ich bin ja auch ein sehr umgänglicher Mensch, mit mir kann man auskommen. Vielleicht hätte Frank auch mehr Probleme damit, wenn wir alles heimlicher machen würden. Eine Ehe, eine Langzeit-Beziehung hat eben Abnutzungserscheinungen, das sehe ich so, entgegen landläufigen Meinungen. Es meinen ja auch viele, daß man gegen diese Abnutzungserscheinungen was machen kann, aber die leben meist von dieser Theorie und von Büchern zum Thema oder von Therapie-Stunden.

Die Lust aufeinander schleift sich doch schon ab, wenn man jung ist, spätestens, wenn die Kinder die Aufmerksamkeit auf sich ziehen. Wenn auch lange Jahre alles funktioniert, spätestens, wenn die Kinder aus dem Haus sind, kommt's zum Knacks. Mann und Frau sind doch meist sehr grundverschiedene Wesen. Das kann man dann nicht kitten durch Urlaub oder indem man Rosen auf den Tisch stellt, Sekt trinkt oder so. Wenn man dann außerhalb Liebeleien hat, die an der Oberfläche bleiben, kehrt man jedesmal brav zu seiner Frau zurück.

Gabi hat sich in den letzten Jahren so positiv entwickelt, sie hat mehr Selbstbewußtsein bekommen. Sie hat das erste Mal das Gefühl, daß sie als Frau Bestätigung bekommt. Als ich Gabi kennengelernt habe, war ihr Kitzler vollkommen zurückgebildet, ich habe ihr gerade neulich gesagt: »Jetzt ist er zu voller Blüte erwacht.« Gabi meint auch, Geschlechtsteile bilden sich zurück, wenn man sie nicht benutzt.

Wir beide haben sehr viel Freude am Sex, wir genießen das beide sehr. Ihre anderen Liebhaber haben sie doch nur benutzt. Ich kenne ein, zwei ihrer vorherigen Liebhaber. Sie ist ja eine sehr starke Frau, sie strahlt Souveränität aus, ist aber auf der anderen Seite auch verletzlich und schwach. Bei ihren Liebhabern mußte sie sich immer kümmern, um deren Seelenlage, sie war immer das Sofa von Sigmund Freud.

Aber natürlich geht es auch bei Gabi und mir nicht immer um Sex. Neulich war Anne wieder mit ihrer Tanztruppe weg, wir hatten uns so auf ein langes Wochenende gefreut. Ich hatte plötzlich Grippe, mir hat es richtig die Beine weggehauen. Gabi sagte, sie kommt trotzdem, wir wollten einfach nur ein bißchen zusammensein. Nach dem ersten Kuß war meine Grippe wie weggeblasen, Gabi ist die beste Medizin, mir ging's wunderbar.

Letzte Woche war ich bei unserem Klassentreffen in E. nach über 30 Jahren. Das ist richtiggehend erschreckend. Diese Nichterkennbarkeit und Unförmigkeit, alle erzählen von ihren Ehen und was sie alle so machen. Alles ist genormt und läuft nach einem Schema ab. Mich langweilt das. Entweder ich bin wirklich ein Exot, oder die Gesellschaft ist schlicht bescheuert.

Manchmal sagt Gabi, sie wird jetzt mit Anne reden: »Da hast du so ein Goldjuwel zu Hause und merkst es nicht.« Sie meint, Anne wird sterben und nicht bemerkt haben, wie gut es mit mir hätte sein können. Aber so einfach ist es nicht. Mit Anne und mir paßt es eben nicht, mit Gabi ja. Ihr geht es ja mit ihrem Mann nicht anders. Neulich meinte sie: »Wenn er früh nackt im Bad steht – da kann ich gar nicht hinsehen.«

Glück für den, dem etwas so Schönes wie Gabi und mir passiert. Ich hatte vor zwei Jahren mein Schüsselerlebnis. Da war Gabi zwei Wochen zu einem Sprachkurs auf Malta, und ich hatte eine Riesen-Handyrechnung. Als sie zurückkam, wollte ich sie vom Flughafen abholen, konnte das aber nicht schaffen. Sie hat dann den Zug genommen, ich bin zum Bahnhof gefahren, wir haben uns schon im Auto förmlich die Klamotten vom Leib gerissen, das nennen wir jetzt immer das Malta-Syndrom. Sie hatte mir so gefehlt. Wir fassen es manchmal nicht, daß wir immer noch so aufeinander fixiert sind. Man traut der Sache ja kaum, so lange geht sie schon gut und wird immer besser. Sie hat immer gesagt: »Nach drei, vier Jahren erschlafft alles.« Manchmal frage ich sie: »Na, alles schon erschlafft? Kuck doch mal nach.«

Steffen, 42, Architekt

Ich liebe zwei Frauen

Oder: Freiheit muß man sich erkämpfen

Vergnügt, verschmitzt und lebensfroh – so sitzt Steffen mir in einem Café gegenüber. Einen Anflug von Traurigkeit zeigt er nur, wenn er davon spricht, was er nicht mag: die Lüge in seinem Leben. Aber das ist ein kleiner Preis dafür, daß er lebt, was sich nur wenige trauen.

Monika ist klein, 1,60 groß, mit 78 Kilo recht mollig, sie hat naturblonde Haare, ein liebes und pausbäckiges Gesicht, sie ist ein ganz natürliches Mädchen, wenn man das bei einer 38jährigen sagen darf. Sie benutzt weder Make-up noch Parfüm. Dagegen Thea: 1,75, blondiert, schlank, geschminkt, parfümiert, rundum damenhaft. Am besten würde es mir gefallen, mit allen unter einem Dach zu leben, mit beiden Frauen und meinen Katzen. Das wird es nicht geben. Ich werde Monika von mir aus nicht verlassen, aber wenn Thea frei würde, dann wüßte ich nicht, was ich tun würde. Eigentlich sind wir füreinander gemacht, Thea und ich.

Die meisten sind der Meinung, das geht doch nicht, zwei Frauen lieben – dazu fällt mir nichts ein. Da muß man doch mal die Gegenfrage stellen: Was für einen Grund gibt es, daß man nicht mit zwei Frauen glücklich sein kann? Muß ich denn meinen alten Partner ablegen, wenn ich mich in einen neuen verliebe?

Ich habe ein Hauptgericht, aber ich will noch was zusätzlich, ich will einen Nachschlag, ein Dessert. Ich argumentiere historisch: Früher wurden die Menschen 25, 30 Jahre alt, dann waren sie verschlissen, wer übrigblieb, hat sich was Neues gesucht. Heute ist das anders, wir werden einfach zu alt. Hält denn ein Verliebtheitsgefühl länger als sieben Jahre?

Ich stehe zu meinen Beziehungen mit beiden Frauen. Ich bin seit 1987 mit Monika zusammen, wir sind nicht verheiratet, das brauchen wir nicht. Wir haben uns an der Uni kennengelernt, beim Unisport. Wir waren zusammen auf einer Bergwandertour, da haben wir uns verliebt und sind dann bald zusammengezogen. Wir haben zusammen für das Studium gearbeitet und viel unternommen. Monika hat nach der Uni gleich eine Anstellung als Physikerin gefunden, sie ist sehr gut, sie ist sehr intelligent und ehrgeizig. Ich arbeite als Leiter in einem Architekturbüro.

1995 habe ich Thea kennengelernt. Ich hatte gerade ein Problem: Seit Weihnachten '94 bauten wir ein neues Firmengebäude, ich hatte die Bauleitung. Bis März sollte alles fertig sein. Ich war Tag und Nacht auf der Baustelle. Ständig rief eine Spediteurin an, sie wollte unbedingt unseren Umzug machen, ihre Spedition fing an, sich auf Büroumzüge zu spezialisieren, und sie suchten selbst neue Räume. Ich hatte aber überhaupt keine Lust, mir über den Umzug und die Vermietung Gedanken zu machen, schließlich war der Ausbau ja noch voll im Gange. Ich habe die Frau also immer abblitzen lassen, sie wollte das aber anscheinend nicht verstehen. Irgendwann, als der Umzug absehbar wurde, haben wir dann einen Termin gemacht. Als sie zu mir reinkam ins Baubüro, wußte ich: Mit der Frau landest du im Bett, von der ersten Sekunde an war das sonnenklar.

Sie hat dann den Auftrag bekommen, das war kein Tricksen, sie war tatsächlich die Günstigste. Sie wollte den Auftrag unbedingt haben. Uns hat das richtig Spaß gemacht, die Sache zusammen zu planen, wir haben uns auf jeden Fall öfter getroffen als nötig. Als wir uns drei-, viermal gesehen hatten, haben wir uns zum Essen verabredet. Unter Geschäftspartnern ist das irgendwie unverfänglich. Die Einladung ging natürlich von mir aus, weil ich mir nicht nachsagen lassen wollte, daß ich mich von Auftragnehmern einladen lasse. In solchen Sachen bin ich etwas eigen. Wir fingen an, uns auch außerhalb der Firma zu treffen, so ein-, zweimal die Woche. Für mich war das kein Problem, ich hatte wieder viele Außentermine und konnte mir leicht ein, zwei Stunden abzweigen. Mein Gott, ich war damals völlig von der Rolle, so verliebt war ich. Wenn ich zur Haustür raus bin, habe ich vergessen, wo ich hin wollte, ständig habe ich mich mit dem Auto verfahren, das passiert mir sonst nie. Diese Liebe in dem Sommer hat mich wirklich getroffen wie ein

Warmwasserwaschlappen, sie hat mir die Besinnung geraubt. Ich war so beflügelt, ich habe ein Irrsinns-Arbeitspensum geschafft, mehr als die übliche Menge, aber in der halben Zeit. Das mußte ich ja auch, schließlich brauchte ich ja jede Stunde für Thea.

Es hat bis Juli gedauert, bis wir das erste Mal miteinander geschlafen haben. Im Sommer hatte ich eine Großbaustelle zu betreuen, da haben die Leute so gut gearbeitet, ich mußte eigentlich gar nicht hin. Thea und ich sind also oft ins Grüne gefahren und haben lustig auf der Wiese gelegen. Anfangs hatte Thea so Ideen: ein Himmelbett, was man sich als Frau so vorstellt. Ich habe ihr gesagt: »Kuck mal, du hast das grünste Bett, und über dir den Himmel.«

Irgendwann war es dann soweit. Wir waren an diesem Tag in einem wunderschönen Tälchen mit einer Quelle, nicht einsichtig und nur wenigen Eingeweihten bekannt. Jetzt findet sie dieses Naturerlebnis auch gut. Sicher, man kann darauf verzichten, daß der Bauer mit dem Traktor um einen rumfährt, ist uns passiert, der hat nur gelacht.

Thea hat Mann und Sohn und Enkelin. Sie ist 53, ich bin 42, Monika 38. Ich habe mir überhaupt keine Gedanken über den Altersunterschied gemacht. Thea schon, sie ist nicht ganz frei von diesen Altersfragen. Wenn wir uns auf der Wiese ausgezogen haben, hat sie mein T-Shirt angezogen. Also ich finde es wahnsinnig toll, morgens aufzuwachen und in ein frisches, natürliches Gesicht zu kucken. Gerade in Theas. Sie verschwindet dann im Bad und kommt geschminkt wieder. Das sind doch ganz einfach gestrickte Männer, die blonde, glattgesichtige 17jährige wollen. Männer, die das komplexer sehen, legen Wert auf Ausstrahlung. Außerdem mag ich Falten, die vom Lachen kommen.

Mit Thea ging das also los, und ich habe überlegt: Was mache ich mit Monika? Mir war klar: Ich will mich nicht trennen, aber ich wollte sie auch nicht hintergehen. Bei Monika bin ich mit meinem Geständnis voll ins kalte Wasser gesprungen, habe ihr gesagt: »Ich habe mich verliebt. Ich habe nicht vor, dich zu verlassen.« Sie hat klassisch reagiert, also so, wie ich es als klassisch empfinde. Sie hat das voll abgelehnt, es gab keinen Streit, keine Auseinandersetzung. Sie hat nur gefragt: »Was willste von der?« Und gesagt: »Wie kann man nur?« Sie hat angedeutet, daß sie sich so was überhaupt nicht vorstellen könnte, sie kann nur mit einem Mann zur selben Zeit.

Ja, dann habe ich eben nichts mehr erzählt, aber Thea weiter getroffen. Die war ein rotes Tuch für Monika. Wenn Monika von Zeit zu Zeit doch mal nachgefragt hat, habe ich gesagt, daß ich Thea nur hin und wieder mal sehe. Auf Monikas Frage, ob wir miteinander schlafen, habe ich »nein« geantwortet. Wenn ich gar nicht erst etwas von Thea erzählt hätte, wäre es einfacher gewesen. Mir hat es wehgetan, daß ich bei Monika so auf Ablehnung gestoßen bin. Ich hasse es zu lügen. Verschweigen ist auch nicht schön, das ist passives Lügen. Mir wäre es lieber gewesen, wenn Monika gesagt hätte: »Leb's halt aus, ich bin zwar nicht glücklich drüber, aber mach mal ...« Wenn Thea gleich am Anfang darauf bestanden hätte, mit mir zusammenzuziehen, hätte ich wahrscheinlich nicht widerstehen können.

Thea hatte anfangs viel zuviele Hemmungen. Sie war total überrascht von sich. Sie hat mir erzählt, sie hat erst gemerkt, daß sie sich auf die Termine in unserer Firma freute. Dann hat sie gemerkt, daß sie sich speziell auf mich freute. Sie hat sich gewundert, daß es bei ihr jedesmal gekribbelt hat, wenn wir uns getroffen haben. Sie hat auch gewußt, daß wir irgendwann ins Bett gehen, sie hat aber lange gebraucht, bis sie sich getraut hat. Im Bett ist sie ganz anders, überhaupt nicht zögerlich; wenn sie erst mal ihre Hemmungen überwunden hat, genießt sie's richtig. Von morgens um sechs bis abends um sechs, mit allem, was ein Haus so zu bieten hat: Badewannenrand, am Waschbecken, auf der Treppe, im Garten, in der Garage – nur nicht im Schlafzimmer. Einmal habe ich zu ihr gesagt: »Du kannst alles mit mir machen, aber halt mir die Ohren zu.« Da hat sie mir die Hände auf die Ohren gelegt. Ich habe gesagt: »Doch nicht so: mit den Schenkeln natürlich.

Monika weiß heute, daß ich noch mit Thea schlafe. Sie weiß auch, daß es mir saumäßig schlecht geht, wenn ich Thea nicht sehe. Es geht mir genauso schlecht, wenn ich Monika nicht sehe. Wenn aber alles läuft in meinen Partnerschaften, werde ich inspiriert, dann funktioniert alles viel besser, auch im Beruf. Ich lebe von Inspiration und Kreativität.

Theas Mann Jochen ahnt bis heute nichts von uns. Das Witzige war, daß Thea unheimliche Angst davor gehabt hatte, ihr Mann könnte merken, daß sie mit mir geschlafen hat. Sie hatte Panik vor dem Augenblick, wenn sie ihm nach dem ersten Mal entgegentritt. Es kam ganz anders. Er hat ihr gesagt: »Mensch, siehst du gut aus.« Und er hat sie noch im Flur vernascht. Sie hat mir das am nächsten Tag erzählt: »Stell dir vor, was mir passiert ist ...« Das hat alles an Sex übertroffen, was sie mit ihm in den Jahren zuvor erlebt hat. Das hat auch in der Folge dazu geführt, daß ihre Ehe von einem neuen Licht beschienen wurde. Als ich Thea kennengelernt habe, war das Verhältnis mit ihrem Mann nämlich nicht so besonders gut, es war eben 'ne alte Ehe, die einfach da ist.

Jochen ist sehr konservativ in allen Ansichten. So hat er Thea auch behandelt in all den Jahren. Sie haben jung geheiratet, er war ihr Jugendfreund. Sie hat gleich das Kind gekriegt. Später ist sie halbtags wieder eingestiegen in den Beruf, hat als Sekretärin gearbeitet, als Kauffrau, beim Steuerberater, halbtags, dann auch ganztags. Er hat die ganze Zeit supergut verdient mit seiner EDV-Hütte, er hat sie und ihre Arbeit nicht richtig ernst genommen, das, was sie verdient hat, war nur ein Zubrot aus seiner Sicht. Es war in Theas Ehe so wie in allen bürgerlichen Ehen mit konservativen Ansichten. Er hat sie als Anhängsel betrachtet, als bewegliches Mobiliar. Sie zog jahrelang in allen Diskussionen den kürzeren, bis sie schließlich einfach nicht mehr diskutierte. Das hat sich aber in den letzten Jahren geändert. Durch mich, aber auch dadurch, daß Thea beruflich voll aufgedreht hat.

Damit fing sie schon an im Jahr, bevor wir uns kennenlernten. Da hat sie die Spedition übernommen, das war sozusagen ein Erbstück von ihrem Patenonkel, sie konnte nur entscheiden: einsteigen, was draus machen – oder das Ding unter Wert abgeben. Sie hat mittlerweile siebenstellige Umsätze. Das gibt ihr natürlich Selbstbewußtsein. Unsere Liebe trägt auch dazu bei.

Ihr Mann kann Theas Veränderungen wahrscheinlich gar nicht richtig fassen, er kommt aus einem konservativen Haushalt, wo schon der Vater und der Großvater Buchhalter waren, das sagt doch alles. Sie kommt aus einer SPD-Familie, aber was nützte das, sie ist noch groß geworden in einer Zeit, als man meinte, Mädchen müssen keinen Beruf lernen, die heiraten sowieso. Das Verhältnis zu ihrem Mann hat sich jedenfalls gebessert, und bei Diskussionen hat jetzt eher sie die Oberhand.

Thea hat ja nie etwas mit einem anderen Mann gehabt, so hat Jochen auch bei mir keinen Verdacht, aber er ist eifersüchtig. Er drängt sich zwischen uns. Er merkt genau, wie wir mit wenigen Worten ein Einverständnis erzielen, das er mit ihr nie hatte. Ich mache mit Thea viele Sachen, die Jochen überhaupt nicht mag, ausgehen, essen gehen. Wenn wir mal zu dritt gehen, mit ihm, das kommt vor, versucht er, sich zwischen uns zu drängen, mich auf seine Seite zu ziehen, seine Frau in die Ecke zu schieben. Hilflose Versuche. Er macht Chauvi-Sprüche, erzählt Witze wie: »Warum werden Frauen seit 5000 Jahren unterdrückt? Weil es sich bewährt hat! Hahah!« Worüber ich natürlich überhaupt nicht lache, schließlich betrachte ich mich als Feministen. Thea ist selbstbewußt, selbstbestimmt und trotzdem lebensfroh. Ihre Sinnlichkeit spricht mich an, sie ist rundum sinnlich, in allen Lebensbereichen, nur das Kochen ist ausgenommen. Es harmoniert einfach zwischen Thea und mir.

Das Verhältnis von Monika und mir ist anders. Mit ihr kann ich mich sehr gut intellektuell austauschen, sehr tiefgründige Gespräche führen, wir haben unsere gemeinsamen Naturerlebnisse, unsere Katzen. Nicht daß Sie denken, ich bin aus Bequemlichkeit mit Monika zusammen, lasse mir von ihr den Haushalt führen, nee. Sie hat eine Stunde Arbeitsweg, und sie arbeitet länger als ich. Also mache ich den Haushalt, ich koche auch.

Ich bin ein ziemlicher Chaot, ich akzeptiere keine Regeln. Monika reguliert mich, sie wirkt wie so eine Art Tranquilizer, wie ein Psychopharmakon, wahnsinnig stabilisierend. Monika kommt aus einer Familie, wo Pflichtgefühl viel zählt, Vater bei der Eisenbahn, Großvater Buchhalter. Sie ergänzt eine Seite an mir, die ich nie hatte. Das Lustgefühl allerdings kommt bei ihr doch etwas zu kurz, dem kann sie sich nicht so einfach hingeben.

Theas Sohn versucht, mich und seine Mutter enger zusammenzubringen. Er kam neulich und brachte mir ein paar Programme, dabei auch eins für Büroplanungen. Er versucht, uns zu animieren, doch mal zusammen auszugehen, an den See zu fahren, weil er weiß, seine Mutter mag das gerne, sein Vater aber nicht. Daß Thea und ich uns mögen, ist für ihn offensichtlich. Ich kann ihm doch nicht sagen, daß wir das alles längst machen, in einem Maß, von dem keiner weiß. Außer Jens. Jens ist schwul und ein Freund von Thea, eigentlich von uns mittlerweile. Der hat uns angekuckt und gewußt, was Sache ist.

Vor drei Jahren waren wir zusammen im Urlaub, Thea, Jochen und ich, eine Schnäppchentour durch Süddeutschland, wir wollten uns alle neu einkleiden. Es ging vier Tage von Fabrikverkauf zu Fabrikverkauf. Das, was du da an Sprit verbrauchst und auch für die Übernachtungen zahlst, das holst du bei so einem Großeinkauf locker wieder rein. Wir haben immer getrennte Zimmer gehabt, Thea und ihr Mann – ich alleine. Sexuell lief da natürlich nichts, es war schön, mal ein gemeinsames Urlaubserlebnis zu haben, was ja sonst nie geht.

In letzter Zeit hängt Jochen viel in der Spedition rum, wenn ich vorbeikomme, und das tue ich normalerweise oft. Wir haben in Theas Büro 'ne Couch, die man ausziehen kann. Jochen hat seine EDV-Firma gerade an seinen Sohn abgegeben, er hat sozusagen privatisiert und jetzt viel Zeit. Er hat Thea schon ganz direkt gefragt: »Habt ihr was miteinander?« Woraufhin sie natürlich nur ganz empört zurückgefragt hat: »Wie kommst du darauf?« Thea kommt inzwischen klar mit dem Lügen. Aber daß Jochen nun öfters da ist, belastet unsere Freiheit ganz erheblich.

Tagsüber können wir uns sehen, wann wir wollen. Sie möchte, daß ich an ihrem Leben teilnehme, ich werde also offiziell zu den Geburtstagen und Familienfeiern eingeladen, und ich gehe auch hin, ich bin ganz offiziell der Hausfreund. Hausfreund – das ist ein Wort, das heute fast ausgestorben ist, oder? Dabei war das früher eigentlich eine sehr schöne Einrichtung, wenn man das denn so nennen kann.

Ich weiß noch, mein Vater hat beim Betrachten alter Familienbilder über einen mir fremden Herrn im Anzug erläutert: »Das war der Hausfreund von deiner Oma, der Lehrer X.« Was haben die noch miteinander gemacht? Als Kind hat mich das unglaublich fasziniert, wie eine respektable Frau zu einem Hausfreund kommt.

Ich möchte, daß Thea auch zu mir, besser: zu uns nach Hause kommt, als Hausfreundin sozusagen. Die beiden Frauen sind sich aber nicht grün, sie kennen sich mittlerweile, denn es hat sich nach einem Jahr ergeben, daß Thea mit der Spedition in unser Firmengebäude mit eingezogen ist, sie ist also richtig offiziell Mieter und also Geschäftspartner, da kommt sie natürlich auch zu Veranstaltungen, Festen, da haben sie sich getroffen. Vielleicht wäre es besser, Monika wüßte gar nichts. Es brennt kein Konflikt, aber es glimmt. Ich finde diese Eifersucht so überflüssig, ich nehme Monika nichts weg, und ich nehme Thea nichts weg.

Ich hatte einmal vorher so ein Verhältnis einen Sommer lang. Ich war an der Uni, diesmal war es eine Frankreich-Exkursion, Architekturstudenten im höheren Semester. Da war Kerstin dabei, und auch ihr Freund. Ich habe gemerkt, wie sie sich in der Morgenrunde, wenn wir den Tag besprochen haben, immer neben mich gestellt hat und den Arm so vorsichtig an mich gedrückt hat. Mir war das ja nicht unangenehm, ich habe diese Annäherung genau bemerkt, aber ich wollte keinen Zwist zwischen ihr und ihrem Freund, in der Gruppe. Sie hat mir dann ganz direkt gesagt: »Ich will dich.« Ich habe geantwortet: »Aber nicht hier und jetzt.« Dafür auf der Rückreise. Wir waren mit vier Kleinbussen unterwegs, drei fuhren Autobahn zurück, wir Landstraße. Ich saß auf dem Beifahrersitz, sie fuhr. Hinten drin lagen vier Kommilitonen und schliefen völlig fertig. Wir haben mit heftigem Petting angefangen und sind mit 40 über die Landstraße geschlichen, irgendwann haben wir es hinterm Steuer gemacht, fahrend, fragen Sie nicht wie. Im Winter war Schluß mit Kerstin. Sie hatte sich von ihrem Freund getrennt und auch von mir verlangt, daß ich mit Monika Schluß mache. Das wollte ich aber nicht.

Kerstin konnte ich verschweigen. Mit Thea wäre das auf Dauer nicht gegangen. Monika hat nämlich eine extrafeine Nase. Einmal bin ich in einem Pullover nach Hause gekommen, den Thea zwei Stunden in ihrem Auto liegen hatte. Monika hat sofort gesagt: »Du warst bei Thea.« Ich hätte den Pullover durch Isopropylalkohol ziehen müssen, das ist das einzige, was garantiert geruchsneutral alle Düfte wegnimmt. Von Monika kommen keine Vorwürfe, daß ich mich so für Thea interessiere; das einzige, was sie mir vorwirft, ist, daß ich Ressourcen aus unserem gemeinsamen Leben für mein Doppelleben verwende: sprich Zeit und Geld.

Ich sage immer: Ich kenne meine Grenzen, weil ich sie ständig überschreite. Wenn man sich innerhalb seiner Grenzen bewegt, werden die Grenzen immer enger. Menschen, die das mitmachen, tun sich selber weh. Wenn sie eine Grenze sehen, weichen sie schon zurück, statt draufzuzugehen, mal dranzufassen, zu merken, aha, hier gibt sie nach, ist sie durchlässig, hier kann man drüber gehen. Es ist ihre eigene – ich benutze das Wort nicht gerne – es ist ihre eigene Schuld. Freiheit muß man sich erkämpfen.

Mich haben Menschen, die sich über Grenzen hinwegsetzen, schon immer fasziniert. Mein Vater hat als Student bei einem unverheirateten Pärchen gewohnt. Damals, in den 50er Jahren, war nicht nur skandalös, daß die beiden nicht miteinander verheiratet waren, sondern auch, daß sie Französin war, er Deutscher. Als ich 13 oder 14 war, hat mein Vater die beiden mit mir zusammen im Elsaß besucht – ich habe damals ganz genau mitbekommen, daß die zwei genauso lebten, wie sie wollten, das fand ich klasse. Ja, irgendwoher muß es ja kommen, mein Drang, auch meine Beziehungen ein bißchen anders zu leben als andere.

Nur muß ich ja dieses Anders-Leben in Übereinklang bringen mit den Bedürfnissen meiner Umwelt, auch meiner liebsten Menschen. Im Rundfunk habe ich eine Rezension von *Ich habe einen Liebhaber* gehört und das Buch noch am selben Tag bei meinem Buchhändler bestellt. Thea habe ich abends davon erzählt, sie wollte es unbedingt lesen. Aber erst kam der Urlaub mit Monika, eine Woche in der Bretagne. Wir haben es uns richtig gutgehen lassen, hatten ein schönes Haus mit Sauna, haben lange Spaziergänge gemacht und gut gegessen.

Ich hatte den neuen Mankell mit, was Historisches und das Liebhaberbuch. Monika hat den Stapel durchgesehen und sofort danach gegriffen. Schon nach der Hälfte war für sie klar: »Sind das alles arme Gestalten.« Ich konnte ihr Urteil nicht nachvollziehen, für mich war das kein Maßstab. Dann hat Thea das Buch gelesen und gesagt: »Das ist interessant.«

Komisch eigentlich, man könnte doch vermuten, daß es umgekehrt ist. Monika hat an der Uni die Post-68er mitgekriegt, Thea stammt noch aus einer Frauengeneration, die sich selbst unterdrückt hat. Den Mädchen in den 60er Jahren wurde doch noch gesagt: »Mädchen, du heiratest ja sowieso.« Wenn sie einen Beruf lernten, dann meistens eine assistierende Tätigkeit, nix Selbständiges. Dann werden sie schwanger gemacht, das Haus wird gebaut. So viele Frauen ziehen auch heute noch ihr Selbstbewußtsein aus ihren Kindern, aus dem Muttersein. Ich verstehe das nicht, wenn eine als Beruf angibt: Hausfrau und Mutter. Das ist für mich kein Beruf, oder gibt es das: Diplom-Mutter? Habe ich noch nicht gehört. Weil die Kinder so wichtig sind, wachsen sie überbehütet auf, überbehütet mit null Freiheiten. Klassisches Bild: Kind im Kindersitz hinten auf dem Rücksitz, Mutti daneben. Und die Mütter kriegen nicht mit, daß die Kinder mit 13, 14 ihre Orientierung aus der Peergroup ziehen; das was die Gleichaltrigen sagen, zählt. Irgendwann merken die Mütter, daß sie abgemeldet sind, und dann bricht ihr Selbstbewußtsein zusammen. Wenn ich das mit dem Überbehüteten in bürgerlichen Kreisen sage, dann teeren und federn sie mich. Seit Kohl, seit 1983, ist das Klima umgeschlagen ...

Ich wohne in einem kleinen Ort, 1600 Einwohner, da fühle ich so was wie soziale Verantwortung. Ich mache bei der Feuerwehr mit, und einmal in der Woche kommen die Kids zu mir zur Jugendfeuerwehr. Von den Eltern kriege ich mit: Wir verbieten unseren Kindern, was wir früher selber gemacht haben. Lagerfeuer, auf Bäume klettern. Ich merke, wie die Kinder sich ausprobieren wollen, die wollen nicht nur vorm Fernseher sitzen oder vorm Computer. Wenn die bei uns bei der Jugendfeuerwehr den Feuerlöscher abdrücken, dann leben die auf. Oder sie seilen sich mal irgendwo ab, unter Anleitung, da können sie kontrolliert Risiko probieren. Ich brauche keine eigenen Kinder, um mitzukriegen, was Kinder heute brauchen, was ihnen fehlt.

Äußere Umstände erlauben es Monika und mir leider nicht, Kinder zu haben. Monika ist seit drei Jahren mit einem Labor selbständig, und sie arbeitet als Dozentin. Sie ist durch und durch Wissenschaftlerin und unheimlich ehrgeizig. Ich habe sie nie zu Kindern gedrängt, obwohl ich gerne welche gehabt hätte. Wenn sie in dem Job zwei Jahre draußen ist, verliert sie den Anschluß an die Forschung.

Natürlich ist mit unserer Gesellschaft irgendwie was nicht in Ordnung. Bei den Frauen wie bei den Männern. Der Mann ist in der Gesellschaft heute doch in einer ungünstigen Situation: Er muß überall Aggressivität an den Tag legen, sonst gilt er als Weichei. Man muß sich doch nur ankucken, wie die Kerle mit 200 über die Autobahn heizen. Die toben ihre ganze Aggressivität im Beruf aus, und für die Sexualität bleibt keine Kraft. Ich halte oft Vorlesungen an Hochschulen, und da sage ich meinen Studenten immer: »Hören Sie gut zu, das Wichtigste in Ihrem Leben ist Ihr Fachgebiet, aber dann kommt ihre soziale Verantwortung, und dann kommt Sex.« Glaub' ich dran. So was stellt natürlich das Wertesystem der kapitalistischen Gesellschaft in Frage. Ich kann die Ellenbogengesellschaft nicht ändern, darum versuche ich, soviel Gutes wie möglich in meinem engsten Umfeld zu tun, darum mache ich auch was Soziales in meinem kleinen Ort. Wir sind eine supersatte Gesellschaft, wo es nur noch ums Verteilen geht, nicht mehr ums Aufbauen, da ist keine Bewegung drin. Um Pioniergesellschaften zu finden, müssen Sie nach Australien gehen oder nach Neuseeland. Die trotzen der Wüste Land ab, die kämpfen, da bewegt sich was. Oder nach Finnland. Was meinen Sie, warum die Finnen in der Pisa-Studie so gut abgeschnitten haben? Da ist Bewegung im Land, der Umbau von der Agrargesellschaft zur Industriegesellschaft läuft auf Hochtouren. Bei uns dagegen ist Stagnation.

Ja, mein Leben mit zwei Frauen ist schon so etwas wie ein Gegenentwurf. Natürlich ist da nicht immer alles unproblematisch. Einmal im Monat fahre ich mit Thea zu ihrem Speditionspartner, da sind wir zusammen mit dem Auto unterwegs, hauptsächlich, um zusammenzusein und wegen der schönen Strecke. Wir sind da von sieben Uhr morgens bis abends um elf auf Achse. Uns ist aufgefallen, daß wir immer mittags, kurz nach zwei, eine Krise bekommen. Wegen Lappalien kippt die Stimmung plötzlich. Wir haben uns schon gefragt, ob wir das überhaupt können, soviel Zeit am Stück zusammen verbringen, sechs Stunden, vielleicht schaffen wir eben nur vier, fünf. Inzwischen lachen wir aber drüber, wenn die Stimmung kippt, im Zweifelsfalle treiben wir es erst mal miteinander, Sex ist ja auch was Aggressives und nimmt also die Aggressivität.

Thea hat manchmal Angst, daß es noch enger wird mit uns, erstens weil ich so chaotisch bin, zweitens spielen da sicher auch wirtschaftliche Verflechtungen mit ihrem Mann eine Rolle, seine Firma, ihre Spedition, Dinge, über die ich nichts weiß und auch nichts wissen will. Dann ist da noch ihr Haus, ihr Garten, das ist ihr Zuhause, da geht man auch nicht gerne weg. Außerdem ist ihr ihr Freundeskreis sehr wichtig, genauso wie mir meiner. Der wäre komplett weg, wenn Monika und ich uns trennen würden. Wenn Paare sich trennen, ist doch meist der, der fremdgegangen ist, der Böse, und die Freunde halten zu dem anderen Partner. So würde ich das sehen. Im Bekanntenkreis von Thea ist gerade eine Ehe in die Brüche gegangen, weil die Frau endlich, nach zehn Jahren, mit ihrem Liebhaber zusammenziehen wollte. Der Ehemann hatte die ganze Zeit keine Ahnung. Die Sache war zwar nach drei Jahren aufgeflogen, da bauten die beiden gerade ein Haus. Sie hat aber abgeschworen und dann heimlich doch weitergemacht.

In unseren besten Zeiten haben Thea und ich uns jeden Tag gesehen, fünf Tage jedenfalls, wir waren immer gleich den halben Tag zusammen. Natürlich übernachten wir auch gemeinsam, ich schlafe manchmal da, wenn Jochen nicht da ist, wenn er auf Dienstreise oder zu Verwandten ist, so weit weg, daß er unter Garantie nicht nach Hause kommt. Wir schlafen dann aber im Gästezimmer, Schlafzimmer, das geht für Thea nicht. Ich hätte damit weniger ein Problem. Am Wochenende sehen wir uns eher selten, das verbringe ich mit Monika, sie mit ihrem Mann. Andere sagen »Thanks God it's Friday«, die freuen sich aufs Wochenende, das geht uns nicht so.

Bei uns ist eher: Scheiße, wieder ein langes Wochenende. Montags um neun telefonieren wir wieder, wir telefonieren jeden Morgen um neun. Ich habe extra meine Arbeitsweise umgestellt, um mehr Zeit zu haben. Um 5 Uhr 20 weckt mich unsere Katze, die ist genauer als jeder Wecker, dann sitze ich um sechs am Schreibtisch. Früher bin ich erst um sieben aufgestanden.

Ich habe das die ganze Zeit genossen, eine Tag-Beziehung, eine Nacht-Beziehung. Das, was andere so machen oder haben, Abenteuer, One-Night-Stands, da kann ich nicht mitreden, kam bei mir nie vor. Man vögelt und man geht. Das ist nichts für mich, mich interessiert der Mensch, mit dem ich zu tun habe.

Ich nenne die Beziehung zu Thea »unsere Liebe«. Wenn sie sich von ihrem Mann trennen würde – ich würde schwach werden, obwohl ich mich nicht gerne von Monika trennen würde. Früher hätte ich gesagt: »Thea und ich sind füreinander gemacht.« Wir wissen nicht, warum wir nicht zusammenleben. Früher, am Anfang, wäre sie gerne mit mir zusammengezogen. Heute sagt sie: »Du bist mir zu chaotisch.«

Georg, 38, Künstler

Sag: »Ich will!«

Oder: Vögeln und gevögelt werden

Über eine gekaufte Rose fürs Rendezvous würde Georg im Zweifelsfalle sagen: »Habe ich dir gepflückt.« Weil es romantischer ist und Frauen Romantik mögen. Durchschaubar, aber gewinnend, so wie der ganze Großstadträuber, der gern im Anzug erscheint, um hochgekrempelte Ärmel und aufgeknöpftes Hemd besser wirken zu lassen.

Meine Freundin sagt: »Du gibst Frauen das Gefühl, einzig zu sein, etwas Besonderes zu sein.« Ja, ich bin auch wirklich voll und ganz da, wenn ich mit einer Frau zusammen bin – wenn ich bei ihr bin. Ich lasse auch über längere Zeit in meiner Fantasie nicht nach, das ist kein Kalkül, es bereitet mir immense Freude, für Frauen dazusein, Frauen gutzutun. Mein Orgasmus macht mir am meisten Spaß, wenn eine Frau von mir vorher befriedigt worden ist.

Ich habe einen ausgesprochenen Eroberungs- und Jagddrang, ich brauche das für meine Selbstbestätigung. Ich habe auch schon mit Frauen geschlafen und mich eingelassen, obwohl ich gar nicht so geil war. Und ich wurde glühenden Schoßes empfangen. Ich kann schlecht nein sagen. Ich bin außerdem mit der Fähigkeit gesegnet, nicht tagelang geil sein zu müssen, damit es geht, selbst wenn mich die Person und die Umstände gar nicht so interessieren.

Es ist leicht fühlbar, was Frauen suchen. Meist einen Bekümmerer, der Fantasie hat, der nicht nachläßt. Frauen wollen Abwechslung. Das ist ihre Sehnsucht nach dem anderen Leben, davon habe ich oft profitiert. Ich habe das Gefühl, daß ich anders bin als andere Männer. Starke Frauen ziehen mich an. Ich denke nicht: Ist die schön, ist die stark. Ich denke: Ich will das, ich mach's. Ich komme aber nicht ins Café, und die Frauen drehen sich um, so ist es nicht. Ich muß schon was tun, und ich tu es auch.

Mit 14, fast 15, war ich das erste Mal zwei Wochen allein zu Hause. Meine Eltern waren im Sommerurlaub. Wir haben unglaubliche Partys gefeiert. Wir haben Pilzgerichte gekocht und die Reste zehn Tage stehenlassen. Meine Mutter hat mich zu Höflichkeit Frauen gegenüber erzogen, aber ich war ja damals so pubertär, ich war ungehobelt. Ich lebte auf dem Dorf! Ich war linkisch und bestimmt nicht pfiffig. Bei einer Party war eine dabei, die mir nicht gefallen hat. Die war 18, relativ dick, rothaarig und weißhäutig. Die fing an, sich für mich zu interessieren. Ich fand sie nicht ansprechend, aber meine Geilheit habe ich zu der Zeit mit Milchflaschen erlebt, weißt du, mit diesen kleinen Milchflaschen, die schön eingecremt wurden und dann, na, mit Milchflaschen eben und mit den Händen.

Die Rothaarige hat sich mit mir verabredet. Ich fand sie abstoßend, aber ich war aufgegeilt und habe dem entgegengefiebert, was da so passieren könnte. Es stellte sich schnell raus, daß sie schon einiges hinter sich hatte. Meinen ersten Geschlechtsakt hatte ich also im Schlafzimmer meiner Eltern, im Bett meiner Eltern. Das erste, was mir geschah – sie bestimmte das alles. Da war nichts mit aufs Bett legen und da rumknutschen. Wir gingen aufs Bett, gingen tatsächlich, wir standen drauf. Sie hat gesagt: »Bleib stehen« und mir die Sachen runtergerissen. Dann ging sie auf die Knie und nahm meinen Schwanz in den Mund. Meine Eltern hatten im Schlafzimmer so eine typische 60er-Jahre-Kommode, ein Spiegel in der Mitte, zwei links und rechts zum Klappen. Ich sah also im Spiegel meinen Schwanz in ihrem Mund verschwinden. Wenn ich das erzähle, kriege ich gleich einen Ständer, mein Gott. Danach hat sie sich aufs Bett gelegt, die Beine weit gespreizt, die Hände zwischen den Schenkeln. Sie wollte gefickt werden. Was ich auch gemacht habe. Meine erste Erfahrung war also kein Kuschelsex. Ich habe begriffen: Frauen wollen durchaus richtig ficken. Das war eine richtige handfeste Erfahrung, dafür bin ich der Rothaarigen heute noch dankbar. Das war das volle pralle Leben mit ihr. Das hat mir sehr viel Sicherheit im Umgang mit dem anderen Geschlecht gegeben.

Mit meinen altersgemäßen Freundinnen, die dann kamen, war ich natürlich vorsichtiger. Ich fühlte mich als der Erfahrene. Ich hatte sofortige Sicherheit, mit Frauen zu schlafen. Ich mußte die Mädchen aber nicht an den Haaren packen und durchvögeln. Ich wollte außer dem blanken Geschlechtsverkehr auch Zärtlichkeit und Liebe, ich wollte auch sehen, wie eine Beziehung funktioniert. Meine Eltern hatten eine gute Beziehung.

Meine erste Beziehung hatte ich mit 16, sie dauerte 6 1/2 Wochen. Ich war sehr naiv, ich hatte einen Nebenbuhler. Mit dem hat sie sich getröstet, nachdem ich sie für ihre Cousine verlassen hatte. Sie ist von ihm sofort schwanger geworden. Um Verhütung haben wir uns nicht gekümmert. Ich wurde von meiner Mutter so erzogen, wie das im Dorf damals üblich war: auf Familie, Zusammenhalt. Obwohl ich nicht in diese Dorf-Welt paßte, das war mir damals schon klar, weiß ich: Wenn damals ein Mädchen von mir schwanger geworden wäre, hätte ich mich in die Pflicht genommen. Natürlich wäre das alles viel zu früh gewesen, aber ich hätte es gemacht. Das hätte mich in meinem Lebensweg aufgehalten, aber eben auch nur vorübergehend.

Ich habe eine Lehre als Schlosser gemacht und zu Hause gewohnt. In dem Alter hatte ich verschiedene Beziehungen und dazu Abenteuer. Bei uns in der Nähe war ein Institut für Lehrerbildung. Da bin ich nachts in die Frauenschlafräume eingestiegen. Alkohol dabei, hallo gesagt. Manchmal ist man rausgeflogen, manchmal konnte man mit einer pennen. Ich weiß nicht, ob es da seinen Ursprung hat, daß ich glaube, daß man Frauen nicht trauen kann. Ich wundere mich, wie ich das gebracht habe. Ich lebe eigentlich nach dem Motto *Leben und leben lassen*, ich respektiere die Lebenssphäre von anderen Menschen – und bin trotzdem nachts in die Schlafräume. Ich habe das natürlich nicht allein gemacht, wir waren einige. Mal ist der eine abgeblitzt, mal der andere. Ich habe gewußt, daß ich gute Chancen habe. Es ist gut, Witz und Humor zu haben, lustig zu sein, anders zu sein. Ich gehe da ja nicht rein und sage: »Hier bin ich, ich möchte gerne mit einer von euch bumsen.« Eher so: »He Mädels, jetzt aber raus aus den Betten, hier ist Wein – und hier ist 'ne Blume.« Wenn man das als Übung begreift, ist es so: Da sind vier bis sechs Mädchen. Taxieren der Gruppe: Wie sehen die aus? Schnell eine aussuchen, und dann frontal und offen rangehen, ihr ins Gesicht sehen. Das hat oft genug geklappt. Da war ich so 17, 18, 19. Das Institut für Lehrerbildung ... Du kannst die Überschrift machen: Lehrerinnen kreuzten seinen Weg.

Ich habe Schlosser gelernt. Mein Vater war Tischler. Ich wußte erst nicht, was ich werden sollte, Tischler wäre auch gut gewesen, aus heutiger Sicht. Mein Vater hat mich nicht mit in die Firma genommen, aus Angst, ich blamiere ihn. Er hat gesagt, ich habe zwei linke Hände. Aber das ist Unsinn.

Mein Vater hat sehr gut Tischtennis gespielt, er war der Beste weit und breit. Mit 14 habe ich ihn das erste Mal geschlagen. Ich war mal Vierter bei den Kreismeisterschaften – vor mir waren nur drei Vietnamesen, die als Gastarbeiter da waren. Einmal habe ich gegen meinen Vater gespielt, und meine Kumpels haben zugekuckt. Mein Vater ist groß, so groß wie ich, aber heute doppelt so breit. Er ist ein Angriffsspieler. Das bin ich nicht. Aber ich war flinker, ich habe zwei Meter hinter der Platte gestanden. Ich bin eher jemand, der den Gegner lockt, der seine Fehler nutzt. Ich kann minutenlang nur Sicherheitsschläge bringen. Das hat meinen Vater wahnsinnig gemacht, im weitesten Sinne war das für ihn schwules Spielen. Ich habe ihn vor meinen 14jährigen Kumpels geschlagen – ich habe keine zwei linken Hände.

Mit zwei Leuten aus dem Dorf gründete ich einen Jugendclub. Der wurde sehr schnell von der FDJ vereinnahmt, und wir wurden bester Landjugendclub. Ich kam zur Sonderschule des Zentralrats der FDJ, dem Roten Puff, wie ein Taxifahrer sagte, nachdem ich ihm die Adresse genannt hatte. 102 Leute, davon über 80 Frauen, mit den meisten konntest du schlafen. Da hat eine eben noch einen Brief nach Hause zu ihrem Freund geschickt oder telefoniert, und du hast sie kurz danach gevögelt. Das hat an meiner Achtung vor und an meinem Respekt für Frauen nichts geändert, aber ich habe gelernt: Du kannst ihren Liebesschwüren nicht trauen.

Dann war ich drei Jahre bei der Armee, da haben alle dieselben Probleme.

Das erste Mal, daß ich eine richtige Beziehung neben der Beziehung hatte, war 1986. Ich war mit Clara zusammen, einer Schauspielerin, wir lebten gemeinsam in ihrer Wohnung. Ich hatte sie im

Fernsehen gesehen und mich verknallt. Ich habe ihr Briefe geschrieben, wir haben uns getroffen, und ich habe sie gekriegt. Sie war groß, blond, schlank mit fast keinen Brüsten. Und sie war sehr lieb. Clara hatte eine Reputation, die ich mochte, die hätte ich auch gerne gehabt.

Durch ihre Proben, Auftritte und Tourneen war sie unglaublich gefordert. 1985 gab es nur elf Tage, wo sie komplett zu Hause war. In unserer Beziehung hatten wir viel Ruhe, gemeinsam zurückgezogen sein war ganz wichtig. Aber das ist nur eine Facette von mir, und irgendwann fand ich das nicht mehr spannend. Jedenfalls nicht nur. Ich habe mir 'ne junge, dralle, dunkle Kellnerin gesucht. Die war sehr sexy. Sie wußte Bescheid über Clara. Sie hat noch bei den Eltern gewohnt, wir waren in der Wohnung von Clara oder im Freien. Das lief für mich neben Clara. Die Kellnerin wollte zwar mehr von mir, aber das ging eben nicht.

Einmal haben wir zusammen im *Hotel Metropol* einen Westler ausgenommen. Da waren wir zusammen mit Susanne, meiner nächsten Freundin, und eben der Kellnerin, ohne die wären wir auch gar nicht an die Bar gekommen. Ich saß da mit zwei Frauen, am anderen Ende saß ein Westler und hat rübergekuckt. Den haben wir rangewunken, und zusammen haben wir Drinks für 240 Mark getrunken, für das Geld habe ich einen halben Monat gearbeitet. Irgendwann haben wir ihn einfach sitzenlassen. Mit der Rechnung. Wir gingen raus, eine in meinem linken Arm, eine in meinem rechten.

Einmal kam Clara wieder nach Hause und fand im Schlafzimmer auf ihrer Seite am Bett einen Ohrring. Ich bin wirklich gut im Erfinden von Geschichten, wenn ich mir das überlegen kann, wenn ich vorbereitet bin, aber wenn ich ertappt werde, dann stehe ich dazu. Was hätte ich denn sagen sollen: »Ist hier 'ne Elster reingeflogen? Ich glaube, ich habe vorhin eine gesehen, mit so was Glitzerndem im Schnabel.« Ich habe alles zugegeben. Ich bin achtkantig rausgeflogen. Sie hat die Möbel behalten, die ich entworfen habe, die mein Vater aus schwedischem Deputatholz gebaut hat – o.k., sie hat es bezahlt. Sie hat noch andere Sachen aufgerechnet. Ich fühlte mich ungerecht behandelt.

Ich mußte bei einem Typ mit einem großen schwarzen Hund einziehen. Drei Wochen später kommt mich mein Freund Lutz besuchen und sagt zu mir: »Als ich das letzte Mal bei euch in der Wohnung geschlafen habe, hab' ich was vergessen. Du hast nicht zufällig meinen Ohrring gefunden?« Seinen Ohrring! Ich hatte noch nicht mal gemerkt, daß er einen getragen hat. So was war mir überhaupt nicht in den Sinn gekommen. Ich fand das so ungerecht.

Jedenfalls hatte ich das Nebeneinanderleben mit Clara und der Kellnerin perfekt hingekriegt, ich wollte es ja auch noch 'ne Weile ziehen. Ich hasse Entscheidungen, die mir abgenommen werden, das hasse ich. Vielleicht hätte ich der Kellnerin den Laufpaß gegeben. Ich habe das erste Mal wissentlich mit zwei Beziehungen gelebt, und die Frauen waren glücklich. Nach Clara war ich dann ein halbes Jahr nur mit der Kellnerin zusammen, in der Zeit habe ich sie auch betrogen.

Ich hatte damals als Idealvorstellung, hauptamtlicher Jugendclubleiter zu werden, und das wurde ich, in Berlin. Ich war am Ende meiner Träume angelangt. Ich habe meine Arbeit sofort freiwillig von einer 4- auf eine 7-Tage-Woche ausgedehnt, ich habe Tag und Nacht gearbeitet. Wir hatten zwei rappelvolle Diskotheken die Woche, mit 120 Leuten. Die Frauen rekrutierten sich aus meinem Umfeld, ich konnte Frauen kriegen ohne Probleme, ich habe natürlich nicht wahllos zugegriffen. Ich war für alle der Chef, eine Respektsperson, ich war anerkannt und kriegte Bestätigung.

Zu der Bartruppe gehörte Susanne. Susanne war jung, forsch, frech. Das hat mir imponiert. Ich stehe grundsätzlich auf dunkle Frauen, auf Frauen, die Power haben, selbstbewußt sind, frech sind, vögeln wollen und gevögelt werden wollen.

Mit 26 wurde ich Vater. Und ich war reif dafür. Susanne und ich haben darauf hingearbeitet, so mit hinterher Beine hochhalten und durchschütteln. Schön, daß das geklappt hat, meine Tochter ist 13. Gestern haben wir so einen Test aus einer Mädchenzeitschrift gemacht. Meine Tochter Sophie, meine jetzige Freundin Marion und ich. Herauskommen sollte: Was bin ich für ein Tier? Meine Freundin war Häschen, das hatte sie fünfmal, viermal Schlange, dreimal Tiger, zweimal Fuchs. Sophie und ich hatten zwei Drittel

Übereinstimmungen, sie war sechsmal Schlange, ich achtmal. Ich finde es klasse, eine große Tochter zu haben. Ob da noch was dazukommt, weiß ich nicht.

Susanne und ich haben uns nach dreieinhalb Jahren Ehe getrennt. Wir paßten nicht zueinander, die Unterschiede waren zu groß. Ich bin ein Mensch, der in sich ruht. Wenn ich unwirsch bin, ist was gestört durch irgendwelche Umstände. Ich bin ein Mann, mit dem man unterschiedliche Dinge machen kann, aber bestimmte Sachen interessieren mich nicht. Susanne geht zu Konzerten, nur weil die Gruppe gerade angesagt ist. Interessiert mich nicht. Susanne braucht ein tolles Auto, ein Haus, weil andere Leute das toll finden. Susanne kommt aus lieblosen Verhältnissen, vielleicht muß sie darum etwas ausgleichen mit ihrem großen Mercedes, das kommt vielleicht alles aus ihrer Kindheit, aber ich bin kein Psychologe. Einmal hat sie eine weiße Kunstledercouch gekauft, schweineteuer, in der DDR kaum zu kriegen. Sah nach Geld aus, aber du konntest nicht drauf sitzen, wenn du da nackt darauf gesessen hast, hast du nach zehn Minuten Fäden gezogen. Ich bewege mich außerhalb von Konventionen, ich brauche auch Bestätigung, aber anders. Mir ist es ziemlich egal, ob man mich gestern nacht beim Sex im öffentlichen Raum gesehen hat.

Susanne hatte eine Gewöhnlichkeit, ich fühlte mich elitär. Sie wollte ständig Spaß haben, ich wollte auch mal abends in Ruhe mit einem Foto-Buch sitzen. Sie wollte ständig allen zeigen, wie gut es ihr geht. Sie war sehr stark, ich auch, da gab es Reibung. Ich konnte zurückstecken, sie nicht. Da mußte ich voll Power auf sie losgehen, um mich selbst nicht zu verleugnen.

Das Schlimmste mit Susanne war: Sie hat mich verraten, mit meinem allerbesten Freund, mit ... mit ... Ich komme nicht auf den Namen, das war ein unauslöschlicher Verrat. Bastian. Bastian und ich hatten früher immer über alles gesprochen. Das tue ich nie wieder mit einem Mann. Plötzlich hat Bastian nichts mehr erzählt von Frauen, zwei Jahre lang. Er hatte keine mehr. Weil er unsterblich verliebt war. In Susanne!

Irgendwann, in unserer Endphase, ist es dann passiert. Sie wollte mal mit jemand anderem ficken. Er hat es mir irgendwie verquast erzählt. Ich habe nachgefragt: »Habt ihr nun miteinander geschlafen oder nicht?« Ich habe ihn mitten im Erzählen rausgeschmissen. Sie haben dann ein halbes Jahr zusammengelebt. Susanne hat mir hinterher erzählt, er hatte einfach einen zu kleinen Schwanz. Sie hat ihn nur benutzt. Jetzt ist sie seit zehn Jahren mit Stephan zusammen, den finde ich normal und lieb.

Für mich war es schwer und undenkbar, nach einer Trennung mein Kind nicht mehr zu sehen. Susanne kam mit Sophie nicht so gut klar. Ich hatte ein halbes Jahr Babyjahr genommen, das wurde ja sogar bezahlt. Ich hatte den erkennbar besseren Zugang zu Sophie. Nachts war ich derjenige, der sie beruhigt hat, wenn sie geweint hat. Die Überlegung, daß Sophie nach der Scheidung zu mir kommt, gab es damals irgendwie nicht, das war für Susanne nicht denkbar, für mich auch nicht, vielleicht waren wir zu jung, oder man hat damals anders gedacht. Dann waren wir geschieden. Wir hatten zwar offiziell ein Jahr getrennt von Tisch und Bett gelebt, aber noch ein halbes Jahr in einem Bett geschlafen.

Nach dem Verrat war es mit Susanne ganz seltsam. Diese Frau war für mich als Mutter meines Kindes unantastbar gewesen. Sie hatte vor der Geburt sehr schöne Brüste, die waren hinterher nicht mehr so, besonders das erste halbe Jahr. Ich habe deswegen nicht weniger gern mit ihr geschlafen, ich bin auch nicht auf die Idee gekommen, einer hinterherzulaufen, die geile hochstehende Brüste hat. Aber nach dem Bruch, nach dem Verrat, habe ich Susanne auch körperlich ganz anders empfunden. Ich sah sie nicht mehr als Frau, Geliebte, Mutter – ich sah sie nur noch als Mutter, ihre sexuelle Anziehung war für mich weg. Frauen, die schwanger sind, sind für mich durchaus anziehend. Ich habe nicht das Gefühl, da wächst jemand von jemand anderem drin. Diesen Männlichkeitswahn habe ich überhaupt nicht. Genauso, wie ich nicht hören muß: »Dein Schwanz ist der größte.« Ich schätze mich als normal ein.

Susanne, die Frau, die ich aufrichtig und bedingungslos geliebt habe, hat mir mit dem Verrat gezeigt, daß alles endlich ist, ja, Endlichkeit hat sich herauskristallisiert. Ich bin beschädigt aus der Ehe rausgegangen. In dieser Ehe war ich relativ treu, es gab selten was anderes. Der Verrat hat mich ziemlich getroffen.

Nach der Wende habe ich richtig aufs Fotografieren geschielt, ich wollte da mehr machen. Die Jahre 91, 92 waren die Jahre, wo ich unterwegs war, wo ich Frauen haben wollte. Da hatte ich die höchste Fluktuation in meinem Leben. Ich war nicht offen für eine Beziehung, ich bin nachts bei den Frauen aufgestanden und nach Hause gegangen. Es war geil zu erobern, und ich konnte erobern.

Mit Lena war ich dann ein Dreivierteljahr zusammen. Sie wußte, daß ich nicht unbedingt treu bin, und sie hat es akzeptiert. Sie hätte gern mit mir gelebt. Sie hat versucht, meine Liebe zu bekommen. Ich war nie richtig verliebt in sie. Ich habe nie richtig geglüht. Man kann so zusammenleben mit solchen Prämissen, das war abgesteckt. Sie hatte ein Kind, da war sie beschäftigt. Ich habe nicht an einer gemeinsamen Zukunft gearbeitet.

Dann kam Kristin. 1993. Sie kam wie ein Engel und war wieder weg. Ich habe sie abgrundtief geliebt, sie schien das helle Licht am Himmel. Die war so rein. Es hat sechs Monate gedauert, davon war sie zwei Monate in Schottland. Ich war ihr treu. Ich habe ihr Briefe geschrieben. Eine Woche, bevor sie zurückkehrte, kam ihr Abschiedsbrief. Sie hatte sich angezogen gefühlt von meinem Elan, meiner Fantasie, meiner Kraft und meiner Einfachheit. Ich habe sie aus ihrem Universitätsleben befreit und aus verschiedenen anderen Dingen. Sie hat mir ihre Zeugnisse gezeigt. Schule, Uni, nur Einsen. Sie schrieb Artikel für die besten Feuilletons. Ich war ihr nicht intellektuell genug, ich war ihr zu kraftvoll, ich war ihr zu fremd ... Ich hatte einen Schlüssel für ihre Wohnung – ich habe ihr noch einmal ihr Lieblingsessen gekocht und in den Kühlschrank gestellt. In der ganzen Wohnung habe ich Blumen auf den Fußboden gelegt, Samt, Knochen, Steine, Gräser, Fotos, Kopien. Die passende Musik dazu kam in den Recorder. Dann habe ich den Schlüssel auf den Küchentisch gelegt und bin gegangen.

Seit 1991 habe ich eine eigene Wohnung. Ich wollte nicht mehr mit einer Frau zusammenleben, es bekam auch keine einen Schlüssel. Die Wohnung ist mein Rückzugsgebiet. Wenn ich ein paar Tage nicht da bin, stehen meine Pflanzen in Wasserschüsseln auf dem Balkon, ich laß doch nicht eine Frau in dieses Leben. Als Jugendclubleiter mußte ich mit vielen Leuten arbeiten, ich habe mit vielen Menschen tolle Dinge gemacht und meine soziale Arbeit fürs komplette Leben geleistet. Danach kam der Rückzug auf mich selbst, da war auch die abgelegene Wohnung gut. Vielleicht einmal im Monat klingelt es bei mir, da kucke ich erst vom Balkon, wer unten steht. Meine Wohnung ist für mich arbeiten, abschlaffen, für mich sein. Das finde ich auch klasse für meine Beziehung, ich brauche das, für mich allein zu sein und aufzutanken.

Im August 1994 habe ich Annedore getroffen. Sie hat viel Anteil an meiner wiedergewonnenen Beziehungsfähigkeit. Mit Annedore war das am Anfang nicht ein Sehen und Glühen. Annedore habe ich mir ausgesucht und einfach angesprochen. Ich hatte sie beim Fensterputzen gesehen. Freunde von mir wohnten mit im Haus im Seitenflügel. Einmal wollte ich eine Freundin im Haus besuchen, die gerade ein Kind gekriegt hatte. Sie war nicht da. Ich hatte für sie einen gefalteten Kranich dabei. Ich sah Annedore im Hof arbeiten, sie pflanzte was. Der Hof war wunderbar begrünt, ich wußte, daß sie die treibende Kraft dafür in der Hausgemeinschaft war. Frauen spreche ich frontal an, es gibt wenige Situationen, wo ich mir sagen mußte: Du Feigling, da hast du nichts gemacht, aus Angst vor einer Absage. Es muß ja nicht immer in der Waagerechten enden. Ich gehe also auf Annedore zu, hol' den Kranich raus. »Ja, hallo.« Sie steht da, slawisch, langes, schwarzes, störrisches Haar: »Ich kenn' dich nicht.« Das hat mein Interesse geweckt. Ich mußte mich festbeißen und beweisen.

Annedore sollte die langjährigste Beziehung werden, die ich bisher hatte. Nach ein paar Wochen ist in jeder Beziehung kein Glühen mehr, aber mit Annedore hatte ich das ja auch am Anfang nicht. Es war anders mit ihr, meine Liebe zu ihr ist wirklich gewachsen, durch Pflege. Am Anfang unserer Beziehung hatte ich immer mal Affären, die sich unterschiedlich lange hinzogen. Mit Martina war ich zusammen, dann mit einer australischen Kraftakrobatin. Ich überlege, wie sie hieß. Debbie-Su. Die habe ich im Café kennengelernt. Meine Tochter war dabei, meine Tochter fungierte als Köder: Die war ganz klein, die war süß, die war aufgeweckt. Ich habe Debbie erst nur im Sitzen gesehen – sie ist 1 Meter 80 groß und wiegt 80 Kilo. Sie sah eigentlich ganz gut aus, sie hatte Sexappeal. Sie war auch vorteilhaft gekleidet. Irgendwann ist sie aufgestanden, und da habe ich gesehen, was für ein Brocken das ist! Sie ist diejenige, die ganz unten steht, wenn sie mit ihren Kollegen die Nummer Drei-Leute-übereinander macht.

Debbie hat mich angezogen. Bei mir war da dieses Gefühl, sich beweisen zu wollen. Diese Frau war jemand, der aus meinem Raster fiel. Und sie sprach so ein lustiges Deutsch-Englisch. Ich war bis zuletzt unentschieden, ob ich es bis zur Sexualität treiben sollte. Es war tatsächlich so, daß sie soviel Kraft hatte wie ich! Ich beziehe die Kraft, die ich habe, aus meinem Brustumfang, aus einer bestimmten Körperfülle – aber sie war durchtrainierter als ich. Das war nicht etwa ein angenehm androgynes Gefühl, das ich da hatte, das ist ja im Moment so modern. Nein, das interessiert mich nicht.

Also, die Sexualität mit Debbie war überraschend. Meine Sicherheit, die ich sonst immer habe, war abgestreift. Es stellte sich aber heraus, daß es durchaus möglich ist, mit einer starken, muskulösen Frau gefühlvoll zu schlafen. Was Marion, meine Freundin heute, immer wieder sagt: Sie hatte noch nie einen im Bett wie mich. Ich kann sie packen und umdrehen, ich meine damit: Ich kann das rein körperlich, Marion ist ja auch nicht klein. Aber es geht nicht nur darum, etwas rein körperlich zu können, ich kann eben auch einfach richtig zupacken. Dieses Gefühl, zupacken zu können, war mit Debbie nicht da, ich kam mir anfangs vor wie Roger Rabitt, sie war stärker als ich. Das war auch lustig. Einmal bin ich richtig auf sie raufgeklettert: Sie stand, mit gebeugten Knien, ich hatte einen Fuß auf ihrem Oberschenkel, den anderen auf ihrer Schulter, und sie hat mich gehalten. Es ging dann zu Ende, weil sie mir zu verstehen gab: »Nächste Woche kommt mein Ähmähmähm aus London wieder.« Sonst hätte es sich vielleicht noch'n Weilchen gezogen. Ich fand das anatomisch sehr spannend.

Wenn da Sachen mit anderen Frauen waren, habe ich Annedore nicht weniger geliebt. Es ist nun mal so, wenn man mit einem Partner länger zusammen ist, auch viel Zeit miteinander verbringt, richtet man sich ein, man versucht, es sich nett zu machen, man geht auf den anderen ein. Für mich ist es auch sehr schön, mich mit meiner Partnerin zurückzuziehen. Zwangsläufig ist es natürlich so, daß die Spannung nachläßt, daß Unverhofftes nicht mehr passiert. In bekannten Gefilden überrascht man sich nicht mehr.

Wenn ich damals mit Annedore geschlafen habe, dann war das mit der Frau, die ich liebte. Es war schön, sanft in sie einzudringen, ihr Körper war meins, eigentlich. Es war ein Genuß, sie zu nehmen, zu befriedigen, das hat sich lange gehalten. Aber es war auch nicht so, daß Annedore mir reichte, ihre Libido war nicht so groß wie meine.

Ich finde Sex unglaublich gut, ich pflege meinen Körper, ich treibe Sport. Ich mag es auch, ein Buch zu lesen, Ruhe zu haben, dann kann ich auch wieder hektisch arbeiten. Sexualität ist einfach etwas Schönes, Erfüllendes. Sexualität ohne Liebe kann auch sehr schön und erfüllend sein.

Marion. Marion kannte ich schon vier Jahre, so lange wie Annedore, sie war Annedores beste Freundin. Es war Spannung zwischen uns, aber nicht von Anfang an. Es war definitiv so: Marion und ich hatten viel Spaß miteinander, wir konnten miteinander lachen, reden, Wein trinken, Unsinn machen. Sie ist der typische Fall Mensch, mit dem man richtig gut kann. Sie ist das Gegenteil von Annedore, obwohl beide Temperament haben. Marion ist Dozentin, sie war mal Lehrerin. Sie ist ausgleichend, sie hat was Kommunikatives. Es ist faszinierend, wie viele verschiedene Verhaltensweisen sie in sich birgt. Bei Annedore konnte man oft schon am Äußeren sehen, wie sie drauf ist, was abgeht. Marion hat alle Facetten vom kleinen Mädchen bis zur großen Frau, sie ist sehr veränderungsfähig und überraschend.

Es war vorher nicht absehbar, daß da was passieren würde. Das war ein Reiz, ein Kitzel, den ich nicht mit Absicht herbeigeführt habe. Wenn wir uns verabschiedet haben, war das immer Küßchen hier, Küßchen da. Beim Spielen im Freundeskreis fing es an. Es gibt zwei Sachen, wo Marion und ich absolut verwandt sind, das eine, na ja, das andere ist: Wir schummeln beide beim Spielen. Als ich ihr eine Karte unter dem Tisch in den Strumpf gesteckt habe, habe ich noch ein bißchen leicht nachgestreichelt. Sie hat mich da angekuckt, da wußte ich: Sie ist auch 'ne Jägerin, durchaus. Es war eigentlich alles klar, es hat zwar noch 'ne Weile gedauert ...

Marion und ich haben uns nachts getroffen, wenn wir die anderen, unsere Partner, mit denen wir vorher unterwegs waren, abgeschüttelt hatten. Wir sind dann meistens in dem Park dahinten übereinander hergefallen. Sex mit Marion ist immer noch aufregend, klar, unterschiedlich gut, auch etwas seltener als früher, aber was heißt das schon. Es geht seit vier Jahren mit uns, zuletzt wußte Annedore Bescheid. Das war für alle nicht schön, ich liebte beide, mal war es mehr Annedore, mal mehr Marion, ich will die Hin und Hers nicht erzählen, das war anstrengend und oft nicht gut.

Nach vielen Jahre Höhen und Tiefen mit Annedore habe ich einfach gespürt, ich muß noch mal was Neues probieren. Marion. Das ist keine Midlifecrisis, ganz bestimmt nicht. Ich habe neulich drei graue Brusthaare entdeckt, na ja.

Es ist mir nicht egal, daß Marion auch eine Jägerin sein kann. Sie wird 32, sie hat einige Beziehungen und Affären hinter sich, sie hat sich ausprobiert. Ich weiß, daß ich derzeit derjenige bin, den sie will. Ich mach' mir keine Illusionen darüber, daß sie mir immer treu sein wird. Das, was mich ausmacht, gefällt ihr. Ich bin eine Mischung, die für sie gut ist. Ich befriedige ihr Anlehnungsbedürfnis, ich bin charismatisch genug, sie mag es, wie ich mit anderen Leuten umgehe. Sie interessiert sich für meine Arbeit so, daß sie auch meine Kunstprojekte unterstützt. Was ich beruflich mache, ist für sie o.k., sie findet, daß ich mir mein Leben vorzüglich eingerichtet habe. Ja, ich bin derjenige, den sie für die nächste Zeit will, mit dem sie später ein Kind will. Auch wenn wir seit Jahren Sex haben, ist es immer wieder toll. Und was andere Frauen anbelangt: Sie ist auf der Hut.

Harald, 53, Kaufmännischer Angestellter

Sie ist die Regisseurin

Oder: Sie hatte mein Herz auf dem Silbertablett

Harald, 53, sagt über sich, er sei ein Kopfmensch. Unabhängigkeit und Freiheit gehen ihm über alles – um so mehr kämpft er mit seinen Gefühlen für seine Geliebte. Weil nicht sein kann, was nicht sein darf? Er hatte es sich so einfach vorgestellt, eine Beziehung mit einer verheirateten Frau zu haben.

Ich bin 53 und stamme aus einer alten, kleinadligen Familie, die hat immer Pfarrer hervorgebracht, Kaufleute, Offiziere. Da bin ich ein richtiger Paradiesvogel, denn ich habe viel gemacht in meinem Leben: Ich war Soldat, habe dann ein bißchen Medizin und dazu Jura studiert, ich war Banker in Frankfurt am Main, ich war Angestellter in Nord- und Südamerika, ich hatte als Selbständiger eine eigene Firma, jetzt arbeite ich als kaufmännischer Angestellter. Und ich habe zweimal geheiratet. Meine zweite Frau und meine Kinder wohnen in Bayern. Ich wollte nie da leben, aber wie sich das so ergibt ... Seit November 99 wohne ich in A-Stadt, getrennt von meiner Restfamilie. Und seit einem Jahr bin ich der Liebhaber von Annegret, einer verheirateten Frau.

Meine Ehe entwickelte sich nicht so, wie man sich das vorstellt. Mir war schon länger klar, daß ich mich separieren werde. Ich habe eine nette, witzige Frau, aber wir können nicht zusammen leben. Ich bin wirklich nicht der Prototyp für diese Art von Partnerschaft, Dauernähe ist nichts für mich. Ich sage manchmal: »Ich möchte nicht mit mir verheiratet sein.« Und meine Frau sagt: »Du bist der perfekte Junggeselle.« Ich bin nicht der Typ für ein Zuhause. Ich bin ein Leben lang mit leichtem Gepäck gereist. So landete ich auch in A-Stadt: mit zwei Postpaketen und zwei Koffern in einer möblierten Wohnung.

Da sitzt du also, allein in einer neuen Stadt, ohne Freunde, ohne Bekannte, ohne Frau oder Freundin. Ich habe immer mit Wonne Frauen geliebt. Um abends für einen Aufriß allein um die Häuser zu ziehen, fühlte ich mich zu alt. Außerdem wollte ich nicht den Amore-Kasper machen müssen. Darum habe ich das Verfahren der Partnerinnensuche abgekürzt. Im März 2001 erschien in der Rubrik *Mann sucht Frau* meiner Tageszeitung meine Anzeige: »Mann, 52, 182, schlank, ohne Bauch und Bart, manchmal mit Brille, sucht nette charmante Freundin, Alter und Familienstand nicht entscheidend.« Ja, so ungefähr. Familienstand nicht entscheidend, das hatte ich mit Absicht geschrieben.

Ich habe jedenfalls mehr als 60 Briefe bekommen, irgendwann konnte ich den Freistempler vom Zeitungsverlag schon nicht mehr sehen. Soweit es möglich war, habe ich die Briefe natürlich beantwortet, die Fotos zurückgesandt, da bin ich von preußischem Pflichtbewußtsein angeknabbert. Diese Briefe, diese Menge, diese Vielfalt an Typen unterschiedlichen Alters ... Die Frauen suchten aus den unterschiedlichsten Gründen. Ich dachte meist: nee. Ich mache zum Beispiel gewiß nicht den Therapeuten für Frauen, die frisch geschieden sind. Ich habe alle Briefe, die mir nicht gefielen, sofort zurückgeschickt. Man sieht es ja meist auf den ersten Blick: das Briefpapier, schreibt da eine auf Butterbrotpapier, das Schriftbild ... Bei der Auswahl habe ich schon kräftig vorsortiert.

Ich kriegte nach und nach logistische und zeitliche Probleme mit den ganzen Treffen, und es kamen immer noch neue Briefe. Langsam wurde es weniger, Ende April kamen die letzten drei. Darunter auch der von Annegret. Der hat mich schon durch die Schrift angesprochen. Sie schrieb zwei, drei Seiten, was sie schrieb, gefiel mir, auch ihr Stil, der charmante Ton, ihre Offenheit. Dann diese Handschrift, ausgeschrieben und trotzdem elegant, die schnelle, hingeworfene Unterschrift. Sie schrieb ungefähr so: »Seien Sie herzlich gegrüßt von einer Frau, die Ihre Anzeige höchst interessiert gelesen hat. Was kann ich Ihnen bieten: 48 Jahre, die schnell vergangen sind, also eine Frau, die jünger fühlt und lebt, als ihr laut Geburtsurkunde zusteht. Schlank, weibliche Formen, aber nicht dürr. Ich bin gebunden an einen wunderbaren, aufrechten Menschen, aber etwas fehlt mir in unserem Alltag – Sie raten, was ... Ich kann mir in meinem Beruf die Zeit frei einteilen. Vielleicht schreiben Sie mir ein paar nähere Zeilen über sich und legen ein Foto bei?« Sie selbst hatte ein Foto von sich mitgeschickt. Ich war nicht gleich vom Blitz getroffen, aber ich habe geantwortet und auch ein Foto geschickt. Als Absender hatte sie die Adresse einer Freundin angegeben.

Ich habe bei ihrem Brief Schwingungen gespürt, ich weiß, das paßt nicht zu einem Juristen. Sie hat sich wirklich sehr charmant und nett ausgedrückt, da entstand nicht der Eindruck, eine Frau will sich durch eine Affäre an ihrem Ehemann rächen oder Psychoterror ausüben. Das war mir wichtig. Sie suchte eine lose, aber länger andauernde Freundschaft in gegenseitiger Verantwortung, keinen One-Night-Stand. Das sprach mich sehr positiv an. Auch ihr Alter: Ich suchte ja kein junges Wesen, worüber sollte man da miteinander reden. Sie schrieb, wenn sie das richtig gedeutet hätte, suchte ich durchaus auch eine verheiratete Freundin – so offen hatte ich das in meiner Anzeige nicht sagen wollen. Aber ich hatte schon im Hinterkopf, eine verheiratete Frau wäre wahrscheinlich am unkompliziertesten. Die Konsequenzen, die das vielleicht für mich haben könnte, waren mir nicht im geringsten klar. Ich dachte also: Probieren wir's mal.

Nach ein paar Tagen kam ein Brief retour, den habe ich sofort an der Handschrift erkannt. Wir haben uns für einen der ersten Mai-Tage verabredet. Es war ein erster lauer Abend, fast sommerlich. Erst dachte ich: tja, hm. Dann war ich doch ganz angetan. Angetan, nicht wirklich beeindruckt, mir saß also keine ältliche Claudia Schiffer gegenüber. Sie wäre auch keine Frau gewesen, bei der ich, wenn ich sie im Café gesehen hätte, gedacht hätte: Die muß ich kennenlernen. Aber sie hat im Gespräch von Minute zu Minute gewonnen. Wir sprachen über alles mögliche, auch über unsere familiäre Situation, unsere Vorstellungen und Wünsche. Ich merkte gleich: Sie hat einen netten Mann, den ich glücklicherweise bis heute nicht kenne. Wir sind an dem Abend auch ins Bett gegangen. Sie sagte: »Wenn wir's denn vorhaben, dann gehen wir wohl zu dir.« Mir gefiel ihre Direktheit. Wir sind also zu mir nach Hause, ich wohne zwei Straßen weiter. Wir haben in dieser Nacht viel gesprochen, zweimal miteinander geschlafen, alles war sehr befriedigend und sehr zärtlich. Diese Frau war so ausgehungert, ich dachte, die reißt mir die Bude ein. So schnell, das ist eigentlich nicht meine Art.

Wir haben uns die nächsten sechs, sieben Monate wirklich gut kennengelernt, sehr viele Gemeinsamkeiten entdeckt, unsere Liebe zur Literatur, zur klassischen Musik. Aus den Gesprächen hat sich Zuneigung entwickelt. Wir fingen an, jeden Tag ein- oder zweimal miteinander zu telefonieren. Mit Annegret und mir griff alles ineinander wie bei Zahnrädern, als müßte es so sein. Damals dachte ich in bestimmten Situationen: Das ist so schön, jetzt kannste sterben. Ihr ging und geht es ganz klar neben Zuneigung und Reden um Sex. Ihr würde was fehlen, wenn es vorbei wäre.

Ihren Mann sieht sie kaum. Und Sex – seit mehreren Jahren ist bei ihr zu Hause auf diesem Sektor nichts vorgefallen. Wenn sie darüber sprechen will, macht er zu. Einmal hat sie auf einer Aussprache bestanden, da hat er fast einen Zusammenbruch gekriegt. Das hat mich erschreckt, als sie das erzählt hat. Ich dachte: Sie ist da nicht glücklich und hier auch nicht richtig. Die beiden sind seit Ewigkeiten verheiratet, sie wohnen in einem der feineren Viertel, sie sind umgeben von allen Attributen, die etablierte Leute haben. Sie sagt zu mir: »Was soll ich machen? Ausziehen mit meiner Tochter? Ich fühle mich mit ihm nicht unwohl, nur das eine fehlt.« Sie würde nicht nur ihr Zuhause zurücklassen, sondern auch das geschäftliche Mini-Imperium, das sie sich zusammen aufgebaut haben. Annegret macht die gesamte Verwaltung für das gemeinsame Vermögen. Sie hat eine gewisse Robustheit, sie stammt aus einer Offiziersfamilie. Mit Anfang 20 war sie schwerkrank und hat mit Glück alles auskuriert. Ihr Mann ist ein hochintelligenter, netter, sagt sie. Im Urlaub haben sie wieder ein bißchen geredet, warum nichts mehr läuft. Sie möchte gern mit ihm schlafen, kann aber nicht, weil er nicht will. Daß er andere Frauen hat, hält sie für ausgeschlossen. Daß sie sich therapeutische Hilfe holen, wie ich es vorgeschlagen habe, schließt sie auch aus.

Einmal liegen wir so im Bett, da sagt sie: »Ist das richtig, was wir hier machen?« Das ist ja nun wirklich eine Basisfrage. Ich sehe das so: Wir nehmen niemandem etwas weg, was er haben will, schon gar nicht ihrem Mann. Er schläft schon lange im Gästezimmer. Ich bin ihm ja nie begegnet, wie auch, ich habe sie noch nie zu Hause besucht.

Annegret sagt: »Was soll ich denn machen, ich habe ihn kennengelernt, wir haben geheiratet, ich habe das Kind gekriegt, wir haben so dahingelebt, ich dachte: Das wird schon irgendwie.« Für sie ist es schrecklich, daß sie mit ihm über die Frage Sex oder kein Sex nicht reden kann. Und sie glaubt, daß er sich umbringt, wenn sie ihn verläßt. Darum hat sie dann eben beschlossen, zumindest die Sache mit dem Sex in die eigenen Hände zu nehmen. Es gibt ja Frauen, die haben in der Hinsicht auch Probleme zu Hause, aber denen reicht es, sich einmal die Woche mit Freundinnen zum Prosecco-Besäufnis zu treffen. Annegret gehört nicht zu denen, sie wußte, was fehlt, und sie hat es sich gesucht.

Ich kann mir das mit ihrem Mann nicht erklären. Für mich ist Annegret der Inbegriff der begehrenswerten Frau, wenn ich sie sehe, habe ich nur eins im Kopf. Sie ist für mich eine richtige Offenbarung, ich reagiere wie ein sizilianischer Eisverkäufer auf sie, das hatte ich mir nicht mehr zugetraut. Es gibt kein Gefrage, kein Getue. Mit ihr habe ich immer einen richtigen Flash, würde ein Heroinsüchtiger sagen. Ein Zusammensein mit ihr muß ich immer erst mal ein, zwei Tage verdauen, nicht nur den Muskelkater, auch psychisch-seelisch verdauen. Die ersten Monate waren für mich eine einzige Verliebtheit, ein Schweben zwischen Glück und Ewigkeit. Als sie das erste Mal bei mir übernachtet hat, dachte ich, ich könnte sterben. Ich habe eine längst verschüttete Liebesfähigkeit wiederentdeckt. Ich hatte ständig das Gefühl, ich habe Sonnenstaub am Ärmel. Wir hatten dieses Wahnsinnsvertrauen, vom ersten Moment an. Es war alles so, wie es sein muß, genau mit dieser Frau. Das hatte ich seit dem 21. Lebensjahr nicht erlebt. Mir gingen dauernd solche Sachen durch den Kopf wie: Das ist der zweite Frühling, und: Alte Büsche brennen am hellsten. Das war natürlich durch meine eigene Lebenssituation bedingt: Kinder groß, Ehe unspannend, Familie in 'ner anderen Stadt. Ich bin über 50, da kommt auch die Ahnung vom Tod. Nicht, daß ich der Depri-Paul wäre, aber trotzdem.

Wenn ich dran denke: Ohne die Kontakt-Anzeige hätten wir uns nicht gefunden. Bis man so eine Anzeige aufgibt oder auf eine antwortet, das ist ein sich langsam entwickelnder Vorgang. Annegret hat sich früher immer gesagt: Betrügen, das tut man nicht. Sie hat auch lange über diese Frage mit einer Freundin gesprochen, das ist die, die ihr die Deckadresse gab. Ich hatte mich lange nicht getraut, immer gedacht: Wer weiß, an wen man da gerät. Wir haben richtig Glück gehabt, und es erwischte uns beide, seelisch wie körperlich.

Daß unser Zusammensein körperlich für sie eine Offenbarung war, das stand auch in Annegrets Briefen aus dieser ersten Zeit, hier zum Beispiel: »Lieber Harald, manchmal hat man im Leben diese unvermittelten Ausbrüche von Glück – manchmal bist Du jetzt dieses Glück für mich. Unsere Beziehung ist eigenartig, aber sehr befriedigend, und das meine ich im Wortsinne.« Oder hier: »Ich genieße es so, daß Du alle meine Sinne, wirklich alle, befriedigst, daß wir ohne große Worte die reinen körperlichen Sinne genießen können und spüren, was der andere gerade möchte. Wenige Menschen haben die Gelegenheit, ihre geheimen Wünsche zu erleben. Meine Lust auf Körperlichkeit war noch nie so groß wie jetzt in diesem Alter.«

Ein paar Wochen, nachdem wir uns kennengelernt hatten, fuhr sie mit ihrem Mann in Urlaub. Da saß ich dann in der Straßenbahn oder am Schreibtisch, und plötzlich kam ein Anruf auf meinem Handy. Sie redete und erzählte, von Strand, Meer und Sehnsucht. Der Urlaub war vorbei, und sie war wieder da. Gott sei Dank, ich hatte sie sehr vermißt. Sie mich wohl auch, aber zugegeben hätte sie das nie. Oft hat sie sich am Nachmittag für eine Stunde von zu Hause weggeschlichen, damit wir uns treffen können. Das gehört auch zu den Dingen, die mir jetzt manchmal den Hals zuschnüren, daß es diese spontanen Treffen auf ein Stündchen einfach nicht mehr gibt. Überhaupt blieb vieles nicht wie in der Anfangszeit.

Es fing damit an: Ich darf sie nicht anfassen in der Öffentlichkeit, obwohl sie selbst süchtig ist nach diesem Anfassen. Dann gibt es so komische Regeln: Kino ja, Theater nein, wer weiß, wen man da trifft. Ich darf nur zu bestimmten Zeiten anrufen, meistens telefonieren wir vormittags, dann ist ihr Mann bestimmt nicht da. Ich kann mir meine Zeit gut einteilen, habe auch tagsüber freie Stunden, ich habe überhaupt wenig Einschränkungen. Da möchte ich sie manchmal gerne sehen, aber wir können uns nicht einfach spontan treffen. Sie muß für bestimmte Zeiten ihre Freundinnen als Alibi bemühen. Das kriege ich natürlich mit, und ich finde das nicht so doll. Ich mach's ja nicht selbst, diese Schwindelei, aber trotzdem. Ich kann ihr kein Buch mit Widmung schenken, keinen Schmuck, keine Blumen mitbringen. Ich habe ihr einmal ein kleines Zwergröschen geschenkt, das bewahrt sie jetzt in einem Brillenetui im Auto auf. Wenn man jemanden gern hat, möchte man auch mal mit ihm wegfahren. Wir waren einmal einen Tag zusammen unterwegs, da, wo sie aufgewachsen ist, das war ungeheuer interessant für mich. Als ich mal zwei, drei Tage nach Düsseldorf mußte, hätte ich sie so gerne mitgenommen, aber sie hatte Angst, Hemmungen oder weiß der Teufel was.

Einmal habe ich sie angerufen, da saß sie mit ihrem Mann im Auto und hat mich abgewimmelt: »Die Unterlagen sind noch nicht fertig.« Es ist mir lästig, dieser Pappnasenkram, dieses Lügen, Ausredensuchen. Ich finde das alles belastend, dieser ganze Geheimdienstapparat drumherum. Meine eigene Frau, zu der ich ein durchaus passables Verhältnis habe, sie hat übrigens mittlerweile auch eine Beziehung, sagt: »Das bist du doch gar nicht.« Es ist einfach so: Es gibt in Annegrets Leben eine Erstbesetzung und eine Zweitbesetzung. Sie ist die Regisseurin. Ich stehe in der Kulisse und warte, bis diese Frau mit dem Finger schnippt. Manchmal leide ich darunter wie ein Hund, ich könnte heulen. Und manchmal sage ich mir ganz cool wie im Geschäftsleben: Lieber 20 Prozent von einer tollen Firma als 100 von einer schlechten. Ehrlich gesagt: Eigentlich paßt mir dieser Schwebezustand ja, ich wollte ja gar keine neue Ehefrau.

Es war Annegret, die mich rabiat aus dem Himmel wieder auf den Boden der Tatsachen zurückgeholt hat. Und zwar ziemlich schnell, etwa sechs Monate nach unserem Kennenlernen. Ich hatte ihr bis dahin so viele Briefe geschrieben wie noch nie einem Menschen in meinem Leben, vielleicht 50, 60 Stück, ein richtiges kleines Buch. Das mit den Briefen gefiel mir. Ich habe ihr gesagt: »Wenn ich dir schreibe, ist das eine Art und Weise der Unterhaltung, wo du nicht widersprechen kannst.« Sie erschien mir nämlich auch damals schon oft kleinkariert und wenig tolerant. Jedenfalls machte es plötzlich knacks, knall, kurz nach meinem Geburtstag. Sie war ein paar Tage weggewesen, wir treffen uns, und ich sage: »Ich freue mich, daß du wieder da bist. Freuste dich auch?« Da kriege ich zu hören: »Du bist so vereinnahmend.« Wir saßen im Lokal, auf dem Tisch stand schon das Hauptgericht. Mir hat das Essen nicht mehr geschmeckt. Ich dachte nur: War's das jetzt nun, was soll der Zirkus? Ich fühlte mich ungerecht behandelt. Heute weiß ich: Das war ein Befreiungsschlag von ihr. Das habe ich damals in meinem Kindergemüt nicht verstanden. Auf jeden Fall war danach das Kindliche, die kindliche Verliebtheit bei mir weg. Ich begehre sie noch, klar. Sie hat damals nur einen Aufhänger, einen Anlaß gesucht, um die Beziehung zurückzubringen auf das, was geplant war: eine halbwegs enge, dennoch lose Beziehung. Jedenfalls schreibe ich ihr seitdem keine Briefe mehr. Daß ich mit meinem Herzen auf einem Silbertablett hinter ihr herlaufe, ist vorbei.

Bei dieser Sache nach meinem Geburtstag sind wir trotzdem nach dem Essen im Bett gelandet, aber ich hätte kotzen können. Conni, eine gute alte Freundin von mir, sagt, ich soll das alles nicht so eng sehen. Conni ist in einer ähnlichen Situation wie ich und die einzige, mit der ich über meine Gefühle manchmal spreche. Seit Jahren hat Conni ein Verhältnis mit einem verheirateten Mann. Sie ist attraktiv, intelligent, sie lebt allein, arbeitet viel, verdient viel, und sie will keinen festen Partner. Die will das so, so wie ich das mit Annegret. Conni sagt: »Du hast doch das Beste aus allen Welten, was fehlt dir?« Stimmt ja, ich habe eine attraktive Freundin, wo die Seele nicht zu kurz kommt, und ich habe den besten Sex in meinem Leben.

Eigentlich könnte ich so zufrieden sein. Da ist es wieder, dieses *eigentlich*. Das wundert mich, denn ich habe alle Freiheiten. Mein Leben lang habe ich mich in erstarrten, festgefahrenen Situationen unwohl gefühlt. Das fing schon Ende der 60er Jahre an, als ich Soldat war. Ich hatte Abitur gemacht, mein Gedanke war: Ich lebe in

Frieden und Freiheit, da tue ich auch was für den Staat und werde Soldat. Außerdem kriegte ich 600, 700 Mark im Monat, das war damals 'ne Menge Geld für mich. Ich war Offizier und Ausbilder. Aber du lernst beim Bund, wie man Menschen kaputtmacht. Psychoterror in Kleingruppen und immer dieses Weltkriegsgedute, das war mir nicht angenehm. Dann kam meine Studienzeit, Jura, Medizin fast fertig. Damals heiratete ich meine erste Frau, 1975, 1980 waren wir wieder geschieden, sie war diejenige, die ging, sie tröstete sich mit unserem Rechtsanwalt, einem guten Bekannten von mir. Dann kam Karin, mit ihr kriegte ich unsere Kinder. Ich war damals beruflich höchst aktiv, dauernd unterwegs. Lange haben wir am Stadtrand von Hannover gewohnt, eigentlich wollte ich da nicht übern Zaun gehängt sein. Ich habe dann zu meiner Frau gesagt: »Eigentlich können wir doch überallhin, irgendwo hinziehen, wo es schöner ist.« Meine Geschäftsbeziehungen reichten von Flensburg bis Memmingen, da war es egal, wo man wohnt. Meine Frau fand unsere neue Bleibe. In Bayern. Ich hab' nichts gegen Bier und Blasmusik, und so sind wir da hängengeblieben.

Meine Frau und ich, das waren immer zwei Welten. Karin hat einen Hang zum gehoben Gutbürgerlichen. Für sie waren zum Beispiel solche Sachen wie Auto und Wohnkultur überaus wichtig. Mich hat es nicht interessiert, ob wir eine Duschkabine aus Klarglas haben oder beim Wasserkessel Alessi oder Rowenta draufsteht. Im Beruf ist es bis heute so, daß mich Statussymbole und Chef-Insignien nicht interessieren. Ich weiß noch, einmal, als ich einen Betriebsteil leitete: Da hockte ich an meinem Pultstehtisch und kuckte auf meinen Konferenztisch, an dem sofort 20 Leute in Ledersesseln hätten Platz nehmen können – und war unglücklich. Andererseits: Ich habe früher mit Wonne die ausgefallensten Autos gefahren, die teuersten, die schönsten. Dabei habe ich mich aber immer gefragt: Ist es nicht rücksichtslos, eine Fiktion aufrechtzuerhalten mit materiellen Dingen? Ich bin drüber weg über diese materiellen Sachen, nach und nach habe ich mich davon verabschiedet. Aus meiner Ehe hätte ich mich auch viel früher verabschieden müssen. Ich bin aber geblieben, weil meine Frau nett ist. Wir hatten ein halbwegs funktionierendes Familienleben mit den Kindern, mit Sport,

Wandern und Reisen und allem Drum und Dran, das war mir sehr wichtig, unabhängig von meinen Gefühlen für meine Frau. Daß wir immer ihre Eltern sein werden, das ist unseren Kindern bewußt, ich rede auch heute noch bei Schulfragen und Dingen, die die Erziehung betreffen, mit. Alle vier, fünf Wochen habe ich eines meiner Kinder hier, sie sind 16 und 13. Mir ist es wichtig, daß ich als Vater, daß wir als Eltern unseren Kindern gewisse Werte vermitteln. Als Vater bin ich sehr engagiert, erfolgreich und liebevoll, aber als Ehemann bin ich eine glatte Niete. Mir ist so eine Dauerverpflichtung lästig, ich kann das einfach à la longue nicht: die Nähe, das Zusammenleben. Dabei hatte mir immer so etwas vorgeschwebt wie die Ehe meiner Eltern: Sie sind jetzt beide Ende 70 und seit Ende der 40er Jahre verheiratet. Ich finde, sie leben klasse zusammen. Aber bei mir ist das eben nicht vorgesehen, genau wie ich auch nie einen festen Lebensentwurf für das Berufliche hatte.

Für mich war nie himmelstürmende Liebe für Sex notwendig, aber mögen sollte man sich wenigstens. Der Puff mit Mördertitten und geilen Ärschen war nie was für mich. One-Night-Stands brachten es im Laufe der Jahre auch nicht mehr so. Ich hatte doch gute Jahre nach der Pubertät, es gab noch kein Aids, die Frauen nahmen die Pille, es herrschte erotische Libertinage. Ich kann sagen: Ich habe mit Lust und Wonne geliebt und gelebt.

Es ist eigenartig mit Annegret, einerseits ist sie offen, erotisch, experimentierfreudig und spielerisch, andererseits ist sie schon vom Sternzeichen her stur, kleinkariert, dem Materiellen verhaftet. Sie glaubt nach Nietzsche an die Welt als Wille und Vorstellung – natürlich die eigene Vorstellung! Mein Freund ist so ein Esoterik-Heini, der hat mir auch gesagt, daß Menschen mit Annegrets Sternzeichen Angst vor Wechsel haben, vor Umbrüchen, und sie sind sehr wenig kompromißbereit. Annegret kommt bis heute mit meinem Lebensstil nicht wirklich klar. An meiner möblierten Wohnung habe ich bis heute nichts geändert, alles frühes Ikea, Annegret kapiert nicht, daß ich so leben kann. Ich brauche kein eigenes Haus, keine Eigentumswohnung. Ich mag das, Miete zahlen, in vier Wochen alles aufgeben können. Annegret fragt mich: »Wieso ist das bei dir so?« Sie fragt auch immer wieder: »Warum hast du kein Auto, du bist doch kein Öko, kein 68er?« Für mich ist ein Auto hirnrissig, auch wenn ich einen Dienstwagen habe. Die Steuer frißt diese Vorteile doch alle wieder auf. Nein, ich bin wirklich kein Öko, aber ich habe mich aus der Welt gelöst, in der Annegret komplett verhaftet ist.

Ich gehöre aber nicht zu denen, die sich ständig fragen: Wer bin ich, wohin gehe ich und was ziehe ich dazu an? Ständig über alles reden, alles analysieren, der ganze Psychokram, das ist nichts für mich. Aber Annegret hat mich als Kopfmensch aus der Bahn geworfen, ich glaube auch, daß sie es sehr genießt, daß sie mit mir im Gegensatz zu ihrem Mann über alles reden kann. Über ihr Vertrauen war und bin ich sehr gerührt. Ich bin hilflos, wenn jemand weint oder Kummer hat. Das hat mich also schon oft betroffen gemacht, sie ist einfach mein Lieblingsmensch. Ihr sage ich: »Ich will dir nur Gutes tun.«

Ich habe für Annegret auch eine gewisse therapeutische Bedeutung, so unter dem Motto: Keiner nimmt mich in den Arm. Ich nehme die Position ein, die früher Frauen in solchen Beziehungen, wie wir sie haben, hatten. Jetzt höre ich: Buhu, mein Mann versteht mich nicht. Annegret will ihre Beziehung nicht aufgeben, aber die Ehe ist nicht glücklich. Ihre Lust sucht sie bei mir, und sie findet sie. Dieser Spagat macht sie nicht unbedingt froh. Ich sage ihr bei vielen Gelegenheiten: »Warte doch nicht, bis du unfroh bist, komm doch vorbei.« Ich bin nicht nur ihr Liebhaber, ein Vibrator auf Beinen, ich bin auch ihr Freund. Sie ruft mich manchmal nämlich durchaus an und heult. Ich kann zuhören, reden und aufmachen. Ihr Mann kann das nicht, aber mich wehrt sie in manchen Bereichen ab.

In der Weihnachtszeit hat sie diese Abwehr auf die Spitze getrieben. Ich war über die Feiertage bei meinen Kindern in Bayern und hatte eine richtige Sinnkrise. Ich fühlte mich zurückgesetzt, schlecht behandelt, mißverstanden. Von meiner Freundin! Zwei Tage vor Weihnachten wollte ich abreisen und sie so gerne noch vorher treffen. Ich hatte meinem Kinderseelchen nachgegeben, geknotet und gemacht und Geschenke eingepackt, die ich ihr vor Weihnachten geben wollte. Sie wich aus. Da war ich stinkig und wirklich kurz davor, die Brocken hinzuschmeißen. Ich kam mir vor wie Stückgut bei der Bahnhofsspedition. Ich dachte: Das kann's ja wohl nicht sein. Sie sagte: »Bedräng mich nicht.« Bei aller Selbstkritik: Das habe ich nicht getan. Wenn wir weit entfernt wohnten, dann wär's was anderes, aber es ist eine halbe Stunde mit dem Auto von mir zu ihr oder umgekehrt, und im Sommer hatte sie ja auch zwischendurch mal Zeit für einen Kaffee, ein bißchen reden – es geht ja gar nicht darum, den anderen jedesmal aufs Laken zu zerren. Irgendwann habe ich gesagt: »Na gut, kriegste dein Weihnachtsgeschenk eben nächstes Jahr.« Nach Weihnachten habe ich gemacht, was mir nicht liegt, was ich als pubertäre Reaktion sehe: Ich habe mich in den Schmollwinkel gesetzt. Und abgewartet. Irgendwann kam ihr Anruf: »Was ist denn los?«

Wir haben uns dann ausgesprochen. Von meiner Seite war ja nicht viel zu sagen. Sie ist sehr von sich eingenommen, das heißt: Sie gibt sich mehr so. Ich habe innerlich den Hut gezogen, als sie selbstkritisch wurde, erzählt hat, daß vor Weihnachten alles über ihr zusammenschlug, die Arbeit, die Vorbereitungen für die Familienfeiern, für den Winterurlaub, und dann eben auch noch ich. Über die Festtage war sie durch Nachdenken zu dieser Schlußfolgerung gekommen.

Sie hatte sich daran gewöhnt, davon auszugehen: Der liebe Schluffen ist immer da, also für mich immer da. Sie hat deutlich gesagt: »Ich habe mich falsch verhalten, indem ich das als gegeben nahm.« Ich dachte: Hollaho, das ist ja ein ziemlicher Hammer. In anderen Situationen hätte sie sich lieber die Zunge abgebissen, als so was zuzugeben. Sie hat auch gesagt: »Ja, ich habe große Schwierigkeiten, Menschen so zu nehmen, wie sie sind.« Das ist eben ihre Welt als Wille und Vorstellung, sagte ich ja schon. Sie hat sich außerdem noch abgerungen: »Ich wußte ja nicht, wieviel mir an dir liegt.« Es hat was genützt, daß ich mich ein Weilchen rar gemacht habe.

Seit diesem Gespräch ist bei uns eitel Freude und Sonnenschein, natürlich in den selbstgesteckten Grenzen. Wir telefonieren wieder jeden Tag, letzten Donnerstag stand ich gerade mit meinem Sohn, der zu Besuch war, auf dem Wochenmarkt am Gemüsestand, da geht das Telefon. Letztes Wochenende hatte sie plötzlich sogar wieder Samstagnachmittag für 'ne Stunde Zeit, erstaunlich, nicht?

Sie verlor sonst über viele Dinge, die mich betreffen, wenig Worte, also außer über meine Wohnung, die für sie aussieht wie ein Schlag Rhabarber. Wenn Sie jemanden kennenlernen, beurteilen Sie Menschen doch nach solchen Sachen wie: Was hat der an, wie bewegt er sich? Mir hat sie neulich gesagt, daß meine Körpersprache eine ganz andere ist, wenn wir allein sind. Da habe ich ja auch andere Sachen an, Freizeitsachen eben, natürlich nichts Billiges, aber eben keine grauen oder blauen Anzüge wie im Job. Vielleicht benehme ich mich wirklich anders oder habe eine andere Körpersprache, wenn ich direkt von einem Termin zu ihr ins Café komme, da bin ich dann so der Bankdirektor auf der Flucht. Den mag sie nicht.

Ich stamme aus einer alten Familie, zwar konservativ, aber sehr viel Weltoffenheit, ein tolerantes Elternhaus. Ich bin so aufgewachsen, wie Sie es bei Rosamunde Pilcher und der Marlitt nachlesen können, mit Landarbeitern, die »junger Herr« sagen, mit Pferden und Verwalter. Ich bin so erzogen worden, zu jedem freundlich, hilfsbereit und ohne Vorurteil zu sein, also sozial, christlich zu sein. Annegret ist durch und durch die Tochter von einem hohen Militär und jetzt in ihrem Vorort die Vorzeige-Ehefrau. Sie hat offensichtlich Probleme, unsere unterschiedlichen Temperamente zu verknusen. Andererseits mag sie meine Bodenständigkeit, daß ich intellektuell bin und trotzdem Bauchgefühl, Mitgefühl habe und zeigen kann. Sie sagt auch selbst, daß sie immenses Vertrauen zu mir hat. Sie läßt sich sogar bei juristischen Fragen, die sie und ihren Mann betreffen, von mir beraten. Das ist mir anfangs sauer aufgestoßen. Ich sagte: »Irgendwann sitzen wir mit deinem Mann zu dritt an einem Tisch und vertragen uns vielleicht riesig.« Sehen wir den Tatsachen ins Auge: Ich bin ein Mann zur linken Hand.

Ich habe viel darüber nachgedacht, warum Annegret vor Weihnachten so komisch war, und ich habe zwei Erklärungen gefunden. Die eine: ihr schlechtes Gewissen ihrem Mann gegenüber. Die andere: Es stand an, daß ich ab Februar länger ins Ausland gehe. Ich also dann in London, sie in A-Stadt. Das war bestimmt ein Grund für ihr Zumachen. Ich erinnere mich, daß sie so komisch gefragt hat, so giftig und patzig: »Und, haste da schon 'ne Kontakt-Anzeige aufgegeben?« Ich habe mich mit dieser Entscheidung für London gedreht und gewunden, hatte ein Gespräch nach dem anderen mit der Geschäftsführung und habe es immer weiter rausgezögert. Alles nur, weil ich nicht von dieser Frau lassen wollte, obwohl ich ja nicht weiß, wie lange es weitergeht. Komisch, bei meiner Ehefrau habe ich immer gedacht: Wenn du gehen willst, mußt du gehen, ich hatte einen großen Freundeskreis und weitgespannte Interessen, da wäre ich nicht in ein Loch gefallen, nur weil meine Partnerin weg ist. Jedenfalls: Durch Zufall und Bemühung habe ich einen neuen Job in A-Stadt gefunden, und mir war klar, daß ich bleibe.

Ich kann mich nicht erinnern, je für eine Frau so viel empfunden zu haben wie für Annegret, Sexualität als so beglückend erlebt zu haben. Ich liebe diese Frau. Ich habe mal mit dem Gedanken gespielt, zu ihr zu sagen: »Trenn dich.« Vor allem am Anfang. Aber nö, ich möchte es eigentlich nicht viel anders haben. Sie ist nicht mein Lebensmittelpunkt. Auf der Gefühlsebene betrachtet: Vielleicht hätte alles vor einigen Monaten anders sein können, wenn sie gesagt hätte: »Laß uns zusammenleben.« Dann hätte ich's vielleicht gemacht. Aber eigentlich möchte ich ja noch nicht mal selbst mit mir zusammenleben. Wenn sie sich irgendwann von ihrem Mann trennen sollte, würde ich trotzdem wollen, daß jeder von uns weiter seine Tür hinter sich zumachen kann. Ich möchte nicht mit mir zusammenleben, wirklich.

Ich weiß nicht, wie ihr Mann sich verhalten würde, wenn er von unserer Beziehung erfahren würde. Aber wie sollte er? Neulich platzte aus ihr raus: »Er ist nie da.« Er ist der psychisch Labile in der Beziehung. Sie müßte befürchten, daß er sich was antut, wenn sie ihn verläßt. Wenn sie mit ihm telefoniert, ist ihre Sprache, ihre Stimme ganz anders als mit mir. Mir kommt es manchmal so vor, als wenn er mir was wegnimmt, nicht umgekehrt.

Ich bin der einzige, mit dem sie sich während ihrer Ehe auf diese Weise, also sexuell, beschäftigt hat. Sie fragt mich: »Gefall' ich dir? Magst du mich?« Ich sage ihr dann: »Ich liebe dich so, wie du bist.« Sie blockt das immer noch manchmal ab, wenn ich sage, daß ich sie liebe, auch wenn ich sage: »Ich will dich, ich begehr' dich, ich bin geil auf dich, ich habe Sehnsucht nach dir.« Sie fänd' es schöner, wenn ich gebunden wäre, das sagt sie immer öfter. Das ist bei ihr die Angst vor zuviel Nähe, das merke ich doch. Ich bin bestimmt zurückhaltend, ich habe nie Forderungen gestellt, das steht mir nicht zu. Manchmal sagt sie: »Hättest du nicht lieber jemanden, der ungebundener ist als ich?« Ich weiß dann nicht, ob das wieder Abgrenzung ist oder ob sie nur hören will, wie wichtig sie für mich ist. Ich kann ja auch nicht behaupten, daß ich lieber eine andere hätte, mir fehlt nur eine Sache. Spontaneität.

Ich habe kein Bedürfnis nach anderen Frauen, was ich sonst immer hatte. Ich denke mir immer: Nimm's mit, solange es gut ist. Ich leide manchmal wie ein Hund an dieser Beziehung. Es geht ja nicht nur um den Sex, ich liebe auch den Menschen Annegret. Das Zusammensein mit ihr ist für mich Glück. Mit einer anderen Frau habe ich das noch nicht erlebt. Vielleicht zieht es mich auch besonders an, daß ich Annegret nicht wirklich haben kann.

Johannes, 31, IT-Branche

Das sagt dir Mama nicht

Oder: SM schockt die Leute noch mehr

Etwas verlegen wirkt er, wie er nach der Lesung wuschelköpfig an meinem Tisch steht, seine Frau hat ihn am Ärmel mitgezerrt und sagt: »Sie müssen unbedingt über meinen Mann schreiben, der ist nämlich ein Liebhaber.« Ich: »Aha, und Sie wissen das.« Sie: »Ja.« Ich: »Und wie finden Sie das?« Sie: »Och, ich leihe ihn seiner Geliebten ganz gerne ab und zu, mich entlastet das ja auch.«

Es gibt Menschen, die wünschen sich, daß unsere Beziehung scheitert. Das wäre für sie der Beweis, ungewöhnliche Lebensformen funktionieren eben nicht. Wobei die Leute sich wahrscheinlich schwer entscheiden könnten, was sie an unserem Leben mehr nervt: die Liebhaber-Sache oder SM.

Christina kenne ich seit ungefähr sieben Jahren, seit einem Jahr sind wir verheiratet. Kathrin ist seit drei Jahren meine Geliebte, ich nenne sie ungern so. Dabei ist Geliebte ja an sich ein nettes Wort, jemand, den man liebt. Aber in unserer Gesellschaft, in unseren Beziehungskonstellationen bedeutet das ja etwas anderes. Gängig ist der Satz: Ein Mann hat eine Geliebte. Sagt man: Eine Frau hat einen Geliebten? Nein. Unser Sprachgebrauch hat sich durch die Medien entwickelt, die meisten kennen es nicht aus eigenem Erleben, einen Liebhaber zu haben, einer zu sein. Und wenn es doch passiert und auffliegt, dann hauen sich Männer heute immer noch die Nasen blutig aus Eifersucht. Schlägereien und Faustkämpfe um Frauen finden doch nur in gebildeten Kreisen nicht mehr statt.

Kathrin und ich haben uns übers Internet kennengelernt. Aber eigentlich muß ich viel früher anfangen. Also, mit meiner letzten Freundin vor Christina, mit Cordula, ging es los. Das war so '91/92. Wir waren zwei Jahre zusammen. Cordula hatte einen Geliebten.

So bin ich mit dem Thema zusammengerasselt. Sie hat das nämlich verschwiegen, daß sie jemanden hat. Und sie kam sich dabei schlau vor. Sie tat so heiteitei, als wäre nichts. Sie hat woanders gewohnt und gearbeitet, wir hatten eine Entfernungsbeziehung. Sie hat immer ganz harmlos von dem anderen erzählt, aber mir war sonnenklar, was da läuft. Es hat mich überrascht, als ich gemerkt habe, daß es mich nicht stört, daß sie es miteinander treiben. Ich bin mit der Eifersucht also recht gut klargekommen. Aber dann hat es mich genervt, daß sie mich für blöd verkauft. Was mich störte, war dieses Festhalten-und-Weitersuchen. Und wenn man dann einen gefunden hat, heißt es: Scheiße, den Alten werfe ich jetzt über Bord. Ich habe immer gedacht: Vielleicht geht es vorbei. Da war ein derber Sprung in unserer Beziehung, mein Vertrauen war weg, auch als mit dem anderen Schluß war. Ich habe mich immer gefragt: Wann kommt der nächste für Cordula?

Ja, ich habe die Sache einfach nicht angesprochen – Frauen würden das anders machen, die schicken gleich die Inquisition. Ich habe mich geweigert, so was zu tun, ich fand das unter unserer Würde, ich fand es wirklich würdelos. Ich hatte auch Schiß, daß ich den Trigger ziehe, und wumm, ist alles vorbei. Je länger es dauerte, mit Cordula und dem anderen, desto mehr hatte ich das Gefühl, es ist diese Situation Festhalten-und-nicht-Verlieren. Ein Jahr später ist es mit Cordula und mir auseinandergegangen.

1992/93 war das www, das *WorldWideWeb*, noch nicht erfunden, aber es gab das *usenet*, wo man auch schon gut kommunizieren konnte. Das war damals schon eine ziemlich breite Basis von Leuten, wo sich Interessengruppen informell zusammenfinden, 100, 1000 Leute hatten da regelmäßig Kontakt. Das habe ich sofort für mich entdeckt. Ich würde nie als Mode-Scout arbeiten können, ich bin keiner, der die neuesten Trends erschnüffelt. Aber das war mir sofort klar, daß so ein weltumspannendes Computernetz für die nächsten 50 Jahre der Megatrend ist. Das hat Cordula auch nicht verstanden, ich habe da angefangen, mich abzuwenden, ich habe meine Beziehung richtig mit dem *usenet* betrogen. Es gab damals zunehmend eine intellektuelle Trennung zwischen Cordula und mir, sie wurde immer mehr Köchin, ich studierte, sie konnte mir einfach nicht folgen. Mittlerweile, das weiß ich, hat Cordula das Netz auch für sich entdeckt. Ich habe damals schon gesagt: »Das wird unser Leben umkrempeln.« Cordulas ganze Umgebung war damals so ökologisch drauf, auch anthroposophisch, gerade aus diesem ganzen Ökobereich sind ja viele supertechnikfeindlich.

Zu der Zeit, als das mit dem *usenet* losging, habe ich auch meine SM-Anteile entdeckt, und für Cordula war das eine reine Gewaltgeschichte. Ich hatte dieses Interesse verdrängt, das ich schon mit 14 hatte. Für die meisten kommt irgendwann die Zeit, wo Sex überaus interessant ist, wo man im *stern*, in irgendwelchen Frauenmagazinen alles dazu liest, das war bei mir auch so. Was dabei passieren kann, man stößt auf SM-Artikel und merkt, daß einen das mehr fasziniert als anderes. Wir wurden in der Schule zwar aufgeklärt, aber das mußten immer die Biolehrer mit hochroten Köpfen übernehmen. Meine Eltern haben mir auch Aufklärungsbücher gegeben, die waren sogar fortschrittlich, aus Dänemark und Holland. Da drin wurde Schwulsein verteidigt und auch in den Kontext gestellt, aber SM oder Fetischismus – da wurde höchstens das Wort erklärt. Meine Mutter ist Psychotherapeutin, die hatte natürlich jede Menge Bücher rumstehen. Aber da ging es im Zusammenhang mit SM auch immer nur um Krankheit und Gewalt, um Zeichen retardierter Entwicklung. Heute ist das ja ganz anders, Pop- und Sonstwas-Szenen kokettieren mit SM, im Internet findest du jetzt alle möglichen Informationen dazu. Damals dachte ich, es gibt keinen Menschen auf der Welt außer mir, den so was interessiert, und ich habe das verdrängt.

Bei mir kam 1992 jedenfalls SM wieder hoch, und zwar richtig. Die Beziehung mit Cordula war am Ende, da ging nichts mehr. Ich habe mir gesagt: Die eine Beziehung ist vorbei, jetzt nicht gleich die nächste. Das hielt einen Monat. Dann habe ich Christina kennengelernt, die war am gleichen Institut wie ich. Ich hatte für diese Beziehung den festen Vorsatz, SM gleich von Anfang an aufs Tapet zu bringen. Und ich bin damit offene Türen eingerannt. An meine ersten konkreten Erfahrungen habe ich mich mit Christina rangetastet. Das war eine Chance für uns. Es ist ja etwas ganz anderes, wenn man sich sehr spät über seine SM-Interessen klar wird, auch in einer längeren Beziehung: Ich hab's entdeckt, daß mir das gefällt, was mache ich nun? Wenn man in einer Paarbeziehung ist, gibt es nur drei Möglichkeiten: den anderen verlassen, die Bedürfnisse vergraben, oder sich jemanden suchen. Das provoziert oft Riesenkräche. Das hatten wir natürlich in der Form nicht.

Als wir so anderthalb Jahre zusammen waren, haben wir angefangen über so Sachen zu reden wie Beziehungstreue. Wir hatten Konsens, daß sexuelle Treue nicht so wichtig ist. Wichtig war uns Offenheit, daß es nicht gut ist, den anderen zu hintergehen. Natürlich sind wir um die Frage rumgeschlichen, was heißt das genau für uns, was heißt das für unsere Beziehung? Wie kriegt man Absprachen hin, wie verhindert man, daß es doch ein Festhalten-und-Weitersuchen wird?

Es hat sich dann gezeigt, daß das mit der Treue in der Theorie anders aussieht als in der Praxis. Christina war die erste, ich habe alles live mitgekriegt. Das war jemand aus unserem Chat, Henning. Der wurde nun die Probe aufs Exempel. Alles erwies sich als viel schwieriger als gedacht. Es gab so ein Chat-Channel-Treffen von SM-Leuten, die finden regelmäßig statt. Das ist gut, wenn man sich ab und zu mal sieht, denn wenn man immer nur über Computer miteinander zu tun hat, verschätzt man sich in einzelnen Leuten, es bauen sich Aggressionen auf. Es waren jedenfalls gut hundert Leute bei einem verlängerten Wochenende. Wir waren auf einem Feriengelände, so ein abgeschlossenes Grundstück mit Häuschen, nur wir drauf. Christina und Henning hatten vorher schon immer geflirtet. Und beim Chat ist es ja so: Lernst du dich zu schnell auch persönlich kennen, weißt du nicht genug von dem anderen, wartest du zu lange mit dem Kennenlernen, ist man schon zu vertraut. Dazwischen ist so ein Punkt, wo man schon genug voneinander weiß, daß man sich nicht komplett verschätzt, aber eben auch noch nicht zuviel. Na, das Wochenende führte jedenfalls dazu, daß ich mich die ganze Zeit gut unterhalten habe und zwischendurch immer so Eifersuchts-Flashs hatte, weil Christina knutschend auf der Mauer am See saß. Das war alles höllenschwierig, so direkt vor meinen Augen. Das wird einem von Mama nicht beigebracht: Mach's nicht so, daß du deinem Mann ins Gesicht schlägst. Wie man mit anderen Partnern umgeht, ist keine Sache, die man mit der Muttermilch einsaugt.

Das zwischen Christina und Henning ging ein Jahr, dann hat er seine Freundin rausgesetzt. Da dachte ich, he, Moment, aufpassen. Er fing dann auch prompt an, sich voll auf Christina zu fixieren. Plötzlich war sie die Frau seines Lebens. Das fand sie sogar 'ne Zeitlang prima. Sie und ich, wir waren jetzt drei Jahre zusammen, der Reiz des Neuen war für sie mit Henning natürlich sehr groß. Bei uns war die rosa Brille schon weg. Da kann man böse reinfallen. Christina und ich lebten außerdem in so einem Machbarkeitswahn, daß es eben geht, was wir uns vorgenommen hatten. Sie ist oft zu ihm gefahren, die beiden waren zusammen ein paar Tage im Urlaub.

Wir hatten uns das so schön zurechtgelegt, man sucht sich Sex außerhalb, weil das Kitzlige in der Beziehung weg ist, das läßt sich ja nicht wiederbeleben, dieses Jagen-und-erjagt-Werden, das gibt es nur woanders. Das heißt ja nicht, daß man nicht trotzdem in einer harmonischen Beziehung mit dem festen Partner leben kann. Nur: Wenn einem jemand sympathisch ist und man treibt's ein paarmal miteinander, dann kommen automatisch Gefühle ins Spiel.

Ich habe jedenfalls gespürt, ich muß intervenieren: Mal langsam, das Ganze hier wird doch jetzt sehr intensiv, das gefährdet die Hauptbeziehung. Ich habe zu ihrem nächsten Urlaub dann nur gesagt: »Ich will nicht, daß ihr 'ne ganze Woche wegfahrt.« Für Christina hatte das einen richtigen Aufwach-Effekt, sie hat gemerkt, wie weit das alles schon ging. Ich habe deutlich gesagt: »Ich habe Angst, daß das unserer Beziehung schadet.«

Der Unterschied zu anderen Fremdgehern war, daß es bei uns die Verbundenheit erhöht hat. Mein Intervenieren hatte Verwerfungen in Christinas Geliebten-Beziehung zur Folge: Henning hat das nicht so schnell auf die Reihe gekriegt. Er hat gemerkt, daß er ausgebremst wurde, dabei hatte er ja gar keinen bösen Masterplan, er fand Christina nur einfach prima und wollte sie als Freundin haben. Er wollte eine Beziehung, sie wollte Spaß. Darüber ist ihr Verhältnis dann innerhalb von einem Vierteljahr auseinandergefallen. Man lernt durch so was ja, man lernt Warnsignale. In diesem Fall heißt das: Wenn der Liebhaber oder die Geliebte sich vom festen Partner trennt oder verlassen wird, dann gehen alle Lichter auf Rot. Mit Henning hatten wir das so erlebt.

Kathrin hatte ich über den Channel kennnengelernt, wir kannten uns schon länger flüchtig und schlichen immer umeinander rum, so ging das ein halbes Jahr. Wir sind beide eher schüchtern, wir sind beide nicht die großen Aufreißer. Es gab damals Treffen von den SM-Leuten in einer Kneipe. Da waren wir auch. Bei uns gab es nicht *den* Abend der gegenseitigen Verführung, wir haben uns lange getroffen, ohne daß was passiert ist, alle anderen haben's mitgekriegt, nur wir nicht. Irgendwann haben wir uns zum Abendessen und Poppen verabredet. In einer Dachgeschoßwohnung von Freunden, das war zusätzlich 'ne lustige Umgebung. Wenn man zu lange wartet mit dem ersten Treffen, kann's im Sande verlaufen. Oder man stellt sich sonst was vor ... War aber beides nicht. Es war so, wie es sein sollte. Christina wußte, daß wir uns treffen. Sie hatte ja schon Liebhaber gehabt. Umgekehrt, daß also jetzt ich dran war, war's das erste Mal.

Kathrin und ich, wir haben uns richtig zum Verhauen verabredet. Ich sage das so, aber das ist natürlich mit Ironie gebrochen. Kathrin und ich sind da nicht so festgelegt. In erster Zeit war es so, daß ich den Top gegeben habe, also den Aktiven im SM-Spiel. Es ist nicht unbedingt üblich, daß man das wechselt innerhalb eines Paars, also mal Top, mal Sub. Wenn's nicht so hinhaut, kann das auch komische Situationen ergeben. In letzter Zeit ist es bei uns sowieso ab von extremer Rollenverteilung hin zu anderen Techniken, das hat sich 'n bißchen verändert. Am Anfang, als ich den Top gegeben habe, haben wir viel gemacht mit Fesseln, Ketten, gestellten Vergewaltigungssituationen. Als Kathrin Top war, gab es viele Sachen mit Atemkontrolle. Inzwischen ist es halt so, ja ... Wir haben vielleicht alles durchprobiert. Manche Sachen sind auch nur ein paarmal fein. So die Augen verbinden und langsam die Kleider vom Leib strippen. Am Anfang ist das ein ziemlicher Kitzel. Vor allem, wenn ich dazu noch mit den Geräten klapper'. Jetzt haben wir andere Sachen entdeckt, zum Beispiel Fisting. Das ist halt lustig und weit weg von den *mindgames*, den Sachen, die hauptsächlich im Kopf stattfinden.

Als mit Kathrin alles frisch war, war mir klar: In jeder neuen Beziehung stecken auch Gefahren drin, man weiß nicht, wie weit man gehen kann. Wann verletzte ich die Gefühle von Kathrin oder Christina? Wenn man verknallt ist, kann man sich natürlich nur schwer zusammenreißen, man will sich ständig treffen, und das ist nicht schön, wenn der feste Partner das so brühwarm mitbekommt. Kathrin wohnte auch noch in unserer Stadt, das war natürlich sehr spannungsreich. Abends habe ich mir anfangs schon manchmal die Frage gestellt: Und wenn ich mit der neuen ganz zusammen wäre? Gerade in der Anfangszeit ist es also wichtig, Pflöcke im eigenen Leben einzuschlagen, in dem Fall also in dem Leben von Christina und mir. Ich habe mir gesagt: Ich will bei Christina bleiben als Primärbeziehung – selbst wenn ich verliebt in Kathrin bin und sie auch liebe. Es gibt Beziehungswerte, die über Spaß und Sex hinausgehen, dazu gehört den Alltag teilen, gemeinsame Urlaubsziele haben, sich über das Ausdrücken der Zahnpastatube nicht den Kopf einschlagen, den anderen auch prima finden, wenn man gerade nichts Spannendes macht, das Leben nicht auf 180 läuft, wenn es nur schön ist und vertraut, wenn man nicht von Streit zu Streit, von Krise zu Krise schlittert. Christina und ich haben am Horizont auch den Gedanken, vielleicht irgendwann mal Kinder zu kriegen, darum sollte schon klar sein, daß man noch fünf, zehn, besser noch 15, 20 Jahre zusammenbleibt.

Als Kathrin und ich uns kennenlernten, hatte sie gerade niemanden, keinen festen Partner. Sie ist so alt wie ich und hat natürlich ihre Erfahrungen mit Beziehungen. Irgendwann war dann da wieder ein fester Freund, sie hatte ihn und mich so ein halbes Jahr parallel. Dann ging es bei denen auseinander. Mir war das nicht recht, daß das auseinandergebrochen ist. Ich hatte ein schlechtes Gewissen. Der erste Grund für mein schlechtes Gewissen: Er war nicht klargekommen mit der Situation, er hat es versucht, aber es war im Endeffekt nicht seins. Ich habe mich rausgehalten, als die sich kennenlernten. Kathrin hätte mich vor ihm verbergen können, wenn sie gewollt hätte. Sie wollte aber keine Spielchen spielen. Für ihn war das nur ein fauler Kompromiß. Er hat sie dann rausgesetzt aus der Beziehung.

Ich habe gedacht: O.k., was kommt jetzt? Steht sie allein da und guckt mich mit großen vorwurfsvollen Augen an? Zum Glück ist sie sehr robust. Sie ist ’ne relativ coole Frau. Unsere Geschichte konnte also weiterlaufen, ohne die Beziehung zwischen mir und Christina zu sprengen. Davor hatte ich nämlich Schiß. Kathrin hätte ja verschiedene Möglichkeiten gehabt, sich zwischen mich und Christina zu drängen: ein schlechtes Licht auf unsere Beziehung werfen, mein schlechtes Gewissen als Hebel benutzen. Ich war auf dem Quivive, was kommt. Ob ich in ihrer Situation, also plötzlich wieder allein, diese Souveränität gehabt hätte? Wir haben ein paarmal gequatscht, wie sie’s sieht und durchsteht. Es ist doch immer wieder für jeden die Frage: Was zieht man raus aus einer Beziehung? Dafür macht man das doch. Kathrin ist froh, daß sie sich nicht um die ganze Bespaßung in der Beziehung kümmern muß. Sie will auch von dem ganzen Zauber mit dem Kinderkriegen verschont bleiben, das paßt nicht in ihren Lebensplan. Ich glaube auch nicht, daß sie das je umstoßen wird.

In Kathrins Freundeskreis passe ich nicht rein, da ist man dann auch zerrissen. Das sind alles Autoren, Leute, die was mit neuen Medien machen, die hat sie übers Internet kennengelernt. Ihre Freunde sagen schon mal: »Du hast doch ’n Freund.« Sie meinen damit mich! So von wegen: »Bring den doch mal mit.« Kathrin sieht das auch so, daß ich mit ihren Freunden nicht zusammenpasse. Ich gehe schon mal mit, wenn die Nervensägen nicht dabei sind. Kathrin und ich haben eben eine kleine Schnittmenge zusammen.

Christina, Kathrin und ich machen relativ viel auch zu dritt. Die beiden Frauen verstehen sich, respektieren sich. Wir gehen ins Kino oder mal einen Abend in die Sauna. Wir haben auch Sex probiert, aber das hat nicht gut funktioniert. Da sind die Verletzlichkeiten zu groß, es ist also ganz wichtig, das zu trennen. Das sagt dir ja vorher keiner, wie sehr es einen trifft, wenn der Partner vor den eigenen Augen mit einem anderen vögelt. Ich bin jedenfalls froh, daß sich die beiden gut verstehen, man muß auch mit so einer Nebenbeziehung ein gutes Gefühl haben.

Christina hat sich gerade von ihrem Liebhaber getrennt. Das ist ganz komisch gelaufen. Tim hatte auch ’ne Freundin, diese Beziehung war schon ein paar Jahre alt, als das mit Christina anfing, aber sie ist dann zerbrochen. Erst dachten alle: Naja, 'ne Nebenbeziehung, ist ja prima, aber dann hatte die Freundin zwei Monate später ihr Coming-out als Bi-Frau und war weg. Das hatte nix mit Christina und Tim zu tun, seine Beziehung wäre sowieso über kurz oder lang vorbei gewesen. Aber es ist schon so: Auch in einer Nebenbeziehung übernimmst du eine gewisse Verantwortung. Und wenn bestimmte Sachen den eigenen Zielen widersprechen, muß man eben sagen: Es geht so nicht weiter. Dazu braucht man natürlich 'ne gewisse Erfahrung. Für Christina war es jetzt schon die vierte Nebenbeziehung, sie hat einen Erfahrungsschatz für die üblichen Probleme, die auftreten können. Manche Leute stolpern ja einfach rein in diese für sie neuen Konstellationen, die sind dann den Erfahreneren ausgeliefert, die können mit ihren Hoffnungen richtig in die Falle laufen. Aber das kann man nicht verhindern, daß die Erfahrungen unterschiedlich sind.

Diese vermeintliche Unkompliziertheit von Geliebtenbeziehungen birgt doch Sprengstoff, das ist ja nicht wie eine Beziehung zum Steuerberater. Gerade wenn es neu anfängt, man ist vielleicht in einer neuen Stadt, neuer Job, alles ist superrosig. Da kann man in eine Traumwelt geraten, und die soll es ja eigentlich auch bleiben.

Was wir tun, ist sicher kein Modell für zukünftige Beziehungsformen. Kants Kategorischer Imperativ greift eben bei den meisten nicht, es hat nicht jeder den Mut, sich des eigenen Verstandes zu bedienen, aber es sind eben auch alle Menschen unterschiedlich, und sie haben entsprechend unterschiedliche, auch unterschiedliche emotionale Bedürfnisse.

So eine Beziehung wie unsere setzt Ehrlichsein voraus, vor allem sich selbst gegenüber. Christina hatte vier Nebenbeziehungen nebst einigen Affären. So eine Beziehung und eine Affäre unterscheiden sich in Dauer, in emotionaler Intensität. Eine Affäre heißt meistens: Man treibt's ein paarmal, das war's dann. Bei einer Beziehung hängen richtig Gefühle dran. Manchmal kann man erst hinterher urteilen: Was war's nun?

Christina lebt im Moment in K., wir sehen uns nur am Wochenende. Sie fährt oder ich. Zwei Städte – das erleichtert manches. So tue ich es nicht direkt vor Christinas Augen mit jemand andrem, sie kriegt sozusagen die glibschigen Details nicht mit. Christina bleibt noch zwei, drei Monate in K., sie arbeitet in einer Werbe-Agentur. Sie mußte mir erst mal erklären, was sie da genau macht, wenn sie für ihren Kunden Werbeetats und Kampagnen organisiert. Es ist unglaublich, wie da mit Geld um sich geworfen wird in der Branche, die haben's ja. Seit ich das mitkriege, glaube ich nicht mehr an die Rezession und Probleme durch den Euro.

Ich bin Programmierer, das heißt: eigentlich Biologe. Als dieser ganze IT-Boom anfing, bin ich zum Programmieren gewechselt. Ich mache freie Mitarbeit in der IT-Branche, irgendwie läuft das im Moment ja überall zäh. Aber wir können uns zwei Wohnungen leisten, ein großes Boot. Für mich ist es manchmal ein Problem, diese unsichere Situation im Beruf auszuhalten. Ich lebe ungeplant, andere haben genaue Vorstellungen von ihrer Zukunft, die planen wie am Reißbrett. Christina ist beruflich und auch sonst straight bei der Sache. In der Zeit, in der ich studiert habe, Diplom gemacht habe und 'ne halbe Doktorarbeit geschafft habe, hat sie eine Ausbildung gemacht, studiert, Examen und die ganze Doktorarbeit hingekriegt, jetzt ist sie 31, so alt wie ich, und auf dem Sprung ins Management. Sie ist einfach voll dabei. Christina geht stark von sich aus auf Leute zu. Als wir uns kennenlernten, hat sie mich mehr angebaggert als umgekehrt. Sie hat eine sehr männliche Seite, sie bringt Sachen auf den Punkt, erreicht Ziele wie ein Mann. Ich jammer' gerne, ich bin lieber nicht straight, nicht karriereorientiert. Ab und zu krieg' ich 'n Moralischen, wo's mich tierisch nervt, daß ich nicht so tough drauf bin mit meinen Sachen ... Kathrin sagt, das ist totaler Quatsch, Christina verdient genug für zwei. Das ist ja im Prinzip richtig, aber du kommst dir als Mann komisch vor.

Kathrin ist nicht ziellos, aber sie ist easygoing, sie schlägt sich durch mit Übersetzungen, Webdesign. Karriereplanung ist bei ihr überhaupt nicht. Mit Kathrin ist es anders als mit Christina. Wir leben nicht zusammen, wir haben keinen Alltag zusammen, sie will keine Kinder. Qualitäts-Zeit habe ich mit Kathrin weniger als mit Christina. Mit Kathrin würde das nicht funktionieren, was eine klassische Beziehung ist.

In der Beziehung mit Christina ist der Sex weniger geworden, das ist normal, da kann man sich genauso drüber ärgern wie übers Älterwerden. Sinnlos. Christina hat fünf, sechs Anläufe gemacht, hierher in die Stadt zurückzukommen. Jetzt hat sie eine Stelle in D. gekriegt, das ist dichter als K., und es gibt die Perspektive, daß sie nächstes Jahr einen absolut guten Job hier bei uns übernimmt. Wir machen uns Gedanken um die Zukunft, irgendwann wird sie die Pille absetzen. Unser Problem ist nur: wann? Irgendwie paßt es nie.

Ich war die zwei Monate ziemlich down, beruflich lief alles blöde, ich habe nur so rumgefrustet. Christina war sehr eingespannt, ich habe sie wenig gesehen. Da habe ich Kathrin natürlich viel erzählt, ich habe mich auch trösten lassen. Eigentlich versuche ich, so was rauszuhalten, wenn ich mich mit ihr treffe. Ich finde es besser, wenn ich die Arbeitssachen verdränge oder mit mir selber reinen Tisch gemacht habe. Nicht alles mit in die Nebenbeziehung nehmen, heißt ja nicht, daß ich nicht für Kathrin koche oder wir sonstwie vertraut sind, es muß ja nicht bis zum Hausputz gehen. Ich möchte schon meine Aufmerksamkeit voll dahaben, wenn ich mit Kathrin zusammen bin. Andererseits darf sich kein Alltag einschleichen, dann wäre der Zauber weg, und es soll ja etwas Spezielles bleiben, was hochgeschätzt ist. Mir gibt ein Treffen mit Kathrin immer Auftrieb für ein paar Tage, ich bin ausgeglichener.

Ich bin jemand, der nach neuen Grenzen sucht und versucht, sich einzuarbeiten. Ich konnte gerade mal lesen, da haben mich die Brockhaus-Bände interessiert: Ich habe mir einen Begriff gesucht und dann immer weitergeblättert. Seit ich 16 bin, habe ich hobbymäßig mit Computern rumgemacht. Wenn man da was macht, ist es richtig mit Herzblut. Ich bin völlig begeistert, mir im Bereich Computer-Programmieren neue Sachen beizubringen. Für mich ist das eine neue Art von Kreativität. Viele können das nicht verstehen, wo da die Kreativität sein soll, die kennen das nur vom Bildermalen oder Bücherschreiben. Das mit den neuen Grenzen gilt nicht nur für die Arbeit, auch für den Sex. Viele würden Fallschirmspringen gehen, ich gucke mir lieber SM an. Und ich programmiere auch für die einschlägigen Websites wie *www.bdsm-berlin.de* und *www.datenschlag.org*.

Sowohl Kathrin als auch Christina machen nicht den Eindruck von ausgebeuteten, verschüchterten Wesen, aber irgendwie wurden beide in letzter Zeit von Bekannten häufiger bedauert, wie ich so böse zu ihnen sein kann. Christina tat ihnen leid, weil sie als Ehefrau mit einer anderen betrogen wird. Kathrin wurde bedauert, weil sie Weihnachten alleine unterm Baum sitzt. Ich bin da sprachlos. Jeder tendiert dazu, aus seiner Perspektive zu urteilen, wahrscheinlich macht man das selber auch so. Die Leute sind nicht in der Lage zu begreifen, daß in diesen Beziehungen nichts von meinen Launen abhängt.

Der Reflex der Leute auf eine Nebenbeziehung ist immer wieder: »Wieso denn so was? Läuft's in der festen Beziehung nicht?« Und auch wenn von außen keiner was sagt, meldet sich bei vielen Leuten mit Nebenbeziehung doch das Über-Ich und sagt: »Mach was an deiner festen Beziehung.« Das ist dann die Küchenpsychologie aus *stern* und *Spiegel*. Dazu gehört auch: Man kann füreinander wieder aufregend sein, man kann in Beziehungen und in den Sex in der Partnerschaft wieder frischen Wind bringen – bloß nichts draußen suchen. Die ganze Erwartungshaltung der Gesellschaft geht auf Treue in der Partnerschaft.

Ich möchte unsere Beziehungsform ja ungern als Modell postulieren, aber ich habe auf irgendwelchen Performance-Druck überhaupt keine Lust. Es hängt eben alles immer extrem von den Leuten ab, die miteinander zu tun haben. Generell ist es so, daß die Leute aus der SM-Szene in ihren Beziehungen mehr Offenheit haben. Manche Menschen sind zusätzlich schockiert, wenn sie etwas von meinen SM-Geschichten mitkriegen, die fühlen sich dann, genau wie bei der ungewöhnlichen Beziehungskonstellation, selbst in Frage gestellt, denken vielleicht auch, sie sind langweilig im Bett.

Bei vielen spürst du auch den Neid: Da erlaubt sich jemand was, was ich mir immer verkniffen habe. Andere spüren nur einfach ihre Angst, Angst vor allem möglichen. Allein schon die Voraussetzung, mit der Leute in eine Beziehung gehen: Das ist jetzt mein Partner, der gehört mir. Ein bißchen kann ich das ja verstehen, das ist der Versuch, im Leben einen emotionalen Rückzugsraum zu finden, der einem gehört. Aber der Partner muß da auf dem gleichen Stand sein.

Mein Bruder weiß von meiner Beziehung zu Kathrin, ich habe sie mal mitgenommen. Meine Mutter würde mir den Kopf abreißen, wenn sie's erfährt, wie meine Beziehungen aussehen. Ich bin wohl meinem Vater zu ähnlich. Ich sehe ihm nicht nur ähnlich, auch sonst. Er ist oft fremdgegangen. Mit meiner Mutter gäbe es sehr ungemütliche Stunden. Bevor ich mir aufdringliche Vorhaltungen machen lasse, rede ich lieber nicht drüber. Meine Mutter ist Psychotherapeutin, sie müßte die Mechanismen eigentlich begreifen. Tut sie aber nicht.

Wolfgang, 49, Kaufmännischer Angestellter

Ich will Sex mit dir

Oder: Dann war es Liebe

Unauffällig, so würde man ihn wohl nennen, nicht groß, nicht klein, nicht dick, nicht dünn, der Mann von nebenan. Wenn er seine Geliebte nur halb so sprühend ansieht, wie wenn er von ihr erzählt, muß sie sich einfach geliebt und begehrt fühlen.

An einem Sonnabend stand in der Zeitung: Heute Lesung aus dem Buch *Ich habe einen Liebhaber* mit Martina Rellin. Die Autorin, das sagte mir nichts, aber bei dem Buchtitel war ich elektrisiert. Ich wollte sofort in die Buchhandlung, um nachzusehen, ob es das zu kaufen gibt. Dann dachte ich: Wieso? Da gehste zur Lesung, und wenn du schon mal da bist, läßt du dir das Buch gleich signieren. Eigentlich wollte ich sogar meine Lebensgefährtin Doris mitnehmen, aber ich bin dann doch allein gegangen. Wer weiß, vielleicht hätte ich sonst genauer mit ihr über das Thema reden müssen. Das will ich nicht, denn auch ich habe eine Geliebte, Eva. Mit ihr geht das im Frühjahr seit sieben Jahren.

Mit Doris lebe ich in Lebensgemeinschaft, das ist wie eine Ehe, wir haben bloß keinen Ring. Wir kennen uns seit 22 Jahren und wohnen seit 19 Jahren zusammen. Wir haben nie geheiratet, wir haben auch nie ernsthaft darüber geredet. Ich brauche keinen Ring, kein Papier. Doris war schon mal verheiratet, daher auch ihre Töchter. Fremdgegangen bin ich schon öfter, aber eine feste Beziehung neben meiner Frau, so lange und so intensiv wie mit Eva, das erlebe ich das erste Mal. Für meine Geliebte ist es so auch das erste Mal.

Ich habe nicht damit gerechnet, daß es so wird. Als Mann habe ich nicht die Geliebte für Jahre gesucht. Ich wollte eigentlich nur Sex mit 'ner anderen Frau als meiner. Dann entwickelte es sich. Bei allen Männern in meinem Bekannten- und Freundeskreis, also bei denen, mit denen ich über das Thema ganz allgemein rede, ist es so: In erster Linie geht es um Sex, wenn jemand außerhalb der Ehe etwas anfängt. Und daß da außerhalb was läuft, das kommt nach einer gewissen Zahl von Ehejahren eben vor.

Ich wollte also fremdgehen. Nach 12, 13 Jahren Zusammenleben mit Doris dachte ich, es wird Zeit, daß ich mal wieder kucke. Ich hab's richtig drauf angelegt. Ich bin ja nicht der Macho-Typ, der direkt sagt, was er will. Andererseits: Wenn's im Kopf klar ist ... Ich habe also den Kreis eingegrenzt, und es stand schnell fest: In der Firma kriegst du am günstigsten Kontakt. Da war eine, die hatte ich schon öfter gesehen, auf dem Flur, wir haben uns Guten Tag gesagt, wie das so ist, mehr nicht. Wir arbeiten nicht in derselben Abteilung, aber im selben Gebäude. Also: Wenn überhaupt eine aus der Firma, dann die. Ich hatte richtig erotische Vorstellungen, ja, das wäre nicht schlecht mit der, dachte ich. Aber wie sollte ich das anstellen, ich frage nicht einfach so auf dem Gang: »Gehen wir mal einen Kaffee trinken?«

Ich hatte mir auf jeden Fall vorgenommen: Wenn ich sie ernsthaft anspreche, sage ich ihr gleich beim ersten Mal, daß ich mit ihr schlafen will. Ich fand das eine gute Variante: Man zeigt eine gewisse Offenheit. Auch denke ich, daß das Direkte bei Frauen nicht verkehrt sein kann. Es kommt aber immer auf den guten Zeitpunkt und die entsprechende Situation an. Und natürlich auf die Art, wie man es sagt und zu verstehen gibt.

Irgendwann kam diese Schulung, zwei Tage in L., auf Leitungsebene. Da waren über 30 Leute mit, kaum Fremde. Abends gab's 'ne gemütliche Runde mit Tanz. Ich hatte mich an ihrem Tisch plaziert, ihr direkt gegenüber. Da haben wir quer über den Tisch geredet, über Urlaub, Reisen, auch über private Dinge, Probleme mit erwachsenen Kindern. Wir konnten uns wirklich gut unterhalten, weil Eva eine nette Art hat und sehr offen ist. Ein paar Leute fingen an zu tanzen. Wir haben auch getanzt, und ich habe ihr gesagt: »Ich würde gerne mit dir schlafen.« Mit diesen Worten oder anders, ich erinnere mich nicht genau. Aber ich weiß noch, daß ich auch gesagt habe: »Ich bin heute beschwipst, ich weiß nicht, ob ich Montag noch weiß, was ich heute sage.«

Am Montag in der Firma war alles ganz normal. Wir hatten März, und es sollte noch vier Monate dauern, bis ich sie soweit hatte. Aber an dem besagten Montag war alles so, als ob nichts gewesen wäre. Drei, vier Wochen später verläßt sie an einem Freitag gerade in dem Moment das Firmengebäude, als ich vom Parkplatz fahren will. Sie kommt ran und sagt: »Kannste mich mitnehmen?« Ich habe sie sofort zum Kaffee eingeladen. Sie hat nur noch an der Post einen Brief eingesteckt, dann sind wir in eine Gaststätte gefahren. Da habe ich es ihr zum zweiten Mal gesagt: »Heute bin ich nüchtern, aber ich möchte immer noch gerne mit dir Sex haben.« Sie hat nicht direkt nein gesagt. Aber auch nicht ja.

Eva gefiel mir, sie sieht gut aus für ihr Alter, hat eine gute Figur. Sie ist von der Größe her, mit ihrer ruhigen Art, meiner Lebensgefährtin ähnlich. Ich hätte nie gedacht, daß es eine Gleichaltrige sein wird. Als 43jähriger versuchst du doch, ob du noch Chancen bei einer 30-, 35jährigen hast. Gut, warum also nicht mit einer älteren Frau, also mein Alter. Kurz vor Christi Himmelfahrt war ich bei ihr im Büro, da sagt sie: »Mein Mann ist drei Tage nicht da, wollen wir uns treffen?« Es hätte jederzeit ein Kollege reinkommen können. Weil es also schnell gehen mußte, habe ich vorgeschlagen: Freitag, 13 Uhr, *Mövenpick*-Terrasse. Ich bin rechtzeitig dorthingefahren und habe mir vorher im Kaufhaus eine Zahnbürste und Zahncreme gekauft, 'n Schlafanzug würde ich ja wohl nicht brauchen. Als sie kommt, sage ich ihr gleich, daß ich heute mit ihr in eine Pension will, und ob sie auch noch eine Zahnbürste braucht ... Sie sagt, sie braucht nichts. Fand ich komisch, aber na ja.

Ich hatte schon vorher alles ausgekundschaftet, hatte mir zwei, drei Pensionen in meiner Nähe angesehen. Das ist ganz unproblematisch, ich habe an der Rezeption gesagt: »Ich brauche ein Zimmer für zwei, drei Stunden, was kostet denn das?« – »80, 90 Mark«, war die Antwort. Ich habe dann noch ein bißchen gehandelt, »geht's nicht auch für 50, 60?« Das war auch o.k., du zahlst ja bar, ohne Quittung, das stecken sich bestimmt viele in die eigene Tasche, das Zimmer kann ja nachts noch mal vermietet werden.

Zu Hause hatte ich vorgebaut, ich hatte gesagt, ich würde an diesem Tag zum Bungalow rausfahren, der war damals in der Bauphase, da kam laufend Material, ich hatte also sogar einen guten Grund zum Übernachten. Dann passierte aber etwas, womit ich nicht gerechnet hatte. An dem Tag, an dem ich mit Eva verabredet war, sollte tatsächlich Material kommen, ich mußte also wirklich hinfahren. Aber sie hat gesagt: »Ich komme mit.« Sind wir also hin zum Bungalow, danach zurück, schön essen beim Thailänder. Es war inzwischen fast Mitternacht. Für eine Pension war es da natürlich zu spät. Auf meine Frage: »Was machen wir nun?« hat sie den Vorschlag gemacht, wir könnten zu ihr in den Garten fahren und noch ein Glas Wein trinken. Für mich war das natürlich o.k. Jetzt war ich mir meiner Sache fast sicher, daß ich endlich mit ihr schlafen würde.

Der Haken an dem Bungalow war: Ich sollte um vier, fünf Uhr morgens, wenn es hell wird, wieder verschwinden. Eva hatte nämlich Sorge, daß der Nachbar früh kommt und mich sieht. Das frühe Aufstehen erschien mir nicht als Problem. Wir sind also abends nach zwölf dahin, haben noch was getrunken. Irgendwann habe ich gesagt: »Jetzt muß ich mich ein bißchen hinlegen.« Wir haben uns ausgezogen und sind ins Bett gegangen. Als ich ihre Brüste sah, dachte ich: Herrgott, sind die wunderbar. Eva hat wirklich schöne volle Brüste, und für fast Mitte 40 waren die noch sehr fest. Ihre Brüste gefallen mir natürlich auch heute noch. Wir lagen also da, sie im Slip, ich in Unterhose.

Aber auf gut deutsch gesagt: Sie hat mich nicht rangelassen. Ich habe sie berührt, aber sie hat mich immer abgewiesen. Da war ich ein bißchen sauer. Doch ich habe nicht diskutiert. Ich bin in der Früh aufgestanden und abgehauen. Für mich war die Sache vorerst erledigt. Ich habe das nicht verstanden – wenn sie ihre Tage gehabt hätte oder so, dafür hätte ich Verständnis gehabt. Aber es gab von ihr keine Begründung.

Ich habe mich danach gefragt: Warum geht sie laufend mit mir essen, Kaffee trinken, nimmt mich mit zu sich in den Bungalow, zieht sich fast nackend aus – und macht mit mir keinen Sex. Wir waren doch alt genug, und sie wußte, was ich von ihr wollte. Nun ja, vielleicht ist das Frauenlogik, und ich verstehe das als Mann nicht.

Wir haben uns weiter gesehen. Im Juli hab' ich sie dann doch wieder mal eingeladen, und ich wollte nun endlich wissen, was Sache ist. Ich hatte etwas Besonderes ausgesucht, wir waren in einem französischen Restaurant. Jedesmal, wenn wir uns getroffen hatten, zum Kaffee oder zum Essen, hatte ich ihr gesagt: »Ich will Sex mit dir.« Sie ist aber nicht drauf eingegangen. Ich hatte ihr zwischendurch auch gesagt: »Sag, wenn du partout nicht willst.« Aber sie hat es nicht gesagt, mir nur immer wieder zu verstehen gegeben, wenn sie Zeit hat, und sich zum Essen einladen lassen. Von meinem Standpunkt aus fehlte da die Konsequenz. An dem Tag habe ich ihr also ganz konkret gesagt: »Was ist los? Immer sagst du mir Bescheid, wenn dein Mann nicht da ist und wir uns treffen können. Wir gehen essen, wir waren zusammen im Bungalow, aber auch da gab es keinen Sex. Ich kann's ja nicht erzwingen, ich sage dir immer wieder, daß ich Sex mit dir will, und auch, wenn ich heute damit aufhören würde: Ich würde es dir in drei, vier Wochen wieder sagen.«

Eva hat an dem Tag das Essen bezahlt und mir die Hand so auf den Tisch gelegt, daß ich sofort begriffen habe, ich soll sie anfassen. An ihrem Atem merkte ich, daß sie ganz gefühlsbetont wurde. Im Auto habe ich ihr dann den ersten richtigen Kuß gegeben und sie nach Hause gefahren. Für mich war klar: Jetzt müssen wir nur noch Tag und Ort klären. Den kommenden Dienstag haben wir ausgemacht.

Dienstag also. Nach der Arbeit ist sie ein paar Straßen weiter zu mir ins Auto gestiegen, bloß nicht zusammen los aus der Firma, das war klar. Es war auch klar: Das ist der Termin, wo wir miteinander schlafen. Ich hatte Richtung Autobahn eine Pension ausfindig gemacht. Wir haben noch an der Tankstelle gehalten, ich habe Kondome gekauft und Sekt. Daß wir Kondome nehmen würden, war klar, ich hatte zwar 'ne feste Partnerin, sie auch einen festen Partner, aber für mich war das logisch.

Als wir in der Pension angekommen sind, habe ich alles geregelt. »Wir brauchen ein Bett.« Und ab aufs Zimmer. Wir haben schönen Sex gehabt. So gut ging es mir lange nicht mehr. Innerhalb von zwei Stunden hatte ich dreimal einen Orgasmus. Beim dritten Mal habe ich auf das Kondom verzichtet, irgendwie war sofort Vertrauen da.

Ich hatte nicht gedacht, daß das, also drei Orgasmen in zwei Stunden, in meinem Alter noch möglich ist. Ich bin eigentlich jemand, der jeden Tag Sex haben könnte. Leider nur nicht mit meiner Lebensgefährtin. Obwohl ich natürlich auch noch mit ihr schlafe. Aber sie will halt nicht so oft wie ich.

Nun also dieses Erlebnis mit Eva, wo ich die Hoffnung doch schon fast aufgegeben hatte. Naja, hinterher habe ich ihr noch in der Pension gesagt: »Das muß nicht das erste und letzte Mal gewesen sein.« Jedenfalls irgendwas so in der Richtung, also nicht nach dem Motto: Du hast sie rumgekriegt, das war's. Ich kann mich aber nicht erinnern, wie sie reagiert hat.

Es ging von da an, auf deutsch gesagt, Schlag auf Schlag. Sobald sie Zeit hatte, ihr Mann nicht da war, hat sie mich informiert. Wir haben uns mindestens einmal die Woche getroffen. Anfangs waren wir immer in einer Pension. Wir hatten bald alle Pensionen, die in meiner Nähe sind, durch. Danach waren wir oft in ihrem oder meinem Garten. Mal waren wir auch nur Kaffee trinken oder essen. Über Jahre haben wir uns beide eine zweite Beziehung neben der festen geschaffen, was ich ursprünglich eigentlich nicht so wollte. Irgendwann habe ich sie mal gefragt: »Sag mal ehrlich, als ich dir damals bei der Schulung in L. gesagt habe, daß ich mit dir schlafen will, hast du da eigentlich damit gerechnet, daß das mal etwas wird?« Sie hat nichts gesagt, sie hat nur genickt.

Jetzt ist unsere Beziehung so ein bißchen in einer Phase, wo sie abklingt. Aber es ist immer noch so, der erste Tag, wo wir Sex hatten, der 18. Juli, der ist für uns ein besonderer Tag. Den halten wir uns frei, wir haben Sex, noch mal so richtig schön. Das ist auch der Tag, wo ich ihr ein kleines Geschenk mitbringe, eine Aufmerksamkeit, wo ich mich freue, wenn sie sich freut. Sie sammelt Mokkatassen und Eierbecher, sie hat richtige Sammlungen.

Das mit den Mitbringseln ist schwierig. Ich hatte ihr nie Blumen geschenkt, wollte es aber, zum Geburtstag zum Beispiel. Aber ich wußte: Da bringe ich sie in Erklärungsnot bei ihrem Mann. Als ihr Mann vor zwei Jahren mal ein Wochenende weg war, dachte ich: Jetzt. Am Freitag stehst du bei ihr mit einem Blumenstrauß vor der Tür. Ich bin in einen Blumenladen gegangen und habe mir einen

Strauß binden lassen, der auch als Trockenstrauß stehen kann, damit sie lange etwas davon hat. Den Strauß hat sie heute noch.

Für den 18. Juli 1999 hatte ich wieder ein Geschenk für sie, ein ganz besonderes Mokkatäßchen. Es war gerade eine Krise zwischen uns, ich hatte den Eindruck, daß sie aus ihrer Sicht kürzer tritt, sie wollte nicht jedesmal Sex, wenn wir uns gesehen haben. Es war ein Zeitpunkt, wo ich mir gesagt habe als Mann: Was machste? Für mich war alles gerade sehr intensiv, ich war verliebt, oder, verliebt würde ich das nicht nennen. Oder doch. Wir hatten mal abgesprochen: Wenn etwas nicht stimmt, unsere Partner beeinträchtigt werden könnten, dann müssen wir's beenden. Ich habe damals gezweifelt, ob sie die Beziehung überhaupt noch will. Ich habe mir öfter 'nen Kopf gemacht: Wieso hat sie so wenig Zeit? Es war ganz klar, daß für mich zu viele Gefühle dazugekommen waren.

Ich hatte mir also vorgenommen: An unserem Jubiläumstag, dem 18. Juli, will ich keinen Sex haben, sondern mit ihr reden. An diesem Tag sage ich ihr normalerweise nicht, wo's hingeht, das ist eine Überraschung. Als ich sie abhole, legt sie bald die Hand so auf meinen Oberschenkel. Damit hat sie mir eindeutig etwas zu verstehen gegeben. »O.k.«, habe ich gesagt, »wir können in eine Pension fahren, dann können wir aber nicht mehr dahin, wo ich eigentlich mit dir hin wollte.« Das war nämlich anderthalb Stunden weit außerhalb. Sie hat entschieden: Pension. Da gab's dann auch was zu essen, aber eben das Übliche, 'ne Pizza, das ist ja auch nicht schlecht, aber eben nichts Besonderes. Für mich stand fest, daß ich ihr an diesem Tag sage, was ich mir schon länger vorgenommen hatte: »Wir werden fünf, sechs Monate nur dienstlichen Kontakt haben, nur das Nötigste also. Ich brauche Abstand.« Ich habe immer überlegt: Wann sage ich es am günstigsten?

Es war so ein herrlicher Tag. Wir kamen in der Pension an und sind nicht zuerst unter die Dusche. Wir sind rin in das Zimmer, gleich ausgezogen und erst mal Sex schön. Dann sind wir essen gegangen. Als wir zurück waren, dachte ich wieder: Wann sagste es ihr?

Sie war unter der Dusche. Ich hatte ja eine Tasse besorgt, schon auf lange Sicht, als so ein Keramiker bei uns im Kaufcenter saß. Der machte auf Wunsch Spezialanfertigungen, den habe ich gefragt, ob er mir eine Tasse mit einer 18 und einer 7 macht. Mir hat die zwar nicht so gefallen, aber ich hatte ihn auf die Untertasse ein verschlungenes W. setzen lassen, sieht eher wie eine Verzierung aus, soll aber mein Initial sein, Wolfgang. Naja. Eigentlich hatte ich gedacht: Du sagst es ihr beim Essen und gibst ihr noch die Mokkatasse. Als sie unter der Dusche war, habe ich ihr die Keramikteile aufs Kopfkissen gestellt. Und als sie rauskam, habe ich gesagt: »Eva, ich brauche Abstand, so fünf, sechs Monate, bis Weihnachten.« Sie daraufhin: »Ein, zwei Monate reichen doch.« Wir haben uns dann auf drei, vier Monate geeinigt. Ich habe gesagt: »Ich werde nicht auf dich zukommen, auch nicht wegen Kaffee oder Essen, und du sollst das bitte auch nicht tun.« Wir haben es dann nicht konsequent durchgehalten. Wir hatten wirklich nur den dringendsten Kontakt auf Arbeit gehabt, aber dann hatte ich ein kleines Computerproblem. Da habe ich sie angerufen, und sie kam kurz in mein Büro. Beim Guten-Tag-Sagen hat sie meine Hand lange gedrückt und gesagt: »Du fehlst mir sehr.« Ich fand das gut, aber ich habe nichts gesagt. Es ging wieder los.

Irgendwann hatte sie sich einen neuen Computer gekauft, und sie wußte, daß ich privat noch keinen habe. Ich habe zu ihr gesagt: »Versuch, den alten zu verkaufen, ich werde dir kein Geld dafür geben. Wenn du ihn nicht los wirst, nehme ich ihn aber gerne.« Ich wollte auch nicht, daß ihr Mann weiß, daß der Computer zu mir geht. Naja, am Montag sollte ihr neuer Computer kommen, und vorher wollte sie den alten weghaben. Also habe ich am Freitag den Computer abgeholt, wir waren bei ihr verabredet. Da wußten wir, wir wollten beide Sex. Wir sind zu mir gefahren, ich hatte gerade ein neues Arbeitszimmer, meine eine Tochter war ausgezogen, das Zimmer war neu eingerichtet, das wollte Eva sich sowieso mal ankucken. Sie war vorher nur zwei-, dreimal bei mir zu Hause gewesen. Wir hatten auch Sex, aber sie hat gesagt, sie ist zu unruhig. Ich weiß natürlich genau, daß meine Frau in so einer Situation nicht nach Hause kommt. Es gab eine Zeit, da haben wir uns fast nur bei ihr zu Hause getroffen, ungefähr vier Jahre. Wir hatten Sex in allen Zimmern, nur noch nicht in der Badewanne – das will ich aber noch. Wir hatten auch Sex auf dem Balkon, an einem schönen warmen Sommerabend. Sie wollte erst nicht, weil man uns vielleicht von dem Haus gegenüber hätte beobachten können, mit einem Fernglas. Ich habe gesagt: »Wer wird schon nachts um elf mit einem Fernglas nach sexhungrigen Paaren wie uns suchen.« Und wenn wirklich einer kuckt, dann kennt er uns nicht. Sie hat sich dann auf die Balkonbrüstung gestützt, und ich habe es ihr schön von hinten gemacht.

Als ich Eva kennengelernt habe, war sie sexuell ausgehungert. Ich frage sie oft: »Wann hast du das letzte Mal mit deinem Mann geschlafen?« Sie sagt dann immer »Dienstag« oder »am Wochenende«. Ich frage das auch, weil ich das mit Doris und mir vergleiche. Und ich glaube Eva das nicht. Ich gebe ja zu: Ich habe ihr gegenüber oder bei Freunden auch schon geschwindelt bei der Frage, wie oft ich noch mit meiner Frau schlafe. Doris mag Sex nicht so. Wir haben im Vierteljahr vielleicht drei-, viermal Sex, manchmal ist auch drei Monate gar nichts. Wenn man lange genug mit einem Partner zusammen ist, läßt das mit dem Sex eben nach. Ich habe viel zu dem Thema gelesen, ich weiß genau, warum in Langzeitbeziehungen der Sex einschläft, die Leidenschaft läßt einfach nach. Eva ist auch schon über 20 Jahre verheiratet. Ich habe es ihr von Anfang an nicht abgekauft, daß sie sexuell mit ihrem Mann noch so aktiv ist. Wir, also Eva und ich, haben auch darüber geredet, ob sie an ihren Mann denkt, wenn sie mit mir schläft. Oder bei bestimmten Stellungen habe ich sie gefragt: »Denkste an deinen Mann?« Manchmal ist es auch passiert, daß wir bei ihr zu Hause waren und gerade Sex hatten und ihr Mann rief an. Sie ist halt ans Telefon gegangen. Ich glaube, das können nur Frauen. Ich als Mann würde es klingeln lassen. Ich habe ihr gesagt, daß ich gerne in so einer Situation, wenn sie also mit ihrem Mann telefoniert, meinen Schwanz in ihr hätte. Ich sah nicht ein, warum ich den herrlichen Akt unterbrechen sollte. Sie wollte nicht so recht, aber einmal habe ich es doch geschafft. Ich wollte damit auf keinen Fall über ihren Mann triumphieren, für mich war das einfach nur schön und geil. Das habe ich ihr so gesagt.

Komischerweise hatte ich Evas Mann schon ein Jahr, nachdem mit uns alles anfing, kennengelernt. Das kam so: Ihr Sohn zog in eine neue Wohnung, und da braucht man ja alles mögliche neu. Doris und ich wollten gerade unsere Couchgarnitur rausschmeißen, die wollte der Sohn haben. Naja, da kam Roland, also Evas Mann, mit einem Kumpel zu uns nach Hause, und zu dritt haben wir die Sachen in den Hänger verfrachtet. Ich bin mitgefahren in die neue Wohnung, die sperrigen Teile in den vierten Stock schleppen. Roland hat dann gesagt: »Was kriegen Sie dafür?« – »Nichts«, habe ich natürlich geantwortet. Darauf er: »Das macht dann Eva, mit 'ner Kiste Sekt oder so.« Ich hatte überhaupt kein schlechtes Gewissen oder schlechtes Gefühl. Ich habe mir überlegt: Wenn das nun umgekehrt wäre, einer was mit meiner Frau hätte. Aber dann weiß man ja nichts. Ein Freund von mir war mal sehr eifersüchtig auf den Ehemann von seiner Geliebten; wenn die zusammen weggefahren sind, hat ihn das rasend gemacht. Bei mir ist das so: Was Eva und Roland zu Hause machen, ihr Urlaub, wenn sie essen waren – wir reden darüber, wenn sie schöne Erlebnisse hatte, aber ich bin nie eifersüchtig gewesen.

Ich habe eine Freundin aus Studienzeiten, Margitta, ein richtiger Kumpel, mit ihr hatte ich nie etwas, außer damals. Sie ist die einzige, mit der ich über mein Verhältnis mit Eva richtig reden kann. Mit Männerfreunden geht das nicht, jedenfalls nur bis zu einem gewissen Grad, daß da eben überhaupt was läuft. Mit Margitta ist das anders, sie hatte auch mal vier Jahre ein außereheliches Verhältnis. Wir treffen uns so ein-, zweimal im Jahr und reden. Sie sagt dann: »Na, das ist aus meiner Sicht so und so und so ...« Frauen sehen vieles anders, man selbst ist in seinen Männergedanken verfangen.

Angeblich weiß Evas Mann ja seit fünf Jahren von unserem Verhältnis. Sagt sie, aber ich glaube das eigentlich nicht richtig. Wir waren an einem Freitagnachmittag, wieder nach der Arbeit, in der Pension gewesen. Als sie nach Hause kommt, fragt ihr Mann, wo sie herkommt, und sie sagt: »Von der Arbeit.« Da hatte er aber angerufen, und sie war nicht rangegangen. Aber ihr Chef ging ran und sagte: »Ihre Frau? Die ist schon 'ne Weile weg.« Eva hat dazu erst mal nichts gesagt, ihrem Mann dann aber am Sonnabend erzählt, daß sie mit einem Kollegen namens Wolfgang in einer Pension war.

So hundertprozentig glaub' ich das nicht, daß sie das wirklich erzählt hat. Die beiden haben das Thema auch nicht weiter diskutiert. Sagt sie. Vielleicht fühlte er sich auf den Arm genommen. Die beiden führen 'ne gute Ehe, meine ich, soweit ich das beurteilen kann, die reden über alles. Wenn wir essen gehen, sagt sie Roland, daß sie mit einem Kollegen unterwegs ist. Ich weiß nicht, inwieweit sie Ausreden gebraucht. Einmal, kurz nach ihrem angeblichen Geständnis, war ihr Mann eine Woche auf Lehrgang. Da habe ich bei ihr ein paar Tage übernachtet. Meiner Frau habe ich gesagt, ich bin beim Bungalow draußen. Ich habe Eva gefragt: »Hat dein Mann sich erkundigt, ob wir uns getroffen haben?« Sie hat nur ja gesagt. Einmal waren die beiden in einem Lokal, wo eine Woche vorher wir zusammen waren. Da hat der Kellner sie so angegrinst. Ihr Mann sagt: »Warum grient der so?« Sie sagt: »Ich war doch letzte Woche mit Wolfgang hier.« Ich warne immer wieder: »Überlege dir gut, was du erzählst.« Irgendwann sagt er nämlich: »So, jetzt ist Schluß.« Das könnte ich mir vorstellen als Mann. Sie muß wissen, wie weit sie geht, ob sie wirklich sagen kann: »Heute bin ich mit Wolfgang im Hotel.«

Ich habe einen Freund, Achim, der hatte auch kaum noch Sex zu Hause, der hatte auch ein sexuelles Verhältnis außerhalb der Ehe, das ging so zweieinhalb Jahre. Der hat zu mir gesagt, als das mit Eva zwei Jahre lief: »Du überholst mich noch.« Normal ist ja so ein halbes Jahr bis anderthalb Jahre. Dieser Freund jedenfalls hatte eine Einzimmerwohnung, die sollte ab Oktober frei werden. Eva und ich kannten mittlerweile alle Pensionen in meiner Gegend, wir waren in ihrem Garten, bei ihr zu Hause ging es auch nicht immer. Ich habe gesagt: »Es ist ja nicht so, daß wir beide arbeitslos sind, es ist ja keine richtige finanzielle Belastung, uns eine kleine Wohnung zu mieten.« Was mir auch immer gefallen hat an dieser Frau: Sie beteiligt sich finanziell. Wir dachten jedenfalls beide, so ein fester Ort für die Liebe wäre doch nett. Achim und ich hatten noch einen dritten Mann im Gespann. Da haben wir beschlossen: Jeder gibt 150 Mark, jeder bringt seine Bettwäsche mit. Das war gut, man hatte außer dem Zimmer und dem Bad noch eine kleine Kochnische, das ist schön, Eva und ich sind ja sonst immer essen gegangen. Leider ist der Dritte dann abgesprungen, Achim fand keinen neuen und hat die Wohnung später lieber wieder fest vermietet.

Wir haben uns dann wieder bei ihr zu Hause getroffen. 1998 war ein ideales Jahr, da war ihr Mann vier-, fünfmal für eine Woche weg. Eine Weile war er jeden ersten Montag im Monat bei seinen Skatbrüdern. Das haben wir genutzt, so wie auch jede Gelegenheit, wenn er mal mit 'nem Kumpel zum Bier war oder dienstlich unterwegs: Da hat sie mich immer informiert, und wir waren bei ihr. Ich weiß noch, wie wir mal dasaßen und uns gesagt haben: »Die anderen sitzen auf der Arbeit, und wir haben hier schönen Sex.« Bei ihr zu Hause war ich anfangs immer ein bißchen nervös. Obwohl: Es geht irgendwann, da nimmt man es gar nicht mehr wahr, wo man eigentlich ist. Letztlich ist es aber eine Frage der Zeit, bis man erwischt wird. Einmal war es kurz davor, daß ihr Mann uns in der Wohnung erwischt. Er klingelte unten zweimal. Die Wohnung ist im vierten Stock. Wir hatten Glück, wir waren beide noch nicht ausgezogen. Ich also die Schuhe genommen, die Aktentasche und die eine Treppe rauf zum Dach, da konnte er mich nicht sehen. Als ich schon draußen bin, macht sie noch mal die Tür auf und schmeißt mir mein Jackett hinterher, das an der Garderobe hing. Das wäre was gewesen, er kommt rein, sieht als erstes die fremde Jacke. Ich frage Eva auch heute manchmal noch: »Wann war ich mal wieder Thema bei euch?« Sie sagt dann: »Ach, Wolfgang, das ist schon lange kein Thema mehr.«

Bei Eva und mir hat sich ein gewisser Alltag eingestellt, wir treffen uns nicht mehr jede Woche. Sie ist auch jetzt in den Wechseljahren, da merkt man doch, daß das eine Umstellung ist bei ihr. Wir haben immer noch schöne Stunden, auch sexuell. Wir wundern uns, daß der Sex nach sieben Jahren immer noch so schön ist. Auch unsere Traditionen mögen wir sehr. Dazu gehört, daß es für uns nach der Betriebsweihnachtsfeier noch privat weitergeht in 'ner schönen Pension. Da trinken wir noch 'ne Flasche Sekt oder 'n Wein. Letztes Jahr haben wir besprochen: Es ist ja im Grunde viel zu spät mitten in der Nacht, und zwei Tage später ist ihr Mann auf seiner Weihnachtsfeier, da könnten wir uns ganz bequem abends treffen. Wir sind ja nun schon beide bald 50, müssen wir da noch mitten in der Nacht nach der Feier ... Da sagt sie: »Günstiger wäre ja Freitag, aber es ist so eine schöne Tradition.«

Ich mag diese Traditionen wie Weihnachten, den Jahrestag, aber auch das Besondere wie Urlaub. Da waren wir auch mal, drei Tage, 1997. Ich hatte gesagt: »Ich würde gerne mal zwei, drei Tage mit dir zusammen sein.« Irgendwann sagte sie: »So, dann und dann können wir fahren.« Sie hat sich sogar die Reservierung von der Pension nach Hause schicken lassen. Das war so 'ne Alternativbude gewesen, da konnte man selber was basteln, die hatten alles da. Wir haben schöne Ausflüge gemacht, in die Heide wandern, picknicken und so.

Letzten Montag habe ich zu ihr gesagt: »Ich lade dich mal wieder zum Essen ein.« Ich hatte mir schon länger Gedanken gemacht, wo gehe ich mit ihr hin, es sollte etwas Besonderes sein. Ich hatte von einem neuen französischen Lokal gehört, da war ich über Weihnachten mit meiner Frau. Ich habe Eva auch noch mal zum Urlaub eingeladen, weil ich da was ganz Besonderes gefunden habe. Eine Pension, die ganz mit Teddys eingerichtet ist, das kann ich ihr vorher nicht sagen. Da wird sie sich freuen, das wird 'ne richtige Überraschung für sie.

Ich kann das alles problemlos machen, ausgehen, wegfahren, wenn ich es zu Hause richtig ankündige. Meine Frau ist es gewöhnt, wenn ich spät komme, sie fragt nicht. Umgekehrt frage ich auch nicht, wir haben beide unsere Freiheiten. Ich hab' bis 30 ein Junggesellenleben geführt, wie meine Freunde auch. Bis um die 30 waren wir alle solo, wir hatten gleiche Interessen, es gab Frauen, aber keiner wollte sich fest binden. Doris und ich haben uns kennengelernt, da war sie gerade geschieden. Wir trafen uns in unserem Heimatort, da wohnte sie auch mit ihren Töchtern. Ich war schon hier in der Stadt. Drei Jahre sind wir immer gependelt, dann ist sie zu mir gezogen. Wir haben großes Vertrauen zueinander. Wenn Doris einen Liebhaber hätte, hätte ich damit kein Problem. Ich würde sogar sagen: »Vielleicht macht dir der Sex wieder Spaß, vielleicht kommt dein Bedürfnis danach wieder zum Vorschein.« Eva und ich haben schon am Anfang darüber gesprochen, ich will mich nicht trennen, sie will sich nicht trennen. Am Anfang war ich mir nicht ganz sicher, ob sie vielleicht mehr will. Ich habe klipp und klar gesagt: Selbst wenn sie alleine wäre – ich würde meine Frau wegen ihr nicht verlassen. Das war aus meiner Sicht klar. Am Anfang wollte ich zwar wirklich nur Sex, aber das hat sich mit der Zeit geändert, und aus der Sympathie ist Liebe geworden, wenn auch eine andere als zu meiner Frau.

Eigentlich liebe ich meine Frau. Durch diese Beziehung ist mir erst richtig bewußt geworden, was ich an meiner Frau hab', das ist eben nicht nur, daß sie den Haushalt führt. Ich habe darüber nachgedacht, daß nach 20 Jahren Sex nicht alles ist. Ich würde mich nicht trennen. Ich rede mit Doris verdeckt darüber, daß ich mich nicht trennen würde. Sie dürfte aber nie wissen, daß ich ein Verhältnis habe. Sie sagt, sie würde mir bei einem Seitensprung sofort die Koffer vor die Tür stellen. Und das mit Eva ist ja ein richtig langes Verhältnis, das darf Doris wirklich nie erfahren.

Norbert, 44, technischer Beruf

Die Liebe ist längst da

Oder: Scheidung wäre Psychoterror

Diana, 41, berichtete in dem Buch Ich habe einen Liebhaber: *»Ich glaube schon, daß ich Norbert liebe und er mich auch. Als es losging, habe ich das nicht erwartet. Wir wissen: Das, was wir miteinander haben, bringt unsere Ehen nicht in Gefahr. Das spürt man irgendwie ganz deutlich. Wir wissen, wo die Grenzen sind.« Seit nunmehr viereinhalb Jahren.*

Ich bin ein gebranntes Kind: Ich bin selbst bereits zweimal verlassen worden, ich weiß, wie weh das tut – und ich hätte meine Ehe nie dieser Gefahr ausgesetzt, wenn meine Gefühle für Diana nicht einen Salto geschossen hätten. Kurz nachdem wir das erste Mal miteinander geschlafen hatten, so sechs bis acht Wochen danach, haben Diana und ich drüber gesprochen: Wir dürfen uns nicht verlieben. Ich konnte mir damals überhaupt nicht vorstellen, daß ein Mann oder eine Frau zwei Partner lieben kann. Wir wußten ja anfangs beide nicht, was es nun eigentlich ist, vielleicht nur eine kleine Romanze, vielleicht mehr? Diana war so cool, sie hat mich durchaus im unklaren gelassen, ob sie mir möglicherweise sehr schnell wieder den Laufpaß gibt.

Für uns war klar: Verlieben sollten wir uns nicht, wegen unseren Partnern – ich wähnte Diana in einer festen Partnerschaft, das bin ich ja auch. Ich bin mit Manuela seit zehn Jahren verheiratet. Davon habe ich jetzt fast fünf Jahre mit Diana ein Verhältnis, die Hälfte der Zeit meiner Ehe gehe ich also schon fremd, oder: bekannt. Man staunt über sich selber.

Diana und ich haben spaßeshalber ganz am Anfang diesen Fünf-Jahr-Plan aufgestellt – jetzt reden wir schon darüber, was nächstes Jahr kommt, ob wir verlängern oder was. Das ist natürlich auf der einen Seite Scherz, aber es hat auch einen ernsten Kern: Wie geht es weiter?

Wir wissen beide noch nicht mal richtig, wie es angefangen hat. Durch den Sport kannten wir uns schon zehn Jahre, und nie war irgendwas passiert. Diana hat mir durchaus gefallen, sie hat so wunderschöne, glänzende Augen. Wenn man mich fragt: »Auf welchen Frauentyp stehst du?«, kann ich nur sagen: »Ich hab' eigentlich keinen Typ, für mich muß einfach alles passen. Ich muß einer Frau in die Augen sehen, und da ist dann was da oder eben nicht.« Bei Diana war da was, irgendwann. Ich weiß, daß ich nicht der einzige bin, dem sie auffällt. Neulich war sie mit drei Freundinnen in Kopenhagen. Ich habe sie zum Bahnhof gebracht und sie mit einer Rose verabschiedet. Im Zug, als sie sich hinsetzt und die Sonnenbrille abnimmt, sagt ein jüngerer Mann zu ihr: »Ich wußte doch, daß zu so einem schönen Körper auch schöne Augen gehören.« Das hat sie mir natürlich nur zu gern erzählt. Und na klar, ich bin schon sehr eifersüchtig. Sie aber auch.

In den Jahren vor unserer Beziehung habe ich mit Diana bei den verschiedenen Turnieren, Festen und Ausflügen vom Sportverein immer mal wieder ein bißchen geflirtet und geflachst. Sie hat sich mit Bekannten darüber unterhalten, daß sie gerne mit Freundinnen ausgeht zum Tanzen. Ich habe rumgefrotzelt: »Da läßt dich dein Mann hin?« Sie hat gesagt: »Klar, man muß doch mal was erleben. Aber nicht, was du denkst.« – »Das glaub' ich nicht«, hab' ich geantwortet. Das war so ein ständiges Necken. Als sie wieder mal vom Tanzen erzählt hat, sagte ich: »Stimmt's zu Hause nicht?« Sie hat geantwortet: »Das ist doch nur zweitrangig.« Einmal, als sie schlechte Laune hatte, war ich noch direkter: »Stimmt der Sex nicht?« Sie hat mir das später so ausgelegt, daß ich nur testen wollte, wie sie reagiert.

Dann kam dieser Abend Ende des Jahres, als wir alle nach einem Wettkampf des Sportvereins mit dem Bus nach Hause gefahren sind. Wir hatten vorher verabredet, nicht mit dem Auto zu fahren, damit wir anschließend noch ein bißchen feiern können. Diana und ich standen im Bus dicht beieinander. Da habe ich ihr am Ohr geknabbert, sehr zärtlich, und irgend etwas habe ich ihr auch ins Ohr geflüstert. Was genau, weiß ich leider nicht mehr. Ich habe versucht, es unauffällig zu machen, keiner hat das gesehen. Wir hatten alle ziemlich viel getrunken. Damals hat niemand was gemerkt, wie überhaupt von den Sport-Leuten bis heute keiner etwas ahnt, es kam nie auch nur irgendeine Anspielung. Was sicher auch daran liegt, daß Diana und ich uns auch schon mal vor allen Leuten richtig gefetzt haben, natürlich wegen einer Sachfrage.

Jedenfalls ist sie bei dieser Busfahrt vor mir ausgestiegen, mit ihrem Mann. Ich habe sie ein oder zwei Tage später angerufen, und wir haben stundenlang am Telefon gequatscht. Wir haben uns dann verabredet und in einer Gaststätte neben ihrer Arbeitsstelle zum Kaffee getroffen. Das war recht harmlos, wir unterhielten uns über völlig neutrale Dinge. Während der ganzen Zeit rückte Diana ständig von mir weg, wenn ich ihr näherkam. Und über den ganz flüchtigen Kuß, den ich ihr beim Abschied gab, lachen wir noch heute. Aber es war an diesem Nachmittag so eine gewisse Spannung. Ich weiß nicht, ob es da schon richtig geklickt hatte.

Aus den ein, zwei Kaffeetreffen mit Diana wurden mehrere. Irgendwann habe ich mir einen halben Tag freigenommen und sie gefragt, ob sie auch kann. Ich habe ihr gesagt: »Laß uns in den Süden fahren«, und es war klar, daß ich mit ihr in meinen Garten wollte. Da ist es passiert. Ich hatte dabei ein richtig schlechtes Gewissen. Ich wollte das ja, der Vorsatz war da, und trotzdem. Ich habe damals meine Frau geliebt, ich tue es heute noch. Ich kam mir vor wie ein Verbrecher, ich glaube, Diana auch. Doch um das klarzustellen: Ich bereue es nicht, ich bereue gar nichts – ich hatte trotzdem beim ersten Mal ein schlechtes Gewissen, es ist heute noch da, wenn auch kleiner.

Diana hatte damals, nach dem ersten Mal, die Befürchtung: »Jetzt hast du mich geknackt, und nun ist nichts mehr.« Das war natürlich Unsinn, ich habe doch nicht aus sportlichem Ehrgeiz mit ihr geschlafen! Warum auch, ich habe doch niemanden, bei dem ich damit angeben kann, der sich mit mir freut, das bleibt sozusagen ganz unter mir.

Ich hatte meine Frau, mit der ich jetzt über zehn Jahre zusammen bin, damals waren es sechs, bis dahin nie betrogen. Ich hatte auch nicht den leisesten Wunsch danach. Ich bin stets pünktlich und zuverlässig nach Hause gekommen. Wenn's mal später wurde, war es wirklich ein Arbeitstermin, und den habe ich immer angekündigt. Ich weiß noch, wie schockiert ich war, als ich einmal nach Hause kam, da war ich mit Diana wieder mal in meinem Garten gewesen und wir hatten einen wunderschönen Nachmittag gehabt. Ich komme also abends um elf nach Hause, üblich war sonst gegen 18 Uhr. Ich war ganz korrekt angezogen, Anzug, Krawatte, und Manuela sagt: »Wie war sie denn?« Mir ist fast die Luft weggeblieben. Ich habe erklärt, daß ich noch mit zwei Kollegen nach der Besprechung hängengeblieben bin. Ich kam mir vor wie ertappt, habe mir aber nichts anmerken lassen und bin sofort in die Offensive gegangen. Und ich habe mir gedacht: O.k., du mußt noch vorsichtiger sein. Ich konnte letztlich alles plausibel erklären.

Diana und ich haben uns weiter in meinem Garten getroffen. Diana hatte immer Probleme damit, daß wir uns in meinem Ehebett lieben. Man könnte denken, Männern ist es egal, wo sie eine Frau flachlegen – ganz so ist es natürlich nicht, aber wir sind da wahrscheinlich weniger zart besaitet. Dianas Unbehagen war jedoch eine Sache, die ich akzeptieren mußte. Dabei ist es ja wirklich nicht leicht, irgendwie Gelegenheiten und Zeit zum Zusammensein zu finden, da war es schon gut, daß wir überhaupt eine Örtlichkeit hatten.

Diana hat mich nach einigen Malen gefragt: »Willst du eigentlich immer nur das eine?« Männer und Frauen wollen manchmal nur das eine. Bei ihr war es auch so. Wenn sie entscheiden sollte, ob wir zum Beispiel ins Kino gehen, meinte sie: »Na, wollen wir denn die Zeit damit vergeuden?« Der Mann und die Frau, beide wollen alles, wir wollten gerne miteinander schlafen, ausgehen, essen gehen, aber dafür war die Zeit zu knapp. Diana hat es etwas besser als ich: Sie kann mit ihrem Job relativ problemlos Abendtermine vorschützen, bei mir geht das kaum, ich habe so einen Um-17-Uhr-ist-Feierabend-Job. Wir haben uns auch schon getroffen, wenn ich eigentlich beim Sport hätte sein müssen. Ich stelle mir manchmal vor, ihr Mann ruft dann dort an, um mit mir noch was zu besprechen, mich hinterher wegen irgendeiner Vorstandssache zu treffen, und es heißt: »Der

Norbert ist nicht da.« Dann ruft Martin bei mir zu Hause an, und Manuela sagt: »Wieso, der ist doch beim Sport?« Ich hoffe immer, das passiert nicht.

Knapp anderthalb Jahre, nachdem alles anfing, haben Diana und ich uns am Telefon gestritten, nach diesem Streit gab es einen Wendepunkt. Ich versuchte, ihr eine Nachricht zu schicken, aber ihr Handy war abgeschaltet. Ich war verdammt sauer deswegen. Der Original-SMS-Verkehr vier Tage danach:

Diana: »Sorry, ich habe Deine SMS vom Do echt nicht erhalten. Wenn es nicht zuviel verlangt ist, bitte ich Dich, sie vielleicht noch mal zu senden?! D.«

Norbert: »Ich hatte einfach nur Sehnsucht, Du offenbar nicht mehr. Was habe ich nur verbrochen? Laß mich dies bitte noch wissen, bevor wir sagen: »It's over«. N.«

Diana: »Falls Du denkst, ich lasse mich mit einem Game over einfach ausschalten, bist Du im Irrtum! Ich hab' Dich lieb – wann merkst Du das endlich?«

Ich konnte darauf erst mal gar nichts erwidern. Es dauerte keine Stunde, und sie stand bei mir auf Arbeit vor der Tür. Das hätte eine blöde Situation mit den Kollegen werden können, es war aber keiner bei mir im Zimmer.

Diana hat mir dann gesagt: »Hast du noch nicht gemerkt, daß ich dich liebe?« Ich mußte mich setzen. Ich dachte: O verdammt, jetzt hat sich einiges geändert. Wir waren uns bis dahin einig gewesen: Es ist ein Verhältnis, und so soll es bleiben. Liebe wollten wir nicht. Wir hatten die ganze Zeit nicht darüber nachgedacht, ob wir uns von unseren Partnern trennen.

Nun dachte ich, für sie ist ihre Ehe vielleicht doch nicht mehr in Ordnung. Verschiedene Dinge hatten sie veranlaßt zu glauben, daß ich mehr will als das, was wir hatten. Ich konnte ihr das alles nicht übelnehmen, wir waren beide vielleicht auch ein bißchen überfordert mit der Situation. Diana wollte damals alles aufgeben für mich und neu anfangen. Mit mir. Doch ich wollte das nicht. Sie war wirklich der Meinung, daß es mit ihrem Mann nicht mehr reicht, sie hatte aber auch Angst, daß ich Schluß mache, weil mich die Situation überfordert. Ich kann ihr Gefühle ja nicht austreiben, ich habe aber versucht zu klären: »Schatz, der Alltag käme auch bei uns irgendwann.«

> *Diana erinnerte das im* Liebhaber-*Buch so: »Irgendwann fing ich an, darüber nachzudenken, ob ich es von mir aus will, mich von meinem Mann trennen. Wie wäre es, tagtäglich mit Norbert zusammenzusein? Wir haben ganz oft und lange über Trennungen gesprochen und wissen jetzt beide: Wir tun es nicht, am besten, alles bleibt, wie es ist.«*

Alles bleibt, wie es ist – leicht gesagt. Aber dies zu sagen und auch wirklich zu wollen sind verschiedene Dinge. Natürlich war auch bei mir längst mehr Gefühl da, als es für ein flüchtiges Abenteuer nötig ist. Aber Scheidung? Der Gedanke daran ist Psychoterror. Ich habe selbst erlebt, wie es ist, wenn der Partner plötzlich weg ist und du in ein Nichts fällst. Mit Mitte 20 hatte ich eine Beziehung, aus der ist mein Sohn hervorgegangen, der ist jetzt volljährig. Mittlerweile verstehe ich mich auch wieder mit seiner Mutter, die hat mich verlassen, als unser Sohn knapp zwei war. Sie ist weg wegen einem Mann, der Künstler war, das habe ich überhaupt nicht verstanden.

Dann habe ich ein paar Jahre mit Claudia zusammengelebt, die von heute auf morgen weg war, ich fiel aus allen Wolken. Sie hatte bei der Arbeit einen Kollegen kennengelernt, so ein toller Typ mit tollem Auto und tollem Haus in Südfrankreich – mir war nichts aufgefallen, fast ein Jahr lang, so lange lief das. Ich wäre vielleicht nie drauf gekommen, wenn ich nicht im Keller in einem Schuhkarton Briefe gefunden hätte. Ich wollte den Karton wegschmeißen, da lachten mir die Briefe von dem anderen entgegen. Jeder Außenstehende hat gesagt: »Ihr seid ein Traumpaar.« Claudia und ich wollten eigentlich immer heiraten. Nun, vielleicht gut, daß wir es nicht gemacht haben. Als ich sie zur Rede gestellt habe, hat sie sofort gesagt: »Ich ziehe aus.« Es gab nur eine kurze Aussprache, man ist so enttäuscht. Am nächsten Tag war sie weg, holterdipolter, zu ihm, in sein Haus. Sie haben sogar geheiratet, aber nach einem Jahr schon wieder die Scheidung eingereicht. Sie wohnt immer noch in seiner

Stadt, doch neulich tauchte sie bei einem runden Geburtstag von alten Freunden auf. Sie hat sich äußerlich überhaupt nicht verändert. Wir haben nur hallo gesagt und weiter nicht miteinander gesprochen, wir haben uns nichts mehr zu sagen. Für mich ist das abgeschlossen. Mit der Mutter von meinem Sohn ist das anders, wir haben jetzt ein normales, gutes Verhältnis, natürlich wegen dem gemeinsamen Kind.

Wenn ich dran denke, wie das mit Claudia und ihrem damaligen Freund rauskam, und das mit Diana und mir vergleiche ... Wenn Manuela Dianas Briefe finden würde – ich bewahre sie im Moment im Gartenhaus auf, in einem Zwischenfach vom Küchenschrank, davon weiß keiner. Wenn Manuela diese Briefe findet, würde sie sich fragen: »Wieso sitzt der noch hier?« Ich frage mich manchmal, was ich sagen würde, wenn sie's mitkriegt. Würde ich sagen: »Das geht noch nicht lange, erst zwei, drei Wochen, ich höre sofort damit auf.«? Vermutlich so. Oder würde ich doch die lange Zeit zugeben? Ich glaube nicht, das kann man wohl auch nicht. Ob Manuela so souverän wäre, so eine Entdeckung wegzustecken? Gerade wenn sie merken würde, es geht schon so lange? Das würde sie unglaublich verletzen, aber sie würde ja auch wissen: Er hat mich trotzdem nicht verlassen. Nein, doch, ich glaube, Manuela würde zerbrechen, innerlich, wenn sie die Wahrheit wüßte.

Es würde die ganze Situation verändern, wenn plötzlich etwas herauskäme, auch wenn Martin, Dianas Mann, Bescheid wüßte. Zu allem Überfluß kennen wir uns ja gut über die Jahre und durch die gemeinsame Vereinsarbeit. Das Verhältnis von Diana und mir lebt auch vom Geheimnis, von einer Spannung, die man nie aufgelöst haben möchte. Manuela hat im Moment keinen Verdacht, weil ich mich Diana gegenüber so neutral verhalte wie anderen Frauen oder Männern gegenüber auch. Wir reden zu Hause sogar über Diana und Martin wie über andere auch.

Letzten Sommer hat es angefangen, daß wir uns auch mal privat mit den Familien treffen, also Diana und Martin, Manuela und ich. Wir waren mit dem Verein zu einer Veranstaltung, hinterher noch Grillen bei Sportfreunden, da passiert es dann, daß einer sagt: »Die nächsten sind wir.« Ja, und dann waren wir dran, es war auch wirklich nett, mit ihrem Mann und noch zwei Pärchen, wir hatten viel Spaß. Und Diana hat uns dann alle zu Martins Geburtstag eingeladen, die Kinder waren auch mit. Wir waren alle schon nachmittags da, haben Kaffee getrunken und abends lange zusammengesessen. Wir hatten vorher schon überlegt, ob so ein Familientreffen nicht zu riskant ist. Ob man sich nicht durch Mimik oder die Unterhaltung irgendwie verrät. Aber: Ich hatte eigentlich nie Sorgen, daß man es uns ansieht, wir sind zu geübt. Es tut natürlich schon sehr weh, zusammen und doch nicht zusammen zu sein, sich nicht in die Arme nehmen zu können, kein Kuß, keine zweideutigen Berührungen. Aber es war sehr spannend. Im wahrsten Sinne des Wortes. Diana hat mich nach dem Wochenende dann drauf angesprochen, wie ich eigentlich mit meiner Frau so hemmungslos auf ihrer Couch sitzen konnte, den Arm um sie rum, ihr auch mal einen Kuß geben – ja, ich weiß nicht, wie Diana es sonst gerne hätte, das war doch das Unauffälligste überhaupt. Es ist eben immer wieder das leidige Thema, daß Frauen emotional, Männer mehr rational die Dinge betrachten.

Manuela und ich schlafen natürlich nicht mehr so oft miteinander wie in der ersten Zeit. Aber was mache ich, wenn ich sozusagen überfallen werde, vielleicht, wenn ich gerade mit Diana zusammen war? Da bleibt das Gefühl auf der Strecke, da denke ich dann doch manchmal, man kann nicht zwei Frauen gleichzeitig lieben, es bleibt bei beiden was auf der Strecke. Diana hat die gleichen Probleme, ihr Mann ist gesund und munter und will auch noch was von ihr. Dazu kommt: Seit das mit uns losging, hat Diana sich nur zu ihrem Vorteil verändert. Sie wollte mir gefallen und dachte, das könnte sie mit ihrer damaligen Figur nicht. Ich weiß noch, wie verblüfft ich war, als sie zu Beginn unserer Beziehung aus einem dreiwöchigen Mallorca-Urlaub wiederkam und bestimmt sechs Kilo abgenommen hatte. Dabei war das gar nicht nötig. Ob nun Kleidergröße 40 vorher oder 38 jetzt, ich hatte nichts an ihr auszusetzen. Trotzdem achtet sie seit damals konsequent auf ihre Figur und fühlt sich gut dabei.

Diana und mich hält natürlich auch der Sex zusammen. Sie ist die erste Frau, mit der ich fremdgehe, also es ist für mich das erste Mal, daß ich neben meiner festen Beziehung etwas angefangen habe. Ansonsten hatte ich durchaus diverse Frauen. Diana ist in ihrer bislang 20jährigen Ehe auch nicht fremdgegangen. Das glaubt man nicht, wenn man sie sieht, so wie sie aussieht. Vielleicht ist es das: An sie traut sich vielleicht kein Mann so richtig ran, so cool, wie sie sein kann. Beim Sex merkt man jedenfalls, daß es ihr richtig Spaß macht, wir machen Sachen, die in ihrer Beziehung tabu sind. Mit Manuela zusammen würde ich zum Beispiel nie zu Beate Uhse gehen wie mit Diana, da käme ich mir komisch vor. Es wäre Quatsch und so ein hilfloser Versuch, etwas wiederzubeleben, was nicht wiederzubeleben geht. Natürlich brauchen wir, also Diana und ich, für unsere Kreativität nicht solches Spielzeug. Aber es macht uns schon diebische Freude, durch ein entsprechendes Geschäft zu gehen, über manches zu lachen oder auch zu staunen.

Besonders schön ist es, wenn wir uns wirklich mal einen halben oder auch ganzen Tag freinehmen können und einige Stunden zusammen sind. Wir haben dann genug Muße für die gewissen Stunden, wir geben uns richtig Mühe, mit Kerzen und Wein, mit Reden, Fantasieren, mit Streicheln, Kuscheln und ausgiebiger Liebe. Die Vorfreude auf solche Tage ist riesengroß, und man glaubt, die Zeit bis dahin vergeht gar nicht. Die Tage selbst sind dann immer viel zu schnell vorbei.

Diana hat mich schon oft mit ihrer Fantasie überrascht. Einmal im Lokal, das hat Diana dir auch erzählt. Sie wußte, daß ich dort verabredet bin mit einem Geschäftspartner, und sie hat sich die Mühe gemacht, dort vorher einen Umschlag für mich abzugeben. Mein Name drauf, alles so eingepackt, daß ich sofort wußte, daß der Brief von Diana ist, als der Kellner den Umschlag an den Tisch brachte. Aber was sollte das? Ich habe ihn sofort, aber ganz vorsichtig aufgemacht, mein Gesprächspartner saß dabei. Ich habe reingeschaut, gut, daß mir nichts entgegengefallen ist. Außer einem kleinen Zettel mit der Bemerkung: »Ich kann leider nicht persönlich kommen«, lag auch ein Tanga-Slip von ihr drin. Ich bin sicher rot bis über beide Ohren geworden. Aber im nachhinein ist das alles natürlich prickelnd und erfrischend. Macht man mit seinem festen Partner eben nicht.

Ich kann mir gut vorstellen, daß wir es gemeinsam schaffen, uns die Besonderheiten zu erhalten. Ich selbst gebe mir auch wirklich Mühe, zum Beispiel bei Geschenken. Da muß man sich immer etwas Besonderes ausdenken, sie sollen persönlich sein und trotzdem unerkannt bleiben, da bietet sich etwas ideeller Natur an. Diana habe ich zum Beispiel einen Besuch im Hamam geschenkt, da gehen wir beide erst Squash spielen, dann läßt sie sich zwei, drei Stunden mit Sauna und Massagen verwöhnen, und anschließend hole ich sie zum arabischen Essen ab.

Ein großes Problem für mich ist: Ich kann mit niemandem über Diana beziehungsweise über uns reden. Mit Freunden darüber zu reden erscheint mir zu gefährlich. Ich hab' es selbst erlebt: Heute noch Freund, morgen schon redet man nicht mehr miteinander, aus welchen Gründen auch immer. Und so gräbt sich manches ins Unterbewußtsein, was man sich lieber von der Seele reden würde. Man hat das Gefühl, ein Psychiater könnte manchmal nützlich sein. Wie in den amerikanischen Filmen. Albern. Die Psychiater haben wahrscheinlich ähnliche Probleme und könnten selbst einen gebrauchen.

Mir geht es manchmal so: Diana tun bestimmte Dinge weh, ich denke: Was ist passiert? Manchmal sagt sie mir, daß ich etwas gesagt oder getan hätte, was ihr nicht gepaßt hat, und ich verstehe nicht, worum's geht. Gutes, ganz aktuelles Beispiel: Ich war am Wochenende mit meiner Frau und ihren beiden Schwestern samt allen Kindern in einem Ort, zu dem ausgerechnet Diana eine besondere Beziehung hat. Diana hatte letztes Jahr dorthin einen Ausflug für den Sportverein organisiert.

Meiner Frau hat es damals so gut gefallen, daß wir wieder hingefahren sind. Es war schön: der alte Marktplatz, die Künstlerpension, die Freisitze im Biergarten. Viel reden, viel essen, viel wandern. Als ich Diana dann davon erzählen wollte, wollte sie gar nicht hören, wie schön es an dem Wochenende war. Ich war überrascht und verstand nicht, warum sie so schroff reagierte. Nur ihr hatten wir es doch zu verdanken, daß wir diesen schönen Ort kennengelernt haben. Ich habe erwartet, daß sie sich für mich freut. Sie hat mir dann erklärt, daß es ihr wehtun würde, daß ich mit Manuela wieder dorthin gefahren bin und eben nicht mit ihr. Es ist das alte

Lied: Wir möchten gern mal ein Wochenende zusammen verbringen, aber das wird wohl kaum geschehen. Im nachhinein weiß ich, daß ich sie damit an einer äußerst empfindlichen Stelle getroffen habe.

Und überhaupt, wenn man mal nicht so gut drauf ist, versteht man manchmal Sachen völlig falsch. Das passiert besonders leicht beim Simsen. Es ist einfach so, daß bei dieser Kommunikation per SMS viel verlorengeht: Man kann nicht durch Mimik, Gestik oder ironischen Tonfall ausdrücken, wie man etwas meint, es sind einfach immer 160 Zeichen blanker Text, mit vielen Abkürzungen, die wir uns mittlerweile zusammen ausgedacht haben. Aber mit diesen SMS passieren eben auch manchmal Mißverständnisse zwischen uns. Auch dafür ein aktuelles Beispiel: Als ich von besagter Fahrt am Sonntagabend zurückkam, habe ich ihr gleich eine SMS geschrieben, daß ich wieder da bin und ob wir uns am anderen Tag treffen können. Original-SMS-Text:

Norbert: »Ich rufe dich morgen früh an u. wir besprechen alles noch mal, ok?«

Diana: »Kann ich dich auch anrufen od. ist deine Frau noch nicht wieder arbeiten?«

Norbert: »Doch, ist sie.«

Das ist doch eindeutig oder? Weit gefehlt! Für sie war die Frage nicht beantwortet. Ergebnis: Jeder wartete darauf, daß der andere anrief.

Wir verständigen uns viel per SMS, manchen Tag gehen bestimmt so sieben, acht Stück hin und her. Für Diana ist das kein Problem, die zu schreiben, sie sitzt sogar abends auf dem Sofa neben ihrem Mann und schreibt, offiziell an ihre Tochter. Sie wohnt nicht mehr bei ihr zu Hause, und dadurch haben sie wirklich auf diesem Weg sehr viel Kontakt.

Wenn sie mir davon erzählt, in welchen Momenten sie manchmal eine SMS an mich schreibt, wird mir heiß und kalt. Ich kann das nicht, ich habe so oft keine Gelegenheit, und es ist einfach hin und wieder auch viel zu riskant. Diana erwartet das aber natürlich. Ich habe niemanden, den ich da vorschieben kann, ich hab's da nicht ganz so leicht. Da wird auch schnell mal die Zeit genutzt zum

Schreiben, wenn Manuela im Bad ist ... Diana sagt manchmal: »Und wenn du mir nur ein paar Buchstaben schickst.« Ob sie *ILD* meint?

Ab und zu ist Diana auch in einer Stimmung, wo sie sehr verletzlich ist. Sie wirft mir dann vor, daß ich die letzten Wochen kaum auf ihre SMS reagiere. Wir haben von Anfang an unseren SMS-Verkehr aufgeschrieben, und ich habe diesen in einer Datei im Computer. Ich habe mich dann hingesetzt und das Tabellenprogramm durchlaufen lassen. Das Ergebnis war jedenfalls: Jede Menge SMS in den letzten Wochen! Ich habe sogar festgestellt, daß wir uns heute dreimal so viele schreiben wie vor zwei Jahren. Da staunt sie dann, will es nicht wahrhaben und sagt: »Zählst du etwa nach?« Das finde ich dann irrational, sie nicht.

Wenn sie solche Sachen nicht wahrhaben will, sage ich, das liegt an ihrem Sternzeichen. Sie ist Zwilling. Ich glaube ja nicht an so was, aber in diesem Fall steht es so in den Sternen: Heute ist sie oberlieb, morgen fragst du dich: Ist das noch die Frau von gestern? Manchmal denke ich: Eine Woche lang möchte ich mal eine Frau sein, wissen, in welchen Situationen man wie denkt und reagiert. Diana sagt: »Dann such dir mal die richtige Woche aus.« Aber ich würde gerne mal eine ganz normale Woche lang einfach leben und fühlen wie eine Durchschnittsfrau. Man will es nicht wahrhaben, daß Männer und Frauen unterschiedlich sind, aber es ist einfach so, wir haben unterschiedliche Schwächen und Stärken und müssen die akzeptieren.

Diana und ich haben beide das Buch *Warum Männer nicht zuhören und Frauen schlecht einparken können* gelesen, meine Frau übrigens auch. Es hat uns an vielen Stellen nachdenklich gemacht, da kann man lernen, warum Männer als gefühllos verschrien sind oder warum Frauen es hassen, unrecht zu haben. Darin steht auch, was Mann und Frau vom Sex wirklich erwarten. Ich denke, in einigen Situationen hat es uns tatsächlich geholfen, besser zu verstehen, warum der jeweils andere so oder so reagiert.

Manchmal, wenn Diana und ich beide tagelang gnatzig aufeinander sind, könnte man sich fragen, was jetzt wohl kommt. Aber es hält uns etwas zusammen, es muß schon eine sehr gefestigte Beziehung sein, die auch Belastungen verkraftet. Wir wissen heute beide, daß die Liebe, die wir anfangs nicht wollten, längst da ist. Eine Liebe, die sehr oft sehr weh tut, weil man sie meist nicht direkt spüren kann, weil man die Sehnsucht nach dem anderen nicht stillen kann, weil sie oft Tränen kostet, weil man manchmal nicht mehr weiter weiß ...

Diana und ich haben ja beide dieses Verhältnis nicht wirklich gesucht, wir haben es, also: uns, gefunden. Ich kann mir ein Verhältnis nicht schöner vorstellen als unseres, es ist aufregend und sexy, unangenehme Gefühle wie ein schlechtes Gewissen oder wie Angst vor Entdeckung versucht man zu verdrängen. Wenn ich dran denke: Einmal waren wir verabredet, zugegeben, mitten in der Stadt, in einem beliebten und bekannten Café. Ich kam zuerst und sehe schon von draußen einen Kameraden vom Sportclub dort sitzen, mit einer Frau, die ich nicht kenne. Ich habe sofort Diana angerufen, was würde man heutzutage nur ohne Handy machen? Ich sagte ihr, daß wir woanders hingehen müssen. Da denkst du dann: Da könnte auch plötzlich mal ihr Mann sitzen. Oder meine Frau.

Dianas Mann gegenüber habe ich heute nur noch unterschwellig ein schlechtes Gewissen. Wenn er doch mal was erfährt, wird er natürlich verschiedene Sachen als Verdachtsmomente werten. Damals zum Beispiel war ihm aufgefallen, daß am Wochenende und abends oft das Handy piept, weil eine SMS angekommen ist. Er hat irgendwie die Handyabrechnung in die Finger bekommen, dort waren alle Nummern aufgelistet, an die Diana eine SMS gesendet hat. Da stand eine bestimmte Nummer, zu jeder Tages- und Nachtzeit und am Wochenende.

Diana hat spontan gesagt, als er sie danach fragte: »Das ist Katja, der schreibe ich sehr viele SMS.« Katja ist Journalistin und lebt alleine, die sollte nun immer bei Langeweile und nach Veranstaltungen mal kurz geschrieben und Diana wollte pflichtschuldigst geantwortet haben. Ihr Mann hat ein komisches Gesicht gemacht, also er hat ihr wahrscheinlich kein Wort geglaubt! Ich habe Diana überzeugt: »Du mußt Katja einweihen, sie muß ihn darauf ansprechen.« Diana hat Katja dann nicht viel erklärt, sie hat nur gesagt: »Sag doch bitte meinem Mann, daß es dir leid tut, wenn er durch das Handy-Piepen ständig wach wird.« Das hat Katja gemacht, als sie sich mal gesehen haben, und da war Martin beruhigt. Diana und ich noch viel mehr.

Handys sind einer der größten Unsicherheitsfaktoren in Beziehungen, wie wir sie haben. Auf der einen Seite erleichtern sie vieles, auf der anderen Seite ... Das mit dem Handy ist wirklich so eine Sache, ich bin ja sehr froh, daß meine Frau sich damit nicht auskennt und dafür auch kein Interesse hat. Aber manchmal gibt es so Situationen, da muß ich ihr meins leihen. Wenn sie ausnahmsweise mal alleine in den Garten vorfährt und wir noch was abstimmen müssen, bekommt sie mein Handy. Da muß ich dann ganz schnell Diana informieren: »Bloß keine SMS schicken.« Und dann ist immer noch die Frage: Könnten etwa noch welche unterwegs sein, die später ankommen? Damit in so einem Fall nicht Dianas Name im Display erscheint, habe ich ihre Nummer unter *Börse* gespeichert. Wenn das aufleuchtet, kann ich meiner Frau sagen, ich kriege aktuelle Kurse oder ähnliches zugeschickt. Bisher ist immer alles gutgegangen, es ist höchstens mal vorgekommen, daß Manuela auf mein Handy gesehen und gesagt hat: »Du hast Post.« Das ist besonders blöd, wenn wir zum Beispiel tatsächlich mal etwas von meinem Bruder erwarten. Welchen Grund sollte es geben, daß wir diese SMS nicht gemeinsam lesen? Man muß eine ungeheure Kreativität entfalten, um solche Situationen zu überstehen und die Beziehung nicht zu gefährden.

Besondere Belastungsproben sind für Diana und mich immer wieder Feiertage oder die Urlaubszeit. Das sind Zeiten, die man gerne zusammen verbringen würde und doch nicht kann. Ganz im Gegenteil. Man ist vielleicht Tausende Kilometer voneinander entfernt, über Wochen, und hört vielleicht gar nichts voneinander. Das ist schon sehr schwer für mich, aber ich glaube, Diana leidet darunter noch viel mehr.

Wir sehen uns im Moment nicht ganz so oft, wir versuchen es einmal die Woche zu schaffen, zwei von drei Malen schlafen wir auch miteinander. Aber wir schicken uns immer SMS, fast jeden Tag, oder wir rufen an. Ich merke aber, Diana ist das im Moment ein bißchen zu wenig. Ich glaube, daß es auch damit zusammenhängt, daß ihr Mann eine neue Arbeit angenommen hat vor einem halben Jahr. Er ist jetzt Tag und Nacht in dem Hotel, das er leitet, auch oft am Wochenende, am anderen Ende der Stadt. Plötzlich fehlt was: er. Sicher auch ich, denn ich gebe gerade ein Seminar und habe darum tagsüber auch weniger Zeit für sie. Diana ist jetzt öfter mal allein, sonst war immer jemand da. Doch Diana verzweifelt nicht an dieser Situation. Sie ist ein so lebenslustiger und aktiver Mensch, daß sie auch jede Menge allein oder mit ihren Freunden unternimmt. Klar, wenn ich ehrlich bin, sehe ich manche ihrer Unternehmungen natürlich nicht so gerne, doch ich muß das akzeptieren.

Es ist schön, so wie es ist, mit Diana und mir, unserer Liebe und unserem Fünf-Jahr-Plan. Manuela und Martin können sich im Moment zu dem einen Drittel aller Ehen zählen, die glücklich sind und Bestand haben. Ich möchte sie gerne in diesem Glauben lassen. Sie ahnen nicht, daß es etwas gibt, das alles in ihrem Leben ändern würde, wenn sie es erfahren. Es wäre schrecklich. Für alle. Einen Entscheidungspunkt fürchte ich wie der Teufel das Weihwasser.

Bill, 46, Dozent an der Uni

Ich sah in ihr mein Ideal

Oder: Jetzt lebe ich im Zölibat

1000mal berührt – im Theater, im Konzert. Und dann gab Bill, damals 36, der Anziehung einer verheirateten Mutter dreier Kinder nach. Vier Jahre liebte ein Amerikaner in Deutschland eine Frau, die er nicht wirklich haben konnte. Bis heute sucht er eine Frau wie sie.

Für mich war es ein Schock, daß ich mich in diese Frau verliebt habe. Ich wußte, das ist hoffnungslos, sie ist finanziell auf ihren Mann angewiesen – Heike hatte drei Kinder, die waren damals, als es anfing, 12, 5 und 1. Ich war ein Freund der Familie. Meine Freundin, die hatte ich damals noch, und ich waren mit der Familie gut befreundet, wir waren ein größerer Kreis, lauter gemischte deutsch-internationale Paare aus dem Uni-Dunstkreis. Expatriot community – da hält man zusammen, das ging schon jahrelang so und war schön bunt. Ich hätte nie gedacht, daß man eine Affäre anfängt unter so freundschaftlichen Umständen. Ich dachte immer, zum Verlieben kommt nur eine neue Frau, ein Abenteuer, in Frage. Unbewußt ist aber allmählich in mir aufgekommen, daß es mehr als Freundschaft ist, daß ich Heike auch begehre.

Ich wurde der sogenannte andere Mann, also der zweite. Ich hatte mich Kopf über Fuß, Hals über Kopf, in eine Frau verliebt, die ich schon lange kannte. Ihr Mann John war ein Kollege von mir an der Uni. Ich war immer ein bißchen stolz darauf, daß ich nie etwas Blödes gemacht hatte wegen einer Beziehung. Als ich jung war, dachte ich noch, keine Beziehung ist so wichtig wie mein Beruf. Ich habe gesehen, daß Freunde ihre beruflichen Möglichkeiten nicht in Anspruch genommen haben wegen einer Liebe oder einer Ehe, ich fand das nicht gut, das konnte mir nicht passieren. Klar war ich auch immer traurig, war es dramatisch, wenn eine Beziehung aufhörte, aber ich habe auch dabei nie etwas Doofes oder Unüberlegtes gemacht.

Meine Freundin und ich haben damals Heike und ihren Mann zu Hause in Florida besucht, bei seinen Eltern. Sie verbrachten da die Semesterferien. Ich merkte in diesem Urlaub, wie unglücklich Heike war. Da war aber noch nichts zwischen uns. Johns Eltern sind grob mit Heike umgegangen, das fiel mir auf. Sie hat sich viel gefallen lassen, viel zu viel. Der Schwiegervater war bettlägerig. Heikes Schwiegereltern waren sehr possessiv, sehr besitzergreifend. Heike und John waren Einzelkinder, das ist doch spannend, vielleicht haben die beiden sich deshalb von seinen Eltern so viel gefallen lassen. Bei Heike kam noch dazu, daß ihre Eltern schon lange tot waren, sie hatte sonst keine Familie mehr. Meine Freundin und ich waren zwei-, dreimal im Haus der Schwiegereltern, und jedesmal spürte ich: Heike ist nicht glücklich.

Für unseren Freundeskreis war es völlig normal, daß Heike und ich auch zu zweit unterwegs waren. Das war schon skurril, ihr Mann hat mich oft richtig dazu aufgefordert, mit seiner Frau auszugehen. Sie interessierte sich sehr für klassische Musik, ging gerne ins Konzert und ins Theater, er nicht. Er sagte: »Geh mit Bill.« Er hat dazu beigetragen, daß wir zusammenkamen. Wirklich. Ins Konzert gegangen sind Heike und ich allerdings schon, bevor ich mit meiner Freundin Schluß gemacht habe. Wir waren auch manchmal nach dem Theaterbesuch bei mir in der Wohnung, ohne daß was passiert ist.

Die Tatsache, daß diese Frau verheiratet war und drei Kinder hatte, war für mich nicht abschreckend, weil ich wußte: Es kann nie zu etwas kommen. Doch ich habe gedacht: Was würde ich machen, wenn es doch losgeht? Die Familienkonstellation war letztlich auch ein Grund, warum es nach vier Jahren zu Ende ging: Sie wollte hören, daß ich alles übernehme, sie, die drei Kinder, daß ihr Mann praktisch zur Tür rausgeht und ich reinmarschiere.

Der Beginn war 1992, ein Jahr nach dem Ende meiner letzten Beziehung. Jemand, den man lange kennt, mit dem man schon lange Freundschaft hat, plötzlich auch sexuell zu lieben, das ist sehr schön. Für mich war es das erste Mal, daß ich mit einer Frau einen Ausgleich zwischen Sexuellem, Geistigem und Freundschaftlichem erlebt habe. Ich war 36, Heike 33. Man geht 1000mal zusammen ins Theater, und es kommt dann endlich zustande. Sie hat es in die Wege geleitet. Sie hat mich ganz oft nach Hause eingeladen, zum Abendessen, John war sehr viel dienstlich weg. Ich bin Radsportler, ich bin nachts immer die 20 Kilometer von ihrem Dorf zu mir nach Hause nach K. gefahren. Dann fing ich an, auch in Heikes Haus zu übernachten, ganz offiziell und komfortabel im Gästezimmer.

Einmal kam ich zu ihr, da hatte sie die beiden großen Kinder bei Freunden untergebracht, das Kleine schlief ja abends immer prima. Sie war sehr schick angezogen: im Abendkleid. Sie wollte nicht länger warten, hatte ein wunderbares Essen zubereitet, dazu ein erstklassiger Wein. Das alles hat seine Wirkung gehabt: Nachdem die zweite Flasche leer war, hatten wir keine Hemmungen mehr. Ob wir im völlig nüchternen Zustand diesen Schritt auch gewagt hätten, weiß ich nicht. Vielleicht, aber das werde ich nie mit Sicherheit wissen. Am Morgen danach stand eines jedenfalls ganz fest: Wir hatten keine Schuldgefühle, das, was wir gemacht hatten, war irgendwie richtig.

Es war eine Zeitlang wirklich wie in einem Mantel-und-Degen-Film: Wenn John zwei, drei Tage geschäftlich weg war, war ich bei Heike. Ich mache viele Radtouren, die waren dann eben bei ihr in der Gegend. Die Kinder kannten mich, und für sie war ich bald Onkel Bill, sie hatten mich lieb. Es war natürlich immer kompliziert, sie alle ins Bett zu kriegen. Das Schwierigste für mich in den vier Jahren war, daß Heike und ich in der ganzen Zeit nie, nur drei-, viermal, die Nacht im Bett zusammen verbringen durften.

Heike war so unglücklich in ihrer Ehe, sie hatte keinen Respekt mehr vor John, ihrem Mann. Er war untauglich als Familienvater, er konnte überhaupt nicht mit den Kindern umgehen, es hat ihn nicht interessiert. Es war sogar so, daß er wie ein großes Kind war, praktisch das vierte in der Familie. Ich wußte nicht, wie ich mich in der Situation verhalten hätte, wenn ich ein freundschaftliches Verhältnis zu ihrem Mann gehabt hätte, ob ich aus Ehrgefühl verzichtet hätte. Ich hatte dieses freundschaftliche Verhältnis aber nicht, und so hatte ich kein Schuldgefühl ihm gegenüber, ich hatte nicht den Eindruck, eine Freundschaft zu verraten.

Das Besondere an der Liebe mit Heike war, daß wir absoluten Gleichklang hatten: geistig, seelisch und erotisch. Das hatte ich nie erlebt, das habe ich danach nicht wieder erlebt. Es war zwar kompliziert, aber ich habe mit Goethe gedacht: »Denn so ist die Liebe beschaffen, daß sie allein Rechte zu haben glaubt und alle anderen Rechte vor ihr verschwinden.« Das ist aus den *Wahlverwandtschaften*.

Ich habe versucht, nicht zu grübeln, wie's weitergeht, wie lange das gehen kann. Sie hat gefragt, ob ich Kinder wollte, ich hatte ja wirklich ein gutes Verhältnis zu ihren. Sie hat mit dieser Frage angetestet, ob es überhaupt klappen könnte mit uns. Ich hätte das, sie, ihre drei Kinder und noch ein gemeinsames Kind, finanziell nicht machen können. Außerdem mußte ich ja befürchten, daß ihr Mann uns viel Ärger bereiten würde, wenn sie sich trennt. Heike hatte das in ihren Erzählungen immer so dargestellt.

Irgendwann wurde Heike schwanger. Von ihrem Mann, sie war ganz sicher, sie hat mir ja auch erzählt, daß sie, sozusagen prophylaktisch, ein-, zweimal im Monat noch mit ihm schläft. Ich war ganz sicher: Das Kind ist nicht von mir, ich habe nachgerechnet, ich war sechs Wochen in Frankreich, es muß in dieser Zeit entstanden sein. Sie sagte jedenfalls: »Vielleicht ist es doch von dir?« Mit ihrem Mann hat sie darüber gesprochen, das Kind, sein Kind, abzutreiben. Sie hatte schon einen Termin, aber er hat gesagt: »Nur über meine Leiche. Wenn du das machst, erzähle ich den Kindern, daß du ihre kleine Schwester oder ihren kleinen Bruder getötet hast.« Ich habe gesagt: »Wie kannst du noch einen Tag länger mit diesem Mann zusammenleben?« Sie meinte aber, sie kann die Kinder doch nicht allein lassen. Als sie früher einmal schwanger war, hat er ihr eine Abtreibung sozusagen erlaubt – er hatte damals ein Verhältnis mit einer Arbeitskollegin. Sie hatte eine Fehlgeburt. Ich finde, das war von ihm eine sittliche Entgleisung.

Ich hatte nie den starken Kinderwunsch, den die meisten Frauen haben. Für mich war es immer so, daß sich der Kinderwunsch aus der Liebe zu einer Frau heraus ergeben sollte. Ich wäre durchaus bereit gewesen, mit Heike Kinder zu haben, wenn sie nicht schon so viele gehabt hätte. Sie ist eine gute Mutter, wenn ich nicht insgesamt eine zu idealistische Auffassung von ihr hatte. Als es aufflog, hatte sie nämlich kein Rückgrat.

Er hatte während der Ehe, vor meiner Zeit, mindestens drei Liebesaffären, sie hat alles geduldet, der Kinder wegen. Er hat jedesmal nach so einer Affäre gesagt: »Ja, o.k., das war nur ein Seitensprung, das war nur ein Abenteuer, ich liebe nur dich.« Als sie aber sozusagen dasselbe gemacht hat, mit mir, und als es rauskam, da war er der Moralist. Es kam heraus, weil er einen Brief fand, den sie in ihrer Handtasche hatte, den wollte sie an mich abschicken. Er suchte eines Nachmittags auf die Schnelle Geld und hat darum in ihre Tasche gekuckt. Ich habe lange gedacht, vielleicht hat sie in ihrem Unterbewußtsein gewollt, daß John die Sache mitkriegt, und darum den Brief in der Tasche aufbewahrt. Aber das ist Quatsch. Eigentlich wollte sie, daß er freiwillig auszieht. Sie brachte es ja nicht fertig zu gehen, weil sie meinte, er würde mit ihr um Haus und Kinder streiten, ihr das Leben zur Hölle machen.

Als John die Sache entdeckt hatte, rief er mich sofort in Marseille an, ich war gerade mal wieder in Frankreich. Ich konnte nur lachen, er redete einen Text wie in alten Theaterstücken: »Unsere Freundschaft ... das hätte ich von dir nie erwartet.« Das war alles so doof und so künstlich und so lächerlich. Das habe ich auch gesagt. »John, das ist wirklich lächerlich. So wie du dich verhältst, solltest du froh sein, daß Heike das nicht schon früher mit einem anderen als mir gemacht hat. Ich kann überhaupt nicht verstehen, daß ich der erste war.« Er hatte einfach einen Doublestandard, eine verdammte Doppelmoral. Er war natürlich aus seiner Sicht völlig unschuldig an der Sache. Aber ich brauchte sie wirklich nicht zu verführen, das war sozusagen alles programmiert, daß sie einen Liebhaber suchte, sie war so unglücklich mit ihrem Mann. Ich hatte in der Folge Hausverbot bei ihnen. John kam erst viel später zu mir und sagte: »Komm, wir vergessen das alles.«

Wie sollte es nach dieser Entdeckung weitergehen? Heike war wegen der Kinder nicht bereit, mit ihm zu streiten und ihn zu verlassen, sie hatte Angst. John wollte nicht zugeben, daß die Ehe kaputt war, daß es etwas Irreparables war, er wollte überhaupt nicht einsehen, daß es vorbei ist. »Warum will er bleiben?« habe ich sie gefragt. »Das ist doch auch für ihn nicht befriedigend.« Sie hat gesagt, das sei für ihn eine Stolzsache.

Es war in der Folgezeit wirklich sehr kompliziert für Heike und mich, wir haben die Beziehung heimlich fortgesetzt. Sie hatte keinen Führerschein und war sehr auf John und auf Freunde angewiesen, bis sie ihn gemacht hat. Die Kinder wurden größer, ständig war eines zum Musik- oder Sportunterricht in die Stadt zu bringen oder von da abzuholen, das fraß Zeit. Und wenn Heike mich in der Stadt besuchen wollte, brauchte sie jemanden, der sie mitnahm. Wir haben uns bei mir getroffen. Ich habe immer gedacht, daß sie nicht genug Rückgrat gezeigt hat gegenüber ihrem Mann. Sie hatte panische Angst davor, plötzlich allein zu sein mit den Kindern. Sie hatte Angst, daß er sie rausschmeißt, besonders, wenn er merkt, daß unser Verhältnis weiterläuft. Ich habe ihr gesagt: »John wird das nie machen, dich raussetzen. Sag ihm, daß du dir nicht mehr alles gefallen läßt, sag ihm, was du willst.« Immerhin hat sie sich irgendwann gegen mein Hausverbot gewehrt und gesagt: »Ich lade Bill ein, ob es dir gefällt oder nicht.«

Es war schwierig. Meine Idee war, das kam wirklich von mir aus: Wir können unsere Beziehung auch wieder rein freundschaftlich haben. Ich habe angeboten: »Ich würde es versuchen.« Das war vielleicht das einzig Tugendhafte von mir in der Geschichte, daß ich das vorgeschlagen habe. Ich habe ihr gesagt: »Du hast alles zu verlieren, ich nichts. Sag mir was, wenn es für dich so nicht mehr weitergeht, dann versuchen wir es mit nur Freundschaft.« Ich war der freie Mensch. Ich habe mich damals oft gefragt: Warum habe ich mich so leidenschaftlich verliebt in eine Frau, die ich nicht haben kann? Es würde mich brennend interessieren, was ein Therapeut dazu sagt.

Mich hat das alles sehr mitgenommen, ich war nicht zufrieden. Ich nahm 1996 eine Stelle hier in L. an. Ich blieb aber in K. wohnen, hauptsächlich wegen der Beziehung zu Heike. Ich pendelte jeden Montag und Freitag. Natürlich fühlte ich mich in dem neuen Ort nicht so wohl, ich wollte ständig zu Heike, sie sehen, aber in der schwierigen Situation mit ihrem Mann hatte ich immer nur die vage Hoffnung, sie treffen zu können, sie konnte mir immer erst Freitagabend sagen, ob und wann wir uns sehen, zu 50 Prozent klappte es überhaupt nicht. Das wurde mir nach und nach zuviel, besser: zuwenig. Ihr auch, wie ich später von gemeinsamen Freunden gehört habe.

Aus meiner heutigen Sicht war alles im Sommer 1996 zu Ende, als ich umgezogen bin, die Treffen wurden immer schwieriger, Weihnachten war es dann ganz vorbei. Es ist schwer zu sagen, ob einer von uns sich rar gemacht hat. Sie sagte kurzfristig ab, weil sie mit einem der Kinder irgendwohin mußte – oder sie sagte eben auch gar nicht ab. Ich habe oft umsonst gewartet. Das war mir zu kompliziert und zu frustrierend. Ende '97 haben wir noch mal geredet, da hat sie mir gesagt, daß es durchaus ihre Absicht war, es damals ausklingen zu lassen, es langsam absterben zu lassen, weil sie wußte, daß es zu nichts kommen wird mit mir.

1997, als es mit uns vorbei war, hat sie ihn hinausgeekelt. Sie hat aufgehört zu kochen und auch andere Dinge schleifen lassen oder verweigert. Er glaubte, er könnte es noch retten. Als er dann gemerkt hat, daß es wirklich so nicht weitergeht, hat er mit den großen Kindern geredet, sie gefragt, ob sie gerne ganz in der Stadt wohnen würden, und die haben natürlich ja gesagt. Heike hat er dann vor vollendete Tatsachen gestellt, hat gesagt, er zieht aus und nimmt die beiden Großen mit, so war John. Die Kleine sollte bei Heike bleiben. Die war total überrascht. Es ging also doch, es wäre früher auch gegangen, das habe ich immer gewußt. Aber: zu spät. Am nächsten Tag war John weg. Sie hat sich natürlich weiter um die Kinder gekümmert, sie oft gesehen. Er macht heute noch so Dinge wie anrufen und sagen: »Morgen fliege ich nach Kairo.« Sie sitzt dann da und muß sich was einfallen lassen, auch wenn die Tochter jetzt 16 ist, so ganz allein zu Hause geht dann doch nicht. Heike dachte vielleicht nach seinem Auszug, das wäre nun noch eine Möglichkeit für uns. Auch das habe ich später von gemeinsamen Freunden gehört. Aber irgendwann ist es vorbei, zu spät.

Bei allen Schwierigkeiten und allem Frust, den ich mit Heike hatte: Sie hat mich völlig verwöhnt. Zum allerersten Mal habe ich diese Mischung aus Erotik und geistiger Verwandtheit erlebt, die ich seitdem suche. Ich hatte seit der Zeit mit Heike drei flüchtige Beziehungen mit jüngeren Frauen, eine 21, die andere 24, die andere 26. Die waren intellektuell weit entwickelt, durchaus. Und das ist auch sehr schmeichelhaft, wenn junge Frauen sich für dich interessieren, an der Uni hast du immer welche, die gerne etwas mit dem Dozenten haben. Da muß ich allerdings sagen, daß ich nie etwas mit Studentinnen aus meinem Fachbereich anfange, ich habe immer deutlich gemacht, daß so was nicht drin ist bei mir. Zumal, als ich verliebt war.

Aber als das mit Heike vorbei war? Da war ich erst ein Jahr allein, dann dachte ich, warum soll ich Möglichkeiten, warum soll ich Angebote ausschlagen? Die jungen Frauen kamen ja auf mich zu. Sie studierten alle nicht mein Fach, die eine hatte ihr Studium sowieso gerade abgeschlossen. Ich hatte zwei erotische Beziehungen, die eine war halberotisch, oder wie soll man das nennen, alles was man halb angezogen miteinander machen kann?

Männer in meinem Alter sagen zu mir: »Mensch, du hast es gut, immer von so jungen Frauen umgeben.« Aber wie mit ihnen über Sachen reden, die passiert sind, als sie noch gar nicht geboren waren? Es gibt bestimmt Mittzwanzigerinnen, die reif genug für eine Partnerschaft sind und die einen besonderen Geschmack haben, die ein besonderes Interesse an einem Mann haben, »who's been around«, der was vom Leben kennt. Aber ich habe die eigentlich nicht getroffen. Ich suche das, was ich mal hatte. Man zweifelt, ob man's wiederfindet, vielleicht bin ich darum von vornherein schon skeptisch.

Ich mache so eine Art *chill out* jetzt, ich lebe seit zwei Jahren im Zölibat, das erste Jahr war Absicht, jetzt finde ich das seit einiger Zeit eher unangenehm. Ich habe eine Kollegin, wir sind gleich alt, die ist, was Partnerschaftsfragen angeht, Leidensgenossin. Sie sucht über das Internet, und sie hat auch schon Männer getroffen, in Deutschland, aber auch in London und Italien. Es waren meist jüngere Männer, besonders die Italiener sind an älteren Frauen interessiert. Diese jungen Männer haben ihr gesagt, die jungen Frauen, die im Alter der Männer, so um die 30, wissen nicht, was sie wollen. Aber wie sieht es bei dieser Freundin aus, wenn es doch mal um eine feste Beziehung geht? Das kommt dann eher nicht in Frage, aber das weiß sie ja.

Ich bin jetzt vorbelastet, ich suche ein Ideal, wobei mein Ideal vielleicht nicht realisierbar ist. Vielleicht habe ich dieses Ideal nur aus Bindungsangst, vielleicht käme das dabei heraus, wenn ich mit einem Psychologen darüber reden würde.

Heike sagt heute, sie will nur ihre Ruhe und keinen Mann in ihrem Leben. Das höre ich nicht von ihr direkt, sondern über Freunde. Soviel ich weiß, hat sie keinen Mann, keinen Partner. Nachdem mit uns Schluß gewesen war, hat sie eine Psychotherapie gemacht. Sie ist jetzt selbständig, sie hat mit einer anderen Frau zusammen eine Buchhandlung aufgemacht, das scheint sie voll zu beanspruchen und auszufüllen. Vielleicht hat sie einfach Angst, sich zu binden, obwohl sie jetzt frei ist. Sie wohnt weiter auf ihrem Dorf. Wenn wir uns bei Freunden treffen, ist das rein gesellschaftlich. Mir kommt das komisch vor, es ist merkwürdig, wenn wir reden, fremd, als ob wir uns gerade kennengelernt hätten.

Sven, 37, Betriebsleiter

Sie hat mich wie wild geküßt

Oder: Dann kommt das böse Erwachen

Er arbeitet in der großen Stadt, wohnt mit Familie in der kleinen – und die Geliebte lebt auf dem Dorf. Er arbeitet mit ihr. 50 Jahre früher, und der erfolgreiche Geschäftsmann Sven wäre eher der Typ für die klassische, die ewige Geliebte gewesen ...

Sie ist eine Kollegin und Mitarbeiterin. Ich bin Betriebsleiter in einer Maschinenfabrik, 200 Leute. Die Dame gehört auch dazu. Das Ganze hat vor drei Jahren angefangen. Eigentlich sage ich: Es hat schon früher angefangen. Vor sechs Jahren, auf einer großen Messe. Da war es nämlich fast so weit. Aber eben nur fast. Wie sag ich's denn? Irgendwann war es so: Ich konnte nicht darüber hinwegsehen, daß sie was von mir wollte. Was sagt man da?

Ich bin seit einiger Zeit verheiratet, genauer: seit 13 Jahren. Ich bin mit meiner Frau zusammen zur Schule gegangen, wir haben Abitur gemacht und uns dann aus den Augen verloren. Als wir uns wieder trafen, fing unsere Beziehung an. Sie war meine erste Frau, ich meine, die erste, mit der ich geschlafen habe. Wir haben bald geheiratet, ich war noch mitten im Studium. Wir haben uns unser Leben aufgebaut, drei Kinder bekommen, sind ein paarmal umgezogen – wir haben was hinter uns gebracht. Das läuft auch alles ganz wunderbar. Das ist das eine Leben. Vor sieben Jahren bin ich zu meiner Firma gewechselt.

Als das mit meiner Geliebten losging, war ich unsicher: Was macht man da? Ich bin jetzt 37, sie ist, glaube ich, 40, ich weiß nicht genau, wann sie Geburtstag hat, das gehört zu den Dingen, die ich verdränge. Bei einer Messe fanden wir uns irgendwann in meinem Zimmer wieder. Wir haben Musik gehört, ich hatte gerade ein paar neue CDs gekauft. Das war komisch. Wir haben nur CDs gehört.

Am nächsten Tag waren wir wieder zusammen am Messestand. Sie sagte: »Wollen wir heute abend auch wieder nur Musik hören?« So eine Messe dauert sieben, acht Tage. Es ist jeden Abend das Gleiche: Man geht mit Kollegen essen, man redet, man trinkt. Ich war an diesem Abend auch mit. Wir haben uns, glaube ich, in ihrem Zimmer wiedergefunden. Ich glaube sogar, unsere Zimmer waren nebeneinander. Sie hat mich gleich geküßt, sie hat mich gleich wie wild geküßt. Komisch, das war überwältigend. Wir sind gleich ins Bett. Am nächsten Tag habe ich gemerkt: Mir hat das zugesetzt, der Schlafmangel, der Streß auf der Messe, ich war völlig verkatert. Da kam das böse Erwachen, aber es war passiert.

Die Messe ging ein paar Tage, dann hieß es: Zurück in die Firma. Drei Jahre sind wir vorher umeinander rumscharwenzelt, ich glaube, daß es sich so hinzog, lag an mir. Jetzt kam die Frage: Wie gehe ich in der Firma damit um? Wir haben uns oft getroffen, im Konditoreicafé und so. Das war die eine Phase. Da kam bei mir die Erkenntnis, daß unsere Treffen auch den anderen auffallen könnten.

Ich habe versucht, es verstandesmäßig zu betrachten und langsam zurückzufahren. Ich war unhöflich zu ihr, ungalant, was man so macht: Man hält Vereinbarungen nicht ein, verspricht anzurufen und tut's dann nicht. Ich dachte nämlich: Ups, das wird zuviel. Es war mir ja nicht unangenehm, aber trotzdem.

Nach einem halben Jahr bin ich absolut in eine Krise geraten, weil uns etwas passiert ist, wo ich heute fast drüber lachen kann. Wir waren zusammen im Auto ... Und alles, was wir trieben, wurde live über mein Handy übertragen. Das habe ich hinterher bemerkt. Das Handy hatte einfach eine Verbindung aufgebaut, keine Ahnung, ob das eine Kurzwahl war, die Wahlwiederholung, ist auch egal, es ging an – und hat meine Frau angerufen. Ich fragte mich: Was weiß sie nun? Vielleicht war sie rangegangen, hatte nichts verstanden und dann aufgelegt. Oder sie hatte alles mitgehört. Oder sie war nicht rangegangen. Aber dann wäre alles auf der Mobilbox, dem Anrufbeantworter. Nicht auszudenken. Ich sehe mich noch, wie ich mittags drei Stunden wie blöd durch die Firma getigert bin, weil ich mir nicht zu helfen wußte. Ich habe dann meine Frau angerufen, sie schien mir ganz normal. Beruhigend. Dann bin ich nach Hause gefahren. Ich hatte eine Chance: Das Handy war neu, und meine Frau hatte noch Probleme mit der Mobilbox. Ich habe ihr Handy gesucht, und tatsächlich: Der Anrufbeantworter hatte alles aufgezeichnet – aber er war noch nicht abgehört! Ich kann Ihnen sagen. Danach war lange nichts, ich war geheilt. Naja.

Es fing jedenfalls die Zeit an, wo mir bewußt wurde, daß ich das so nicht will. Ich wollte mehr Distanz – oder gar nicht mehr. Ich muß ihr oft herzlos erscheinen. Sie sagt zum Beispiel: »Du könntest mich am Wochenende mal anrufen, ich bin allein.« Und bei mir macht es nicht klick, wirklich nicht. Sie meint natürlich, ihr Mann ist nicht da, er ist bei der Bahn und hat wechselnde Dienste, da will sie telefonieren und mich vielleicht auch noch treffen. Sie weiß, daß ich am Wochenende viel Rad fahre, da könnte ich anrufen, aber was soll das? Was soll man reden? Wochenende ist mein anderes Leben. Sie schreibt mir auch Mails, in denen sie alle unsere Jahrestage berücksichtigt. »Weißt du, wo wir vor einem Jahr waren?« steht dann da. Ich schreibe zurück »nein«, ich weiß es wirklich nicht. Bei meiner Frau bin ich bei solchen Sachen ein bißchen besser. Sie hat alles im Kopf, und dann kommt eben: »Dein Kleiner hat doch in einer Woche Geburtstag, was kriegt er denn geschenkt?« Ich empfinde das als besitzergreifend. Wenn ich solche Fragen, solche Gespräche zulassen würde, zieht das bestimmte Schlüsse nach sich: Erstens kriegt die Beziehung eine andere Qualität, zweitens läuft es in Richtung einer Entscheidung.

Ich bin bestimmt kein Intellektueller. Ich habe eine gewisse Schulbildung, gewisse Interessen, auch politisches Interesse. Ich gehe mit offenen Augen und offenen Ohren durchs Leben. Und meine Geliebte ist ganz anders. Sie wohnt in einem kleinen Dorf. Und sie hat jemanden aus dem Nachbardorf geheiratet. Sie wohnt mit ihren Schwiegereltern Wand an Wand, ihr Mann und sie haben sich eine Wohnung unterm Dach ausgebaut. Das mag man ja schön finden, aber für mich wäre das ein Alptraum. Ich war einmal bei ihr zu Hause. Das hat mich abgeschreckt. Es gibt kein Bücherregal! Wofür auch, sie hat ein Kochbuch und ein Buch vom ADAC. Und die Zeitschriften ... Bei uns zu Hause liegen die *Brigitte* oder *Schöner Woh-*

nen, bei ihr *Echo der Frau* oder wie die Dinger heißen, so was sehe ich sonst ja nur beim Arzt oder beim Friseur. Nicht, daß ich dann da nicht reinkucke. Aber das sagt doch was aus, welche Zeitschriften man zu Hause hat. Ich weiß auch nicht. Sie war einmal auf einem Konzert und hat mir davon erzählt. Helmut Lotti, den kannte ich nicht. Bis ich ihn im Fernsehen gesehen habe, so 'ne Schnulzen. Ich kann mich wunderbar mit ihr über Familie, Kinder, über die Schulnoten und auch die Firma unterhalten – sie ist sehr neugierig. Aber wenn ich sage: »Hast du das und das Buch gelesen?«, und von ihr kommt dann nichts ... Da passen wir einfach nicht zusammen.

Mein absoluter Alptraum ist: Was mache ich, wenn sie mich nachts anruft? Oder wenn sie einfach so sagt: »Ich trenne mich von meinem Mann.« Sie ist unglücklich mit ihrem Mann, sie ist eigentlich in einer immerwährenden Partnerkrise, aber sie arrangiert sich. Sie ist schon sehr lange verheiratet, ihr Sohn ist aus dem Haus, die Tochter ist mitten in der Pubertät. Ihr Mann trinkt wohl ein bißchen zuviel Alkohol, ich würde ja nicht sagen, er ist ein Säufer, das steht mir nicht zu, und das weiß ich auch nicht. Sie hat eine richtige Doppelbelastung, Haushalt, der Mann erwartet immer toll gekochtes Essen, und dann die Dreiviertelstelle bei uns. Jedenfalls glaube ich, daß es eine Dreiviertelstelle ist, das müßte ich eigentlich wissen, komisch, ich habe noch nie in ihre Personalakte gekuckt.

Aus meiner Sicht ist ihr Leben perspektivlos, sie hat zu Hause keine Kraft zum Fortgehen, sie macht für den Beruf keine Fortbildung. Alles läuft nach dem Motto: So ist es und so soll es bleiben. Ich bin das krasse Gegenteil. Ich bin nicht perspektivlos. Ich sage mir: Ich bin jung und gut ausgebildet. Mein Lebensmotto ist: Der Weg ist das Ziel. Sie lebt so dahin. Alles ist gottgegebene Fügung, Reflektieren ist nicht. Vielleicht ist das so einfach ein bequemes Leben für sie, man arrangiert sich. Sie sagt auch, sie hätten ja schließlich Schulden, wie soll sie sich da trennen. Ich habe nachgefragt: »Wieviel Schulden denn?« Ich habe zehnmal soviel Schulden! Aber das sind eben andere Relationen. Sie muß sich ja für eine Trennung nicht in etwas begeben, was sie als finanzielles Desaster empfindet.

Neben ihrer Lethargie sehe ich andererseits auch: Sie emanzipiert sich über mich. Sie hat sich, seit das mit uns anfing, anders gekleidet, anders geschminkt. Sie sucht das Gespräch. Ich ermutige sie, ich sage manchmal: »Mach mal, fang doch mal 'nen Streit mit deinem Mann an.« Ich bin ein Freund des kalkulierten Streites. Ich habe ihr auch gesagt: »Zieh doch mal 'ne Weile aus, zu deiner Mutter.« Das würde sie nie machen, wegen der Kinder.

Ich frage mich: Warum tust du das? Eigentlich ist es belastend, die ganze Geschichte. Man verbirgt ja was. Das ist nicht schwer: Ich reise viel beruflich. Aber es ist ein Risiko. Einmal bin ich mit dem Auto in eine Radarkontrolle geraten, auf einer Strecke, auf der ich eigentlich gar nicht unterwegs sein konnte. Der Wagen ist auf meine Frau zugelassen. Ich hatte keine Strategie, was ich gemacht hätte, wenn Post gekommen wäre. Im Fernsehen habe ich mal einen Beitrag gesehen über Leute, die fremdgehen. Jemand sagte: Wenn Frauen einen Seitensprung machen, sind sie auf der ersten Ebene nicht zu enttarnen, sie haben immer ein Alibi, die Freundin oder so. Bei Männern ist das nicht so. Stimmt. Aber ich habe nach dieser Radar-Geschichte vorsichtiger agiert.

In der Firma haben wir jetzt eine schwierige Situation, wir haben vorgestern eine Fusion beschlossen, und nun stehen im nächsten Jahr viele Entlassungen an. Sie könnte auch betroffen sein. Diese ganzen Umstrukturierungen in der Firma nehmen mich schon einige Zeit sehr in Anspruch, wir haben uns in letzter Zeit eher selten getroffen, die letzten vier Wochen gar nicht. Sonst waren wir wenigstens einmal im Monat zusammen im Hotel. Das ist immer etwas Besonderes. Ich muß dafür sorgen, daß ich rechtzeitig aus der Firma rauskomme. Wenn es an der Rezeption Getuschel gibt, denke ich: Komm, du bist ein großer Junge. Diese Treffen im Hotel sind wirklich aufregend, wir machen's schon ein bißchen inszeniert, wir müssen das ja planen. Man denkt sich bestimmte Dinge aus und schreibt sich das per Mail. Wer zuerst da ist, bereitet vor. Nach zwei, drei Stunden ist die Zeit rum. Dann kommt das böse Erwachen. Du denkst: Wonach riech' ich denn? Es ist am Ende immer so nüchtern, ich steige in mein Auto und grübele. Ich fahre dann immer noch mal in die Firma und rufe meine Frau von da an, damit die Telefonnummer im Display stimmt. Ich bin durch die Panne im Auto ins Nachdenken gekommen und habe meine Strategien angepaßt.

Sie erzählt, daß sie mit ihrem Mann fast überhaupt nicht mehr schläft, sie will aber. Mit meiner Frau harmoniere ich in der Beziehung. Es schwankt natürlich ein bißchen. Aber in 'ner Zweitbeziehung probiert man Sachen aus, die man daheim nicht macht, es geht das Wildere, das Außergewöhnliche, das Fremde. Sie wollte mal Pornos sehen. Da habe ich welche aus dem Internet runtergeladen und auf CD gebrannt. Wir haben daheim solche Videos, das ist für uns eine Methode, Mittel zum Zweck; wenn ich den Kopf nicht frei kriege, funktioniert es immer. Mit meiner Geliebten habe ich Sex im Stehen gehabt, das geht mit meiner Frau nicht, sie ist viel kleiner als ich. Wir machen es uns gegenseitig mit der Hand, es hat lange gedauert, bis ich das überhaupt zugelassen habe, das hat nicht in mein Weltbild gepaßt. Wir haben auch einen Vibrator gekauft, wir probieren das aus.

Es gibt vieles, was anders und neu für mich ist: Im Hotel trinken wir so süßen Sekt, das ist pervers, das würde ich sonst nie trinken, dieses klebrige Zeug, das ist ganz verrückt. Wenn wir uns im Hotel treffen, macht das einfach Spaß. Was mich immer erstaunt, wie sehr diese Atmosphäre, dieser Spannungsbogen sich auswirkt – entsprechend groß ist dann der Fall hinterher. Auf Dienstreise habe ich sie auch mal mitgenommen, ich weiß gar nicht mehr, wo wir waren ... Da hatte ich auch ein Geburtstagsgeschenk für sie, zwei Monate zu spät. Ich habe ihr noch nie was zu Weihnachten geschenkt, ich glaube, aus Berechnung. Doch halt, letztes Jahr hatte ich was für sie, das *Liebhaber*-Buch ... Sie dagegen hatte für mich 100.000 Kleinigkeiten, die hat bestimmt fünf Stunden eingepackt.

Sie war mal 'ne Weile krank. Ich muß mal überlegen, ja, das war ein gebrochenes Bein. Sie wollte zu Hause ein bißchen was aufarbeiten und brauchte dafür Unterlagen, die habe ich ihr gebracht. Wir haben in ihrem Wohnzimmer Sex gehabt. Die Schwiegereltern ein Stockwerk drunter. Das Ganze war etwas beschwerlich mit dem Gips. Ich bin danach ins Auto gestiegen und habe im nachhinein gedacht: Das ist doch nicht wahr.

Und einmal waren wir doch wieder unvorsichtig, so wie bei der Sache mit dem Handy oder der Radar-Geschichte. Wir haben für sie Unterwäsche gekauft. Ganz normale Sachen, die sie zu Hause nicht verstecken muß, Sachen, die sie auch so tragen kann, aber aus so glatten Stoffen. Ich sage ihr dann, sie soll mich schon erwarten in diesen Sachen. Unser Unterwäschekauf bei *Palmers* tauchte auf den Kontoauszügen auf.

Ich merke bei der Arbeit, wie schwierig es ist, mit Frauen umzugehen. Frauen haben schon untereinander Probleme. Die zu lösen, ist unumgänglich, aber das ist ein Minenfeld. Ich habe alle paar Wochen eine Beratungsrunde, die mir körperliche Qualen bereitet – nur mit Frauen. Da sitze ich auf meinem tollen Stuhl hinter meinem tollen Schreibtisch und denke: Hoffentlich ist es bald vorbei. Ich lege den Termin immer extra auf Freitag, 14 Uhr, da ist es nach einer Stunde rum, alle wollen pünktlich ins Wochenende. Regelmäßig kommen Quengeleien auf den Tisch: Da wird zuviel geraucht, Cliquenwirtschaft wird bemängelt – und sagt man was, gilt man als unsensibel. Man neigt dazu, Konflikten aus dem Weg zu gehen. Eine Betriebsratsversammlung verlasse ich nach zwei Stunden als lebende Leiche. Klar, die Opposition hat's immer leichter.

Ich habe in der Firma einen Freund, der hat auch ein Verhältnis im Betrieb. Das habe ich von meiner Geliebten erfahren. Da habe ich ihn zum Mitwisser gemacht, damals war ich noch nicht Chef, als Chef findest du in der Firma keine Freunde mehr. Mein bester Freund wohnt woanders, er ist Pate unserer Kinder, er ist mein Trauzeuge, mit ihm kann ich darüber nicht reden, ich kann das nicht. Unsere Kinder sind zehn und sieben und fünf, er hat letztes Jahr geheiratet, und sie hatten Probleme, Kinder zu bekommen. Beim Tapezieren haben wir darüber geredet, von Mann zu Mann. Das geht. Aber über meine Geliebte reden, das geht nicht. Frauen erzählen sich mehr.

Meine Frau und ich haben für unsere lange Ehe relativ kleine Kinder. Wir waren lange fremdbestimmt durch die Kinder, jetzt wird das langsam wieder anders, das ist mir positiv aufgefallen. Das Leben wird allmählich wieder wie früher, wir gehen ins Kino, sind freier. Die Kinder sind selbständiger, und wir haben mehr Freiheiten. Meine Frau hat das gut im Griff.

Es gibt zwei Sorten Frauenlebensläufe: die einen kriegen früher Kinder, die anderen später. Die, die früher Kinder kriegen, begeben sich früher in die Fremdbestimmung. Aber so ist das in den Familien mit Männern und Frauen. Mir ist es wichtig, daß man es gemeinsam schafft, einen Wert weiterzugeben: eine vernünftige Perspektive für die Kinder. Das kriege ich mit meiner Frau hin.

Meine Frau und ich unternehmen viel zusammen, wir machen Ausflüge, haben unseren Sport. Wir reden viel miteinander, auch über die Arbeit meiner Frau. Sie arbeitet im Bauamt. Ich berate sie gerne, wie sie mit ihrem Chef reden soll, damit es so läuft, wie sie will. Da kann ich meinen Führungsstil aus der Firma nicht ablegen, gebe ich zu. Meine Frau und meine Kinder sagen manchmal: Hör auf mit deinen Chefsprüchen. In der Firma ist es so 'ne Art Rollenspiel, Verantwortung tragen, Vorbild sein, die Schiene: rational sein, knallhart sein. Das kann ich zu Hause nicht einfach ablegen, da treffe ich schon mal Zielvereinbarungen mit den Kindern.

Ich rede mit meiner Frau auch viel über die Firma. Wenn du 200 Mitarbeiter hast, hast du von jeder Sorte einen dabei, einer hat Eheturbulenzen, der andere Alkoholprobleme, da bilden sich Grüppchen und Cliquen, davon erzähle ich auch. Ich habe auch von ihr erzählt, da ging's um Alkohol, um ihren Mann, ich weiß auch nicht, wieso ich das erzählt hab'.

Meine Frau hat ansonsten Distanz zur Firma, sie ist selten bei Veranstaltungen dabei, weil es ihr da immer zu fachspezifisch zugeht. Privat treffen wir uns aber durchaus mit Kollegen, mit Kollegen aus anderen Firmen, auf gleicher Hierarchieebene. Ich versuche, mein Privatleben aus der Firma rauszuhalten, man gibt so schon soviel von sich preis, es belastet einen.

Ich habe vor vielen Jahren mal mit meiner Frau übers Fremdgehen gesprochen, sie hat gesagt: »Erzähl's mir einfach nicht.« Es war ja nur rein theoretisch. Ich bin der festen Überzeugung, sie will es nicht wissen. Wenn meine Frau dahinterkäme und ich ihr dann erzählen würde, wie böse ich zu meiner Geliebten bin, sie würde mich für ein Schwein halten. Gelegentlich denke ich darüber nach, was wäre, wenn es rauskäme, aber es belastet mich nicht, weil es mich nicht belastet. Komische Begründung, nicht? Ich denke, daß meine Geliebte unser Leben nicht gefährden will. Und ich glaube, daß wir alle insgesamt glücklich sind.

Meine Frau war ja wie gesagt meine erste. Es gibt so was wie Lebensabschnittsgefährten, in bestimmten Phasen ihres Lebens stehen Frauen auf Langweiler, mit denen können sie Kinder kriegen, eine Familie haben. Wenn das durch ist, kommt der Latin Lover. Ich denke, meine Frau, wenn die den Richtigen trifft, hüpft die auch ins Bett. O ja, man denkt schon mal drüber nach, ob die eigene Frau vielleicht auch ... Ich denke da pragmatisch: Meiner Frau fehlt es an Gelegenheit. Ich habe Gelegenheiten ohne Ende. Sie hat räumlich eine kleine Umgebung, wir leben hier in einer Kleinstadt, da bist du bekannt wie ein bunter Hund.

Ich bin sicher, irgendwann kommt meine Frau auf die Idee, daß sie alleine in Urlaub will. Man muß sich doch Erinnerungen schaffen, wovon man zehren kann. Den Familienurlaub verbringen wir am liebsten bei Verwandten in der Eifel auf dem Bauernhof. Ich war mit Kollegen letztes Jahr kanuwandern, ich dachte, ich spinne, als ich mich angemeldet habe. Die ersten Tage waren toll, ich war total euphorisch. Ich war zwar nicht ganz vorne dabei, es war mörderisch anstrengend. Und am letzten Tag dachte ich, ich schaff' es nicht mehr. Ich habe aber doch durchgehalten und kam total k.o. im Ziel an – das Gruppenfoto, wir alle total abgeschlafft, habe ich mir im Büro an die Wand gehängt.

Vielleicht kommt irgendwann ein Neuer für meine Geliebte. Wenn man Entscheidungen erzwingen will, kommt meistens irgendwas von außen. Ich ziehe mich im Moment zurück. Ich habe auch schon zu ihr gesagt: »Such dir doch 'nen anderen, der mehr Zeit hat.« Es ist emotional ein starkes Ungleichgewicht zwischen uns, es ist aus der Balance. Kompliziert wird es zusätzlich durch die Nähe in der Firma. Ich bin ihr Chef, das ist ohnehin schwierig. Jetzt habe ich zusätzlich die Probleme mit den Entlassungen, wo auch sie betroffen sein könnte. Sie gibt mir auch in der Firma Alltag und Vertrautheit, das darf man nicht vergessen. Das meiste zwischen uns geht per Mail, sie schreibt sehr amüsant und anregend. Das ist angenehm, das trägt für mich auch zum Wohlfühlen in der Firma bei, das gehört dazu. Komisch, bei dieser Mailerei habe ich keine Angst, wir sind damit immer sehr vorsichtig, die Nachrichten gehen verschlüsselt von Computer zu Computer, wir löschen sie gleich, da kann nichts rauskommen. Manchmal schickt sie mir auch keine Mails, ich mache dann auch einfach nichts.

Ich weiß auch nicht, warum es nicht zu Ende geht. Vielleicht will ich es einfach nicht. Die Motivation war ursprünglich der Sex. So direkt, wie die mich angesprochen hat. Wenn wir jetzt zusammen auf der Messe sind, will sie hinterher noch kuscheln. Ich will schlafen, alleine in meinem Zimmer. Einmal hat sie mich angerufen, ich habe gesagt, nee, ich komm' jetzt nicht. Ich wollte mich emotional nie einlassen. Ich habe auch schon zu ihr gesagt: »Ich muß in 'ner halben Stunde wieder weg«, obwohl es nicht stimmte. Wenn sie wüßte, sie wirft mir ja auch schon vor, daß ich sie nicht anrufe. Oder sie schickt mir Mails, die mir auf die Nerven gehen: Sie beschwert sich, daß ich sie in der Firma nicht ankucke, wenn wir uns in der Kantine treffen. Ich glaube sogar, daß sie recht hat. Das ist alles Trotz bei mir. Die Sicht der Frauen und Männer ist unterschiedlich. Das Schlimmste ist dieses Sich-in-mein-Leben-Drängeln, das Besitzergreifende. Furchtbar, solche Sätze wie »Im Moment stehe ich auf deiner Prioritätenliste ganz unten.« Jo, ist so. Manchmal frage ich mich, was, Freund, haste denn gemacht mit ihr? Wenn Schluß wäre, würde ich die nächste Gelegenheit nicht suchen. Bei meiner Geliebten war es ja auch so: Ich wurde gesucht. Sie sagt, es war nicht aus Mangel an Gelegenheit, daß sie vorher keine Affären hatte. Ich weiß nicht, warum ich es nicht beende. Irgendwas wird passieren. Allein der Gedanke, wenn ich wüßte: So bleibt es jetzt alles. Bevor ich in die Firma hier gewechselt bin, habe ich immer aus dem Fenster geguckt und mich gefragt: Wann kommt was Neues, wo bleibt die Spannung? Ich glaube, ein Ende wäre für sie schlimmer als für mich.

Justus, 45, Anwalt und Hobby-Seelsorger

Ich wußte: Die ist es

Oder: Ich warte auf dich

Auf die Idee, daß dieser seriöse Anwalt privat voll und ganz seinem Bauch und seinen Gefühlen traut, käme wohl keiner seiner Mandanten. Und daß er bereit ist, für seine – noch gebundene – Liebste auch Warten und einsame Stunden in Kauf zu nehmen, würden die wenigsten verstehen. Große Liebe in einer kleinen Stadt ...

Warum ist ein Mann bereit, fünf Jahre, zehn Jahre, notfalls auch zwanzig, auf eine 15 Jahre jüngere Frau zu warten? Sie mögen mich für verrückt halten. Ich bin 45, als ich Franziska kennenlernte, war ich immerhin auch schon 43 und erwachsen genug, aber es war für mich Liebe auf den ersten Blick. Sie hat ein Kind und ist verheiratet – das war ich auch zweimal, und meine dritte Scheidung läuft gerade. Immer habe ich etwas gesucht, das ich jetzt gefunden habe, und darum werde ich warten und Franziska die Zeit geben, die sie braucht, zu mir zu kommen. So lange bin ich ihr Liebhaber.

Ich habe letztes Jahr, im April, Mai, versucht auszubrechen, über eine Annonce in der Zeitung. Franziska hat mich ermutigt, eine andere Beziehung zu suchen. Sie hat gesagt, sie sieht keinen Weg für uns. Ihre Tochter ist neun, mit ihrem Mann ist sie seit zehn Jahren zusammen. Meine Freunde sagen: »Du spinnst, in 20, 25 Jahren gibt sie dir sowieso den Laufpaß«, aber das ist mir egal, alles ist gut so, ich möchte das alles so.

Um die noch folgenden Dinge zu verstehen, muß man bei meiner letzten Ehe anfangen. Mit Marion hat ein neuer Lebensabschnitt angefangen. Ich wollte Marion unbedingt haben, weil sie viele Eigenschaften hatte, auf die ich Wert lege. Die vorige Frau war Alkoholikerin, wie sich in unserer Ehe herausstellte. Sie wollte sich nicht helfen lassen. Marion ist fürsorglich, häuslich, sie ist eine tolle Mutter. Sie ist selbst ohne Mutter groß geworden, jetzt will sie bei ihren Kindern alles gut machen. Marion sah wirklich gut aus, und wir hatten guten Sex. Das war mir überaus wichtig, ich habe immer gesagt: »Ich liebe mein Leben, Arbeit ist nicht alles, Zeit ist viel mehr, und das Wichtigste ist guter Sex.« Das haben mir manche zum Vorwurf gemacht, Freunde, Anwaltskollegen, denen war ich suspekt. Auch dem Familientherapeuten, bei dem ich mit meiner Frau Marion war. Ich habe nur immer zurückgefragt: »Warum soll ich nicht im Leben den Spaß haben, den ich haben kann?« Wenn es nur um Sex ginge, hätte ich nie heiraten müssen. Ich habe mit so vielen Frauen geschlafen, bei 100 habe ich aufgehört zu zählen.

Für mich hat am Anfang alles gepaßt mit Marion – bloß für meine Frau nicht, sie wollte mich nicht wirklich, sie hat mich wahrscheinlich innerlich abgelehnt. Ihre zwei großen und auch ihre kleine Tochter haben mich auch irgendwie zurückgewiesen. Ich hatte Marion am Anfang unserer Beziehung gesagt: »Ich will alles tun, damit ich dich kriege.«

Ich habe zum Beispiel meine Hobby-Aktfotografie eingestellt. Ich habe aufgehört, Menschen, die ich mag, gleich das Du anzubieten, meine Frau mochte das nicht. Das mach' ich jetzt einfach mal wieder, wollen wir du sagen? Justus. Eine der ersten Sachen, die Marion und ich zusammen gemacht haben: Wir sind für mich einen Anzug kaufen gegangen. Wirklich. Marion war der Meinung, daß ich mich nicht richtig anziehen konnte. Ich wollte bei Marion am Anfang dreimal am Tag Sex, das habe ich mit der Zeit auf zweimal, einmal die Woche runtergeschraubt. Zum Ausweichen habe ich zur Selbstbefriedigung gegriffen. Marion hat das nicht verstanden. Ich habe versucht, ihre übergroß werdende Mutterliebe zu verstehen. Was sagst du, wenn dir deine Frau sagt: »Am besten wäre es, wenn wir Frauen Kinder ganz alleine, ohne Männer kriegen könnten, Väter braucht man eigentlich nicht.« Es ist sicher typisch weiblich, daß erst die Kinder kommen, dann der Mann, aber Marions Ansicht war absurd, allein, auf so eine Idee zu kommen.

Sicher habe ich Marion auch Sachen abgerungen, zum Beispiel, daß die Kinder zunehmend selbständiger wurden, ich wollte, daß sie ab einem bestimmten Alter allein verantwortlich sind für die

Ordnung in ihren Zimmern, Marion wollte immer nachgeben und helfen. Ich habe immer die Urlaubsplanung in die Hand genommen, meine Frau ist einfach nur mitgefahren. Sie wäre einfach spontan losgefahren. Mir war das Schönhaben wichtig, und das muß man planen. Sie hat immer gesagt: »Das hast du gut gemacht«, aber es war schwierig mit ihr. Die ersten vier Jahre habe ich mit Marion ohne Trauschein zusammengelebt. Dann habe ich mich und sie verraten – um eine Stelle zu kriegen als Jurist bei der Kirche, habe ich Marion geheiratet. Ich wußte, daß geordnete Familienverhältnisse erwünscht waren, und geordnet hieß: heiraten.

Es gab zunehmend Querelen mit Marion. Ich hatte immer viele Freundinnen und Freunde, ich habe gerade neulich mal nachgezählt, aktuell sind es zehn Freundinnen und fünf Freunde. Das war immer so, daß es mehr Frauen waren. Marion hatte Probleme mit diesen Frauenfreundschaften, sie war von Anfang an sehr eifersüchtig. Das erste Mal weiß ich noch ganz genau: Marion hat mir hinterherspioniert, und sie hat gesehen, wie ich die Freundin mit einem Küßchen auf die Wange verabschiedet habe. Marion hat sonstwas draus gemacht. Das war gleich im ersten Jahr unserer Beziehung, da hätten schon die Alarmglocken klingeln müssen. Haben sie aber nicht. Und in der Ehe wurde es eher schlimmer mit der Eifersucht, Marion hat auch versucht, Franziska auf diese Weise zu verbieten und zu erledigen.

Es ging lange trotz allem ganz gut mit Marion, meine Arbeit als Jurist füllte mich aus, ich verstand meine Aufgabe nicht nur als Rechtsbeistand, sondern sah mich auch als Vertrauensperson, ich war irgendwann anerkannt und akzeptiert, auch wenn ich von meinem direkten Vorgesetzten angefeindet wurde. Aber dann habe ich mich bei ehemaligen Studienkollegen in eine Kanzlei eingekauft, bin Sozius geworden, weil wir dachten, wir hätten die todsicheren Aufträge. Meine Frau hat sich zu der Zeit ebenfalls selbständig gemacht, mit häuslicher Krankenpflege. Die Welt schien mir in Ordnung, weil ich keine Zeit hatte nachzudenken, man mußte einfach machen. Ich hatte das Gefühl, es geht vorwärts.

Dann kam die große Pleite: bei mir durch die Rezession, bei Marion durch die Sparmaßnahmen im Gesundheitswesen. Marion und ich haben in der Zeit zusammengestanden und alles gut gemeistert. Manche wären wahrscheinlich unter gegenseitigen Schuldzuweisungen zusammengebrochen. Bald kam es aber wirklich ganz übel: In der Kanzlei brach der wichtigste Klient durch Konkurs weg und mit ihm die Einnahmen. Unsere Kredite, die waren ausgerichtet auf andere Einnahmehöhen! Ich habe gemerkt, daß die Schraube immer fester angezogen wird, 1999 kam der Knackpunkt, ich habe gemerkt: Das verkraftest du nicht mehr.

Ich hatte die ganze Zeit über keine Kompensationsmöglichkeiten mehr, früher wäre das Sex gewesen, aber durch die Selbstbefriedigung war das nur eingeschränkt möglich. Ich habe damals meine Frauenfreundschaften, die ich ja auch sehr eingedämmt hatte, wieder aufleben lassen, wohlgemerkt, ich sage Freundschaften, nicht Liebschaften. Obwohl, eine Liebschaft gab es schon: Ich habe mich als Liebhaber benutzen lassen. Marlis hatte per Annonce einen Liebhaber in einer festen Beziehung gesucht, wir haben zwei-, dreimal miteinander geschlafen. Ich war damals nicht bereit, mich aus der Beziehung mit meiner Frau zu lösen. Die Liebschaft habe ich dann gelassen, weil ich mich dabei schlecht gefühlt habe. Ich mußte zu viel notlügen. Ich hatte zwar Übung, weil ich ja sogar für meine platonischen Frauenfreundschaften bei Marion lügen mußte, aber Lügen ist gegen meine Überzeugung. Ich war froh, als die Heimlichtuerei mit Marlis zu Ende war.

1999 habe ich versucht, bewußt noch mehr zu arbeiten. Es dauerte nicht lange, und ich hatte ein Burn-out-Syndrom. Ich merkte, daß ich immer weniger Freundschaften hatte, ich habe immer weniger geschlafen. Nach dem Burn-out habe ich meine Arbeitszeiten geändert, habe wieder meine Freizeit geplant und mir Freiräume geschaffen. Wir sind außerdem umgezogen, endlich war mein Wohnort von meinem Arbeitsplatz getrennt. Vorher hatten wir jahrelang alles unter einem Dach: die Kanzlei, Marions Station, die Wohnung. Die Kanzlei lief wieder, eigentlich hätte alles richtig gut sein können, Marion und ich hatten auch eine kurze, gute Zeit. Aber dann war es letztlich so, daß Marion durch zuviel Arbeit völlig erschöpft war. Ich hatte ihr zugeredet, einen zweiten Pflegedienst in der Nachbarstadt aufzumachen. Nun mußte sie noch mehr Mitarbeiter anleiten, dazu kam ihre ehrenamtliche Arbeit in der Kirchengemeinde. Ich habe nicht gemerkt, daß sie überfordert war.

Weihnachten war sie völlig runter. Das hatte ich ja auch schon kennengelernt, aber ich war nie so völlig runter, daß ich nicht mehr reden konnte, keinen Sex mehr wollte. Erst hatten wir noch einmal die Woche Sex, dann alle 14 Tage. Das war mir einfach zu wenig. Ich war oft in der Bittstellerposition. Ich habe mir solche Mühe gegeben, Kerzen aufgestellt, eine schöne Flasche Wein aufgemacht. Daß sie nicht wollte, konnte ich nicht nachvollziehen und verstehen. Ich habe mich permanent schlecht gefühlt. Wenn du meistens abgewiesen wirst, holst du dir irgendwann woanders deine Selbstbestätigung. Ich habe eben diese Frauenfreundschaften gepflegt, du, das gab dann Ärger. Für mich war das wichtig zu merken: Da sind noch welche, da ist noch jemand, der sich für dich interessiert, der dich nimmt, wie du bist. Wie gesagt: alles rein platonisch, meine Sexprobleme habe ich über Selbstbefriedigung gelöst.

Ende 2000 hatte ich eine Star-Operation. Meine Frau hat hinterher gefragt: »Haben die was falsch gemacht? Du bist so anders.« Da liegst du zwei, drei Stunden nach der OP völlig benommen, das ist ein sehr merkwürdiges Gefühl. Ich lag da, und mir gingen Sachen durch den Kopf wie: Wenn du jetzt für immer blind wärst, könntest du dann sagen, daß du glücklich gelebt hast, daß du zufrieden bist? So ein Unfall, bei dem du das Augenlicht verlierst oder gelähmt bleibst, kann jeden Tag passieren – und was hätte ich dann aus meinem Leben zuvor gemacht? Jedenfalls habe ich meine Frau gleich, nachdem die Augenbinde ab war, angerufen: »Ich liebe dich, ich möchte aber, daß wir ab heute wieder anders miteinander umgehen und uns näherkommen.« Meine Frau sagte: »Ich weiß gar nicht, was du meinst.« In den nächsten Tagen verstieg sie sich sogar zu der Behauptung: »Du willst ja nur deine Freiheit und wild durch die Gegend bumsen.« Wir hatten schon vorm Urlaub einen großen Streit.

Den Urlaub wollten wir eigentlich lange geplant mit Marions Freundin Rita, ihrer großen Tochter Sonja und dem einjährigen Sohn in einem großen Ferienhaus an der Ostsee verbringen, aber meine Frau bestand plötzlich darauf, daß unsere große Tochter Anne und ihre kleine Tochter, unsere Enkelin, mitkommen. Wieder ganz die Übermutter. Für mich war von vornherein klar, daß das Streit gibt, Rita erzieht Tobias recht streng, und Anne ist recht frei mit Josi. Rita und Anne sind sich prompt in die Haare geraten, Marion hat sich auch eingemischt. Ich habe nur gesagt: Das bringt nichts, an den Erziehungsmethoden der anderen rumzukritteln, in ein paar Tagen ist wieder jeder für sich und muß mit seinem Kind klarkommen. Rita ist mit Tobias vorzeitig abgereist. Ich habe Anne im Urlaub von unserer Ehe erzählt, wie frustriert ich bin, daß ich nicht mehr weiß, was ich machen soll. Meiner Frau hat das überhaupt nicht gefallen, sie hat das natürlich später mitgekriegt. Ich habe mich nach dem Urlaub noch ein paarmal mit Anne getroffen und mit ihr geredet, aber irgendwann wollte sie nicht mehr. »Laß mich damit in Ruhe, das ist euer Problem«, hat sie gesagt.

Damals habe ich Franziska kennengelernt. Ausgerechnet bei der Geburtstagsfeier von Anne. Franziska ist Annes Freundin. Eigentlich war es bei mir Liebe auf den ersten Blick, als ich Franziska bei diesem Geburtstag gesehen habe. Sie hatte so ein Strahlen in den Augen, das mich völlig faszinierte. Es ist bis heute so: Wenn sie mich ansieht, fange ich an zu zittern und vergesse den Rest der Welt, da ist alles andere unwichtig, ob sie dick oder dünn, braun oder blond ist. Ich hab' mal gesagt, sie könnte sich auch Pech ins Gesicht schmieren, ich würde sie trotzdem lieben für diese Augen, den wahnsinnig guten Sex und noch ganz viele Gemeinsamkeiten. Nun, ich sah damals diese Augen ... Das gibt es doch, dieses Kribbeln, du weißt: Die oder der ist es. Wir haben kaum ein paar Worte gewechselt, uns aber sehr intensiv angesehen.

Anne hat ein paar Wochen später vermittelt, daß Franziska zu mir in die Kanzlei kam. Sie kam und wußte schon alles über mich, meine Ehe und überhaupt. Sie kam im Februar 2001. Erst ging es nur um eine Erbschaftssache, dann auch um sie und ihre Eheprobleme. Da wirkt bei mir offenbar das Seelsorgerische, die Menschen merken, daß ich so eine Ader habe, und öffnen sich sehr schnell. Ich habe ihr damals schon gesagt: »Ordne dich nicht unter, mach den Mund auf, dein Mann ahnt nicht, was du willst, du mußt es sagen.« Ich habe sie zur Familienberatung vermittelt. Die hat die gleichen Hinweise wie ich gegeben, Franziska muß sich besser durchsetzen, ihre Persönlichkeit entwickeln. Franziska wäre nicht mehr da, in dieser Beziehung, wenn ich ihr nicht geholfen hätte.

Bis Mai hatten wir uns nur in der Kanzlei gesehen, dann haben wir uns zum Essen und Reden verabredet. Franziska wußte ja auch recht genau Bescheid über meine Ehe. Einmal hat Rita uns im Lokal gesehen und das Marion erzählt. Wir haben die Stunden nur gegessen und geredet, aber Marion hat sonstwas gedacht und mir die Hölle heiß gemacht. Für sie und Rita ist Franziska jetzt sowieso die Böse, die meine Ehe auseinandergebracht hat.

Früher hätte ich Rücksicht genommen, aber diesmal habe ich meiner Frau gesagt: »Ich werde mich weiter mit Franziska treffen.« Damals gab es das erste Handgemenge. Daß Frauen Männer schlagen, kommt öfter vor, als man denkt, die Dunkelziffer ist extrem hoch, das ist den meisten Männern unendlich peinlich, da redet keiner drüber. In meiner Kanzlei kriege ich das öfter zu hören. Es ist ja auch nicht verwunderlich, daß Männer damit nicht klarkommen, denn sie werden zur Stärke erzogen.

Mit Franziska habe ich mich in der Folgezeit fast jede Woche dienstagabends getroffen. Als sie dann regelmäßig bei der Familienberatung war, weniger, nur noch alle zwei Wochen. Wir haben uns damals gegenseitig geholfen, bald hatten wir überhaupt keine Geheimnisse mehr voreinander. Ich war damals kurz vorm Selbstmord, der Beruf, die Ehe, das hatte mir alles zugesetzt. Ich hatte mir schon alles genau überlegt, denn es war mir wichtig, daß derjenige, der mich findet, und es findet dich zwangsläufig einer, nicht einen Schock fürs Leben davonträgt. Franziska hat mir aber sehr deutlich gemacht: »Es lohnt sich doch für diesen Ärger nicht, das Leben wegzuschmeißen.«

Sie hat mich damals auch zu sich nach Hause eingeladen. Ich habe Dirk kennengelernt, ihren Mann. Zu seiner Betriebseröffnung habe ich sogar das Spanferkel gegrillt, da war er noch nicht eifersüchtig. Eigentlich verdankt meine Frau Franziska, daß ich noch lebe.

Im Sommer hatte ich dann dieses Psycho-Wochenende, das ich mir schon lange vorgenommen hatte. Mir blieb als Erkenntnis: Jetzt nehme ich mein Leben selbst in die Hand, und zwar so und so und so und so. Mit meiner Frau ging ich weiter zur Familienberatung, ich habe mir ein letztes Mal Mühe gegeben, die Ehe aufrechtzuerhalten. Ohne das Wochenende hätte ich die folgenden Wochen nicht überstanden. Meine Frau wurde immer gewalttätiger, das ist derart schrecklich, für mich kam damit der endgültige Bruch. Im August zog Marion aus, wieder in die Räume über der Pflegestation.

Seit November habe ich meine Beziehung zu Franziska so intensiviert, daß wir ein Liebespaar sind. Ich möchte diese Liebe soweit wie möglich ausleben, trotz ihrer Ehe. Sie hat leider sehr wenig Zeit, muß viele Verpflichtungen übernehmen, so daß wir uns nur einmal die Woche sehen. Weihnachten allerdings war ein richtiges Fest für mich, sie hat es geschafft, daß wir uns jeden Tag treffen konnten. Am Tag vor Heiligabend waren wir sowieso verabredet und saßen dann bis Mitternacht zusammen, so daß ich sie am 24. auch gesehen habe, ich habe sie um halb zwei nach Hause gebracht. Am ersten Weihnachtstag waren wir zusammen in der Kirche, und als ich nach Hause wollte, hat Franziska gesagt: »Nee, nee, du solltest doch mit zum Kaffee kommen.« Für Dirk war das in Ordnung.

Abends, am zweiten Weihnachtsfeiertag, rief sie an, ihr Mann war überraschend in die Firma gefahren, die Tochter wollte ins Bett und sagte zur Mutter: »Warum rufst du nicht Justus an und trinkst mit ihm Wein?« Das war mein schönstes Weihnachtsfest seit Jahren. Diese Tochter ist sowieso ein Phänomen, sie spürt genau, wie sehr ich ihre Mutter mag. Kuck mal, hier habe ich ein Foto von den beiden.

Dirk und Franziska schlafen schon seit zwei Jahren nicht mehr miteinander, bei den beiden war sowieso immer wenig Sex, nur im ersten Jahr lief viel. Franziska ist nicht nymphoman, aber sie braucht Sex. Und wir beide erleben unsere Sexualität und Liebe als Mysterium. Für sie ist innerlich völlig klar: Ich bin ihr erster Mann. Aber sie wird Dirk nicht verlassen, wegen der Tochter, die hängt sehr an ihrem Vater, und Franziska will ihr auf keinen Fall kaputte Familienverhältnisse zumuten, wie viele Eltern es tun. Sie sagt: »Warum müssen die Kinder es immer so machen, wie die Eltern wollen, ohne selbst mitbestimmen zu können?«

Ich habe lange drüber nachgedacht, wie man die Situation ändern kann, aber es hat keinen Zweck. Es nützt nichts, ihr Druck zu machen. Wenn ich es tue, geht es ihr noch schlechter. Gut, daß die Tochter weiß, wieviel mir ihre Mutter bedeutet. Sie hat zwar ein bißchen ein Problem damit, daß ich 15 Jahre älter bin als ihre Mutter, aber was soll man da machen. Ich kann mit ihr reden. Sophie versteht es, wenn ich ihr sage: »Ich liebe deine Mutti – wenn sie mal frei sein sollte, würde ich mich gerne mit ihr zusammentun.« Sophie ist natürlich bei alldem am wichtigsten, daß sie nicht umzieht, wegen der Schule, der Freunde und dem schönen Haus.

Franziska hat nie die Liebe gekriegt, die sie verdient hätte. Von ihrem Mann nicht, von ihren Eltern nicht. Zu denen hat sie gar keinen Kontakt mehr. Ihr Vater hat sie mißbraucht, die Mutter hat ihr nicht geglaubt. In der Ehe mit Dirk mußte sie alle ihre Freundschaften beenden, weil die Dirk alle nicht gepaßt haben. Franziska muß für ihr Leben heute Strategien lernen, ihre Probleme besser zu bewältigen.

Natürlich haben Franziska und ich schon drüber gesprochen, ob wir nicht mit Dirk offen reden können, daß er die Situation so akzeptiert, wie sie ist. Dafür müßte er sie natürlich kennen. Franziska ist sich sicher: Er würde sie rausschmeißen. Ich denke, also wir vermuten, daß er auch 'ne Freundin hat. Er steckt aber bei Franziska einfach den Kopf in den Sand, typisch Mann, Vogel-Strauß-Politik, darauf sind Männer geeicht, sie werden dazu erzogen, nicht unbedingt durch die Eltern, da kann man viel machen, aber die Schule, die Gesellschaft, das wirkt. Da kannst du als Eltern mit deinen Söhnen reden und machen und tun, da kriegst du nichts geändert.

Franziskas Verhältnis zu mir ist ganz anders als das zu ihrem Mann. Wir sind uns beide ganz sicher, daß wir den Rest unseres Lebens gemeinsam verbringen möchten. Wir haben so viele Gemeinsamkeiten. Zum Beispiel Auseinandersetzungen, wie wir die angehen, das ist so angenehm, das habe ich noch nie mit einer Partnerin erlebt. In der Regel sind das doch Machtspielchen, die da ausgetragen werden. Worüber streitet man denn tatsächlich? Wir haben gemerkt: Meist sind es doch nur Mißverständnisse, die man klären muß. Jeder spricht seinen Anteil aus, und alles ist geklärt. Sexuell können wir wunderbar miteinander. Franziska und ich, wir sind beide sehr romantisch veranlagt. Klar, ich mag so das Übliche, viele Kerzen, Wein, ich sehe gerne gefühlsbetonte Filme, Franziska mag, genau wie ich, Reisebeschreibungen und Biographien. Wir gehen beide gerne zum Schwimmen, und ich fange jetzt tatsächlich noch an zu tanzen. Ich mache einen richtigen Kurs, für Anfänger, und es geht ziemlich gut.

Es ist für mich das erste Mal im Leben, daß ich eifersüchtig bin, auf alles und jeden in Franziskas Leben. Auf die Zeit, die sie allein ist, die sie mit Dirk verbringt. Natürlich versuche ich, diese Eifersucht unter Kontrolle zu halten. Eigentlich müßte ich glücklich und zufrieden sein, so wie es ist. Ich kann frei schalten und walten, habe eine tolle Liebhaberin. Verrückt, eine 15 Jahre jüngere Liebhaberin mit Kind. Ich weiß, ich liebe Franziska samt Tochter, für die bin ich der liebste Onkel. Hier, bei mir schläft sie durch. Sie hat keine Angst und schlafwandelt nicht.

Dem Verstande nach weiß ich natürlich: Das ist eine ungünstige Konstellation. Wenn ich über alles nachdenke, wehen mich manchmal durchaus Zweifel an. Wegen der großen Verantwortung, die ich für Franziska und ihre Tochter übernehme. Doch ich weiß: Wenn sie eines Tages mit mir zusammenlebt, werde ich die Verantwortung für diese zutiefst verletzte Seele gern übernehmen. Ich frage mich manchmal auch: Was ist in 20 Jahren? Dann bin ich Rentner und Franziska mit 50 noch in der Blüte ihres Lebens. Und wenn ich allein bin, hadere ich manchmal mit meinem Schicksal: Warum haben wir uns nicht eher kennengelernt? Wie kann ich diese Einsamkeit, ohne ihre Haut zu berühren, ohne ihre Zärtlichkeiten, ertragen. Wenn sie ein Treffen absagt, bricht für mich eine Welt zusammen, deshalb habe ich mir abgewöhnt, mich auf unsere Treffs zu freuen, ich freue mich erst, wenn sie wirklich da ist. Du siehst: Auch wenn ich schon zweimal verheiratet war, überhaupt viele Frauen kannte, viele Frauen hatte, man denken könnte: ein Macho, bin ich sicher ein untypischer Mann, denn ich rede lieber mit Frauen über Gott und die Welt als mit Männern über Fußball, Zoten, Geld und Autos.

In meinen anderen Beziehungen dachte ich, die Frauen bis an den Rest meines Lebens zu lieben. Der Unterschied zu heute ist: Früher mußte ich immer Kompromisse machen in einem Maße, die einen Teil meiner Persönlichkeit verändert haben. Bei Franziska mußte ich bisher keinen einzigen Kompromiß machen. Bei Marion war der Kompromiß: nicht soviel Sex. Mit Franziska war Sex von Anfang an eine völlig harmonische und natürliche Gegebenheit, er war nur die Abrundung, als wir ohnehin schon sehr vertraut miteinander waren. Gott sei Dank gab es nach unserem ersten Mal keine ernüchterte Landung.

Ich würde Franziska nie betrügen. Sonst wußte ich immer: Paß auf, es gibt bestimmte Situationen, da kann es passieren. Bei Franziska würde ich mir so mies und schlecht vorkommen, wenn ich diese tolle Liebe schmutzig machen würde. Franziska ist meine Traumfrau, äußerlich nicht so 100prozentig, aber das ist ja nicht das Wichtigste.

Meine Frau hat mir bittere Vorwürfe gemacht wegen Franziska, daß da überhaupt was angefangen hat, schließlich sei sie als Mandantin zu mir gekommen, ich hätte da Fürsorgepflicht. Meine Frau wollte die Scheidung. Gut so. Franziska wäre die einzige Frau, für die ich noch mal zum Standesamt ginge.

Es gibt einige Voraussetzungen für eine gleichberechtigte Beziehung, die ich mir im Laufe der Jahre zusammengesucht habe, willst du sie hören? Also: sich wirklich kennen, Zuneigung und Bewunderung füreinander empfinden, Verbundenheit bewahren, Einfluß zulassen, einfache Probleme lösen, mit unüberwindlichen Konflikten leben, einen gemeinsamen Sinn des Lebens haben, Bereitschaft zur Selbstaufgabe, ohne daß die jemals eingefordert wird, Fehler des anderen nicht als gegen sich gerichtet sehen.

Franziska verdanke ich sozusagen noch eine Erfahrung: wie es ist, wenn eine Beziehung unfrei, einengend ist. Das kam so: Franziska sagte vor gut einem Jahr: »Versuch doch, eine neue Freundin zu finden, bevor du ewig auf mich wartest ...« Ich hatte zwei, drei flüchtige Bekanntschaften, dann die Helga, mit der ich es letztes Jahr im Frühjahr auf die Anzeige hin versucht habe. Ich habe aber gemerkt, daß diese Frau die Eigenschaften hat, derentwegen ich mich momentan von meiner Frau scheiden lasse. Es ist dieses Einengen, Einquetschen in vorgefertigte Meinungen oder Ansichten: »Du hast das und das zu machen ...« Ich bin Anwalt und Seelsorger mit Leib und Seele, und wenn Ratsuchende am Samstag vor der Tür stehen, dann ist das eben so. Bei mir dauern Termine auch schon mal eine Viertelstunde, eine halbe Stunde länger als nötig. Pfingsten letztes Jahr war ich zu Hause bei einem Gemeindemitglied und kam Helgas Meinung nach nicht schnell genug zurück – da hat sie sich einfach ins Auto gesetzt und ist losgefahren, weg. Ich habe angerufen, versucht, das wieder einzurenken. Irgendwann war es dann aber überhaupt genug, ich habe gesagt: »Das brauch' ich nicht, das muß ich mir nicht antun.«

Daphne Rose Kingma, eine kluge Frau, hat einmal gesagt: »Liebe ist das Gegenteil von Besitzdenken, Machtstreben und Unterdrükkung. Sie wissen, daß Sie von Liebe umgeben sind, wenn Sie sich in der Lage fühlen, alles zu sein, was Sie sein können.« So ist es. In fünf Jahren oder zehn wird Franziskas Tochter aus dem Haus sein. Ich würde auch 20 Jahre auf Franziska warten, wenn nötig. Franziska sagt ja selbst: Vielleicht geht es schon, wenn die Große eine Lehre hat, also vielleicht nur noch fünf Jahre. Ich finde das schön, vor einiger Zeit hat sie noch gesagt: »Warte nicht auf mich.« Du hast ja sicher gemerkt, daß ich gläubig bin. Gott zeigt uns Wege, die wir gehen sollen, ob wir es tun, liegt an uns. Liebe darf alles – daran sollten wir glauben.

Thomas, 36, Disponent

Mein Zuhause ist so eng

Oder: Trenn dich – für dich!

Thomas, leitend beschäftigt in einem Möbelhaus, hat seit anderthalb Jahren ein Verhältnis mit Marianne, 44, die er über ihre Annonce kennengelernt hat. Geplant war etwas anderes als das, was er jetzt in ländlicher Umgebung erlebt.

Ich habe in einem Zeitungsartikel über das Buch *Ich habe einen Liebhaber* gelesen. Diesen Artikel habe ich meiner Geliebten gezeigt und gesagt: »Sieh mal.« Da hat sie gesagt: »Das Buch leih' ich mir.« Sie war es, die gesagt hat: »Da melden wir uns, ins nächste Buch kann doch auch unsere Geschichte.« Ja, so kam das, daß ich mich gemeldet habe, und nun sitzen wir hier.

Wie fange ich an? Vielleicht am besten am Anfang. Marianne hat eine Annonce aufgegeben, auf die habe ich im Januar vorigen Jahres geantwortet. In der Annonce stand »Hausfrau sucht Abwechslung auf erotischer Basis« oder so ähnlich. Ich habe einen Brief geschrieben, in dem stand eigentlich nur mein Alter, daß ich gebunden bin, also Frau und Kinder habe, daß ich Interesse hätte und daß wir uns auf neutralem Boden treffen sollten – man muß sich ja erst mal beriechen, dann kann man sagen, ob es vielleicht was wird. Zwei Monate habe ich nichts gehört. Auf einmal kam ein Anruf auf meinem Handy, der hat mich nicht erreicht, ich hatte nur die Nummer im Speicher. Ich habe dann zurückgerufen, die Frau am anderen Ende hörte sich nett an. »Wie sieht's aus, sehen wir uns mal?« habe ich sie gleich gefragt. Wir haben uns im Wald verabredet. Auf einer Straße, wir wollten beide mit dem Auto hinkommen.

Da stand sie, im feinen Hosenanzug, ich kam direkt von der Arbeit und hatte aus irgendwelchen Gründen sogar einen Overall an. Ich habe gesagt: »Tut mir leid, ich sehe heute ein bißchen schmuddelig aus.« Wir haben uns in mein Auto gesetzt, haben da 45 Minuten gesessen, uns bestaunt, geredet über Gott und die Welt. Auch darüber, warum man das macht, sich überhaupt treffen. Das Gespräch war schon ziemlich geladen, weniger vom Inhalt, vom Text her als vom Drumherum. Ich habe sie dann am nächsten Tag angerufen und ihr zu verstehen gegeben: »Ich würde es gern angehen lassen.«

Marianne und ich haben uns als nächstes in einem Restaurant getroffen, das dann insgesamt noch so dreimal. Man hat den Menschen mal genauer gemustert. Es stand fest: Wir wollten etwas voneinander. Für unser erstes Mal sind wir in den Wald gefahren. Wir waren also im Auto, und die ersten zwei-, dreimal waren voll daneben. Es ging einfach zu schnell oder gar nicht. Ich muß sagen, Marianne war sehr geduldig. Als wir nach einem dieser halben Akte vom Anfang rausfuhren aus 'm Wald, hat sie gefragt: »Ist es normal so bei dir? Wie war's mit anderen Frauen?« Da habe ich dann zugegeben, daß es mich irritiert im Auto, das hatte ich bis dahin einfach noch nicht gemacht.

In den ersten Wochen habe ich ihr mal gesagt: »Ich will nicht wissen, ob ich gut war, ob es dir gefallen hat.« Aber ich habe mich schon gewundert, daß sie sich mächtig Zeit mit mir gelassen hat, denn am Anfang hat es ja nicht so geklappt. Es war aber diese erotische Spannung da, und wir wollten ja auch beide wissen: Wie ist der andere, mag er das, mag er das nicht. Im Juni, Juli hatte es sich dann langsam eingespielt, für mich war das alles in völlig neuen Dimensionen, es war so intim.

Seit Mai haben wir uns jeden Tag getroffen, wenigstens zum Schwatzen. Außer am Wochenende, da ist Mariannes Mann da, er arbeitet außerhalb und ist Wochenendpendler. Wir haben es also so eingerichtet, daß wir uns nach der Arbeit treffen können, das war für Marianne leicht planbar, sie arbeitet im Schichtsystem. Wir sind immer in den Wald. Man hat sich nach und nach auf den Menschen eingestellt und kann auch Experimente wagen. Bei Marianne und mir ist der Akt nicht in 20 Minuten abgetan, er kann zwei Stunden dauern. Und dann reden wir auch noch ganz viel. Wir haben uns immer ganz viel unterhalten, wie es war, wie es ist. Mit meiner Frau könnte ich das nicht.

Ich kenne meine Frau seit 1988. Da ist mittlerweile eine Enge, es ist zu langweilig. Wir haben zwei Kinder, ein Haus, einen Hund. Es ist alles da – aber eben langweilig. Klar, man könnte alles hinschmeißen. Aber es hängt ja so viel Wirtschaftliches dran. Man ergänzt sich als Familie, hat sich was geschaffen, 'n Haus gebaut. Wenn man den Bereich Sex wegläßt, paßt es ja auch. Wenn es mal Zänkereien gibt, renkt sich das schnell ein und die Harmonie stellt sich wieder ein. Bevor das mit Marianne losging, war schon mehrere Monate nichts mit meiner Frau, sie hatte mich zwei-, dreimal zurückgewiesen. Carola hat viel Streß auf der Arbeit, vielleicht deswegen.

Die Beziehung mit Marianne wurde jedenfalls schnell immer intensiver. Sie hatte vor mir schon sechs Jahre lang einen Liebhaber. Den hat sie aber nur alle vierzehn Tage getroffen, und sie schlief damals auch noch mit ihrem Mann. Ich habe sie gefragt: »Wieso hast du denn Schluß gemacht?« Bei ihr läuft es seit neun Jahren in der Ehe sexuell nicht mehr. Sie ist seit fast 20 Jahren verheiratet. Wenn ich genauer frage: »Wieso läuft es nicht?«, fängt sie leicht an zu weinen. Sie will da nicht richtig antworten. Ihr Mann arbeitet eigentlich immer weit weg, sie ist ziemlich viel alleine. Und wenn er da ist, am Wochenende, trinkt er gerne was. Irgendwann hat sie sich gedacht: Ich nehme mir 'nen Liebhaber, und wenn es rauskommt, hat mein Mann wenigstens die Quittung.

Marianne ist durchaus verschlossen. Sie war anfangs auch mit mir sehr zurückhaltend, ich sollte ihren Nachnamen nicht wissen, habe ihn aber dann doch rausgekriegt. Wenn sie erzählt hat, sie war noch schnell auf der Bank im Nachbarort, hat sie sich fast auf den Mund geschlagen, weil ich da ja so ungefähr wissen konnte, wo sie lebt. Als ich ihr dann auf den Kopf den Ort und die Straße zugesagt habe, wo sie wohnt, hat sie nur mit den Ohren geschlackert: »Woher weißt du das, wir stehen doch nicht im Telefonbuch?« Aber ich konnte mir eins und eins zusammenreimen, und außerdem war sie mal Kundin bei uns im Möbelhaus. Aber sie mußte sich ja keine Sorgen machen, ich fange mit solchen Informationen doch nichts an. Schon gar nicht bei einem Menschen, den ich so gern mag.

Nach einem Vierteljahr hat Marianne gemerkt, und sie hat das auch gesagt: »Es ist Liebe.« Ich habe zu ihr gesagt: »Du hast mich aus ’m Wald rausgeholt, jetzt laß mich nicht allein.« Was ich damit meinte, war schon, daß wir doch überlegen sollten, uns von unseren Partnern zu trennen. Sie klammert sich aber irgendwie an ihrer Ehe fest. Und ich weiß auch, warum. Wenn sie zu ihrem Mann sagen würde: »Es ist aus«, dann hätte sie dabei Schiß, plötzlich allein zu sein. Jetzt geht sie mit mir aus ihrem Alltag raus, ich biete ihr Zärtlichkeit und ’ne Erfüllung. Sex ist ’ne gute Grundlage für ’ne gute Beziehung, aber der Alltag käme doch. Im Alltag fangen Frauen auch an, Männer zu erpressen: »Machste das und das nicht, dann kriegste heute abend keinen Sex.« Und Männer werden unaufmerksam, reden nicht mehr so viel.

Wir telefonieren mittlerweile jeden Tag, wenn wir uns nicht sehen. Marianne kommt auch mal kurz bei mir auf der Arbeit vorbei, das ist völlig unauffällig, dann hocken wir eben mal fünf Minuten in einer Sitzgruppe oder in der Küchenausstellung und flüstern uns zärtliche Worte zu.

Neulich rief Marianne mich an, ob ich nicht morgen zu ihr nach Hause kommen wollte, das war der Himmelfahrtstag. Ich habe aber irgendwie so ein komisches Gefühl gehabt und gesagt: »Nö, lieber nicht.« Und das war gut so. Denn mittags stand plötzlich ihr Mann in der Tür. Unangekündigt. Das hat er sonst nie gemacht. Ich glaube, das ist kein schlechter Kerl, er ist sehr arbeitsam, sie sagt durchaus auch Gutes über ihn. Sie fahren viel weg, unternehmen viel.

Er und ich, wir standen mal nebeneinander, bei einem Jazzabend. Marianne und er waren da, ich war ohne meine Frau da, sie wollte nicht mit. Marianne und ich haben nicht miteinander gesprochen, aber geflirtet, beim Bier- oder Colaholen.

Ich möchte auf Marianne nicht mehr verzichten. Mit ihr, das ist viel mehr als rauf, rein, raus, runter. Wir sind einfach aus ’m Wald raus. Ich erzähle ihr auch von meinem Leben zu Hause, was mich nervt oder ärgert. Ich komme nach Hause und finde auf dem Küchentisch als erstes einen Einkaufszettel, was ich alles besorgen soll. Da beklage ich mich bei Marianne: »Ich von der Arbeit und soll gleich wieder losdüsen.« Sie sagt dann: »Mach’s, und hinterher kommst du bei mir vorbei.« Marianne staunt, was ich zu Hause so alles mache: Gardinen waschen, Staub saugen ... Das würde ihr Mann nie tun.

Von meiner Frau gab es vor einem halben Jahr noch mal einen Versuch, sich mir wieder zu nähern, aber da war kein Verlangen da bei mir, und zwar offensichtlich nicht. Das hat mir nicht besonders leid getan, aber ich konnte ja sowieso nichts machen. Vielleicht kennt man sich einfach zu lange.

Ich suche jetzt einen neuen Job, der meiner eigentlichen Qualifikation entspricht. Das mit dem Möbelhaus hat sich so ergeben, aber ich bin eigentlich Ingenieur. In meinem Spezialgebiet gibt es nicht so viele Jobs, das wäre im Zweifelsfalle alles weiter weg, ich müßte pendeln. Oder eben ganz umziehen, und das würde ich dann sicher allein machen. Was das für Marianne und mich bedeutet, weiß ich nicht, ich würde es einfach abwarten. Ich habe ihr das sehr früh gesagt, daß ich weg will, so ein halbes Jahr nachdem wir zusammengekommen sind. Sie hat gesagt: »Mach's doch.« Vielleicht wartet sie auch so ein bißchen auf einen Anstoß, daß wir an unserer Situation was verändern.

Marianne und ich haben ja, als wir angefangen haben, beide nicht damit gerechnet, daß Gefühle dazukommen würden. Als sie das bei sich gemerkt hat, hat sie sogar gesagt, sie macht Schluß. Es gab ein bißchen Hin und Her, dann haben wir es doch dabei belassen. Als ich mal, nach sechs Monaten, gesagt habe: »Wir könnten doch zusammenziehen«, hat sie gesagt: »Nee, so ist Feiertag, was wir haben, wenn wir zusammenziehen, wird es Alltag.«

Marianne ist finanziell an ihren Mann und das Haus gebunden. Ich will auch nicht, daß sie sich für mich von ihrem Mann trennt. Sie soll die Entscheidung aus freiem Herzen machen. Ich würde auch nicht, wenn sie sich trennt und im Haus bleibt, am anderen Tag bei ihr in der Bude hocken. Ich sage ihr: »Wenn du das machst, machst du es für dich.« Anfangs hat sie mir mehr von den schlechten Seiten von ihrem Mann erzählt, aber mittlerweile denke ich, so falsch ist der gar nicht. Ich traue ihr nicht zu, daß sie sich trennt. Marianne sagt mir oft: »So wie du solltest ein Mann eigentlich sein.« Das heißt doch wohl, daß ihr Mann nicht so ist, oder?

Stellenweise bin ich ihr wichtiger als ihr Mann, das weiß ich, aber sie ist zu sensibel. Manchmal, wenn sie schlecht drauf ist, kriege ich das auch zu spüren, schon am Telefon. Dann schicke ich ihr 'ne SMS: »Tob Dich doch mal so richtig auf der Arbeit aus und laß mich mit dem Müll in Ruhe.« Sie mailt dann zurück: »Danke, das habe ich jetzt gebraucht.«

Marianne schottet sich sehr ab, da muß man knallhart fragen, wenn man was wissen will. Einmal war ich bei ihr zu Hause, nur zum Reden, das war ganz am Anfang, als sie sich plötzlich verliebt hatte. Da sagt sie: »Wir sehen uns am besten nur einmal die Woche.« Ich sage: »O.k.« Sie sagt: »Bist du damit einverstanden?« Und das in so einem komischen, vorwurfsvollen Ton. Ich sage: »Klar bin ich einverstanden, was soll das jetzt, du hast es doch selbst vorgeschlagen. Soll ich mich jetzt aufregen und mit der Faust auf den Tisch hauen?« Sie hatte das also nicht ernst gemeint mit dem Nur-einmal-die-Woche-Sehen. Wir treffen uns jetzt jeden Tag, seit einem Jahr geht das schon so, immer montags bis freitags, das muß nicht immer in Sex ausarten. Wir gehen auch manchmal nur mit ihrem Hund spazieren, essen oder fahren in eine andere Stadt.

Ich könnte mir gut vorstellen, mit Marianne zu leben. Sie sagt manchmal, vielleicht kommt sie schneller zu mir, als sie denkt. Wenn ich mit meiner Frau Schluß machen würde, könnte ich nicht sicher sein, daß Marianne das mit ihrem Mann auch tut und zu mir kommt. Ich bewerbe mich jetzt weg, und wenn's klappt, würde ich das bei Marianne einfach so rüberbringen, ich möchte weiterkommen. Sie würde mir keine Steine in den Weg legen, ich bin sicher.

Diese ganzen Überlegungen, die mach' ich alle mit mir aus, muß ich ja. Auch über unsere Beziehung rede ich nur mit Marianne und sie nur mit mir. Deswegen habe ich ihr auch den Zeitungsausschnitt mit dem Liebhaberbuch gegeben, weil wir mit keinem sonst reden über uns. Wir haben uns gegenseitig gefragt: »Hast du den Drang, es jemandem zu erzählen?« Sie hat gesagt, daß sie bei der Betriebsfeier neulich gedacht hat: Jetzt könntest du auf den Tisch springen und rufen: »Ich hab' einen!!!!« Zwei Arbeitskolleginnen von Marianne telefonieren ganz offen mit ihren Liebhabern, die eine macht sogar so Spielchen am Telefon, richtig Telefonsex. Die haben schon mal drüber geflachst, ob das nicht auch was für Marianne wäre, aber die hat nur gesagt: »Am Telefon wäre nichts für mich, ich habe es lieber in echt.« Wir wissen also schon, daß wir nicht die einzigen sind, aber trotzdem redet man mit keinem drüber. Es ist ja auch nicht üblich, daß Menschen so was erzählen, schon gar nicht dem Partner.

Ich fand dieses Geheimhalten am Anfang sehr schwierig. Ich weiß noch, nach dem ersten Mal ... Ich kam nach Hause, es war spät, und meine Frau war noch auf. Sie hat natürlich gefragt: »Wo kommst du denn jetzt her?« Ich habe gesagt, daß ich bei einem Kunden länger gebraucht habe. Und ich habe sofort gedacht, ich habe was Falsches gesagt, einen Fehler gemacht. Vielleicht bin ich auch gar nicht rot geworden, ich habe mich jedenfalls schuldig gefühlt. Manchmal habe ich meiner Frau gegenüber auch heute noch ein schlechtes Gewissen, denn auf eine Art verletze ich sie. Die Ausreden mit den Geschäftspartnern sind mir immer leichter über die Lippen gegangen. Marianne hat schon ein paarmal gefragt: »Hat deine Frau noch nichts mitgekriegt?« Ich denke ja, nein.

Ich habe schon darüber nachgedacht, ob meine Frau nicht auch einen anderen hat. Sie ist sehr schüchtern, aber ausschließen möchte ich's nicht. Wenn einer sie anspricht und sich vielleicht um sie bemüht ... Sie arbeitet im Krankenhaus und hat viel Kontakt mit Menschen, dann die Kollegen ... Neulich kam was im Fernsehen, ich war gerade in der Küche. Da ging es um Frauen, die ihre Familie verlassen. Da sagt meine Frau zu mir: »Was würdest du von so einer Frau denken?« Na, was soll ich da sagen, einfach so abhauen wäre natürlich nicht in Ordnung, das würde ich ja auch nicht so machen. Man fühlt sich ja auch verpflichtet, für den anderen dazusein, für die Familie dazusein. Wenn ich gehen würde, würde ich mich trotzdem für die Kinder verantwortlich fühlen. Wenn jetzt einer in der Schule schlecht ist, setze ich mich mit ihm hin und lerne. Für solche Sachen möchte ich auch später noch dasein, wenn wir mal nicht mehr zusammen sind. Auch wenn meine Frau einen anderen kennengelernt hat, würde das so bleiben.

Unsere Ehe war schon problematisch, als unser erstes Kind 1993 geboren wurde, ich erinnere mich genau. Er war wohl gerade ein halbes Jahr alt, ich habe was am Haus gemacht, nein, im Garten, den Gehweg zum Haus. Das zog sich ein paar Tage hin, und meiner Frau ging es mal wieder nicht schnell genug. Da ist die Lage eskaliert, ich habe ihr gesagt: »Nun ist genug, Schluß, morgen zieh' ich aus.« Ich hatte schon meine Tasche gepackt, aber sie hat mich dann doch weichgeklopft, und ich bin geblieben. Meine Frau ist ohne Vater aufgewachsen, sie hat zwei Schwestern, und bei der ganzen Familie bin ich nicht besonders gut angesehen. Nach dem zweiten Kind ist es bei uns zu Hause auch nicht besser geworden.

Wir unternehmen noch recht viel miteinander, wir gehen mit den Kindern und dem Hund spazieren, für Kino oder Theater reicht die Zeit oder die Energie meistens nicht. Wir arbeiten auch beide versetzt, sie fängt meist richtig früh oder spät an, ich erst um zehn, da sieht man sich in der Woche gar nicht so viel. Jetzt waren wir gerade zwei Wochen mit den Kindern im Urlaub, das Wetter war zwar nicht so, es hat viel geregnet, aber es war trotzdem schön. Als Familie sind wir ja auch ganz in Ordnung. Nur zwischen meiner Frau und mir ist es eben so: Es hat sich was geändert nach zehn Jahren, es paßt nicht mehr. Wenn wir uns trennen würden, würden meine Söhne wohl bei meiner Frau bleiben.

Bei Marianne ist die Ehe auch weiter abgekühlt. Seit letztem Herbst schläft sie nicht mehr mit ihrem Mann, er hat sie natürlich gefragt, was los ist, warum nicht. Da hat sie einfach nur gesagt: »Ich will nicht.« Er hat sich damit angeblich zufriedengegeben. Er hatte mal unter Alkohol zu ihr gesagt, daß sie ja auch nicht mehr so toll aussieht wie früher, und daß er da wohl mal bei anderen Frauen kucken müßte. Daran hat sie ihn wohl auch erinnert, so genau weiß ich das aber nicht.

Ich war mittlerweile oft bei ihr zu Hause, wir haben es überall gemacht, im Wohnzimmer, auch im Schlafzimmer im Ehebett. Speziell da hatte ich ein komisches Gefühl. Es gibt diesen Fernseh-Sketch: Da kommt ein Ehemann nach Hause und findet seine Frau im Bett mit einem anderen. Der Ehemann verhaut den Liebhaber und landet vor Gericht. Aber der Richter findet es völlig okay, daß der Mann zugehauen hat, schließlich ist es im Ehebett besonders verwerflich. Also bei mir war es so: Wenn die Hormone durcheinanderschießen, ist es von der Sache her egal, wo man es macht. Wir sind jetzt manchmal vier, fünf Stunden im Hotel, eigentlich recht regelmäßig. Da gehst du rein, holst dir an der Rezeption den Schlüssel, keiner fragt nach. Hinterher siehst du auf dem Parkplatz andere Paare, die sich zum Abschied küssen und dann in zwei Autos steigen.

Es ist doch so: Wenn ein Mann fremdgeht, wird das toleriert. Wenn eine Frau das tut, ist sie eine Schlampe, eine Nutte. Eine Frau hat doch aber auch Bedürfnisse, Wünsche, ich sehe das doch bei Marianne. Bei meiner Frau habe ich das intensiv vermißt. Marianne hat mich am Anfang mal gefragt, ob mir dieser Hausfrauensex mit ihr gefällt, da konnte ich nur zurückfragen: »Da habe ich wohl im Studium nicht aufgepaßt, was meinst du denn?« Die Praktiken widersprechen dem auch, wir probieren viel aus. Irgendwann habe ich mal gefragt: »Wollen wir mal in 'n Sexshop gehen, kommste mal mit?« Wir sind dann reingegangen wie in ein normales Kaufhaus, das war alles sehr interessant, aber wir haben nichts gekauft.

Marianne ist so umsichtig, achtet auf mich, mit ihr gehen Sachen, die man sich zu Hause nicht traut. Einmal waren wir zum Beispiel zusammen in der Sauna, tagsüber, wenn es normalerweise leer ist. So zwei, drei Stunden waren wir da. Und ich muß sagen: Man kriegt eigentlich dabei keinen Hitzschlag. Wir sind auch mal in den Ruheraum gegangen – du hörst es doch, wenn wirklich jemand kommt. Einmal hat Marianne gefragt, ob ich mir vorstellen kann, es mit mehreren zu machen. Einmal ist es bei ihr offenbar fast eskaliert. Ich habe sie nach dieser Frage, wo ich ja nicht wußte, was dahintersteckt, gefragt: »Wollen wir mal in einen Club gehen?« Da hat sie aber nö gesagt, sie könnte das nicht, mit anderen, aber darum geht es ja nicht unbedingt, man kann sich ja nur ankucken, was die anderen machen.

Ich bin ein Spätzünder, ich hatte vor meiner Frau erst drei, vier Frauen, und in der Ehe war nichts anderes. Ich glaube nicht, daß der Sex mit meiner Frau so sein könnte wie mit Marianne. Zu Marianne habe ich gesagt: »Ich dachte, die Frauen deines Schlages sind ausgestorben.« Sie ist wie ein Feuer. Wir sagen manchmal, das muß an der sprichwörtlich guten Luft in ihrem Ort liegen. Mit ihr ist der Sex jedesmal anders, und das ist vielleicht das Gute. Marianne ist eine richtige Frau, sie hat da keinen Spleen oder so, sie ist also nicht sexsüchtig und hat ständig Männerkontakte. Marianne ist wirklich die reine Experimentierfreude im Vergleich zu meiner Frau, sie ist umgänglich, offen, sie kann zuhören. Meine Frau ist anders, sie ist sehr eigenständig, geht gut mit den Kindern um, und sie akzeptiert mich. Das ist alles gut und schön, aber es fehlt was im Bett. Ich weiß, o.k., sie will das nicht, sie mag das nicht. Marianne ist so herrlich neugierig.

Ich hab's halt gemacht, etwas außer der Ehe anzufangen, und ich hab' es nicht bereut. Ich fühle mich insgesamt viel wohler. Das kommt meiner Familie zugute, ich bin ausgeglichener. Wenn ich in sexueller oder Gefühlshinsicht erfüllter bin, gehe ich den Alltag ganz anders an. Als ich einmal nach einem Frühstück mit Marianne direkt zur Arbeit komme, sagt ein Kollege zu mir: »Na, wie siehst du denn aus, du hast wohl gerade guten Sex gehabt, sag doch mal.« – Da habe ich nur gesagt: »Was du alles weißt.«

Es ist ja so: In meinem Alter hat man schon fast alles ausgekostet. Und diesmal würde ich deswegen fast sagen: Ich bin verliebt. Marianne ist jedenfalls ein Mensch, den ich nicht missen möchte. Ich mag auch Cordula, aber das ist etwas anderes. Ich will immer wissen, woran ich bin mit einem Menschen. Deswegen war Marianne auch bei mir zu Hause, wo tausend Sachen rumlagen, ich wollte schon wissen, wie sie so reagiert, wenn sie mein Zuhause sieht.

Ich habe Marianne gefragt, wie sie eigentlich drauf gekommen ist, in so einem kleinen Ort eine Anzeige bei der Tageszeitung aufzugeben, wo sie sonst doch immer so obervorsichtig ist. Sie war auch zögerlich, aber der Anzeigenberater hat nur gesagt: »Machen Sie sich mal keine Sorgen, das machen so viele, da geht nichts schief.« Er hatte ja recht – sie hat 80 Briefe bekommen. Kein Wunder, daß die Antwort auf meinen Brief so lange gebraucht hat. Sie hat drei Männer getroffen vorher, der erste war ein Außendienstmitarbeiter, so ein fetter im BMW, da hat Marianne gedacht: Der nicht, der hat in jeder Stadt 'ne andere. Der zweite kam nicht in Frage, weil er aus dem Nachbarort kam. Und bei dem dritten paßte gar nichts, als sie sich gegenübersaßen. Ich hatte ihr ein bißchen frech geschrieben: »Liebe Sexsuchende ...« Sie war dann ja nach dem ersten Telefongespräch bereit, mich im Wald zu treffen. Da habe ich später auch gefragt: »Sag mal, wie konntest du so naiv sein, im Wald, mit einem fremden Mann.« Sie hat gesagt: »Ich habe mich abgesichert.« Sie hatte meine Telefonnummer irgendwo hinterlegt – aber wenn ich sie nun umgebracht hätte, was hätte das genützt? Ich weiß noch, wie sie mich einmal erschrocken, aber auch ein bißchen fasziniert angekuckt hat, als ich im Wald mein Messer aus dem Handschuhfach geholt habe, um ein paar Zweige zu schneiden. Das Messer habe ich eigentlich immer dabei, aber sie hat es da das erste Mal gesehen.

Marianne ist so ziemlich mein Typ: blond, kurze Haare, niedliches Gesicht, blaue Augen, sie ist witzig, 1,72 groß, leicht rundlich. Ich weiß noch, als wir eines der ersten Male durch den Wald gingen, habe ich sie so angefaßt, an den Hüften, und auch ordentlich gedrückt, da hat sie gefragt: »Bin ich nicht zu dick?« So einen Spleen hat meine Frau auch, sie hat sich gerade neulich vor dem Spiegel gedreht und gesagt: »Mein Po ist zu dick.« Ich muß da immer an einen alten Kollegen denken, der den Standardspruch hat: Von einem schönen Hintern kann man nie genug haben.

Bei mir ist es so, daß mich andere eigentlich nicht interessieren. Die eine Kellnerin aus einem griechischen Lokal, wo wir ganz gerne hingehen, versucht immer so ein bißchen, mich anzumachen, beugt sich beim Bestellen oder Kassieren über mich und berührt mit ihrem Busen meinen Arm oder meine Schulter. Ich rücke dann immer weg und sie hinterher, mir ist so was eher unangenehm, ich bin nicht der Typ für so was, und ich schaue dann auch schnell böse. Das tue ich offenbar überhaupt oft, Marianne sagt zu mir: »Daß du so 'n Pfundskerl bist, sieht man nicht.« Ich kann mir schon vorstellen, daß ich Leute oft vor den Kopf stoße. Ich hätte Marianne zum Beispiel nie angesprochen. Angenommen, wir hätten uns im Möbelladen getroffen. Klar, wenn ich mit Kumpels früher mal gewettet habe, daß wir eine Frau aufreißen, dann habe ich das auch gemacht, eine angesprochen, aber normalerweise mach' ich das nicht. Einmal war eine Frau bei uns im Geschäft, Ende 30, die sah wirklich sexy aus. Als sie an der Kasse stand, sage ich zu einem Kollegen:

»Mann, hat die eine Figur, und sieht auch noch schlau aus.« Da dreht sie sich um und schaut mir direkt in die Augen. »War das jetzt zu laut?« habe ich den Kollegen gefragt.

Mein Verhältnis mit Marianne ist ganz entspannt. Nach dem Wochenende ruft sie mich an: »Wollen wir uns treffen?« Manchmal sage ich dann: »Ja, aber wir gehen nur spazieren.« Umgekehrt ist es für mich auch okay, wenn sie sagt, daß sie keine Lust hat. Wenn wir mal einen Nachmittag nur geredet haben, ich mir vorkomme wie ein bester Freund, sagt sie: »Ich komme mir manchmal vor wie mit meiner Schwester, mit der ich auch prima reden, ihr einfach nah sein kann.«

Marianne hat wohl auch ein bißchen Befürchtungen gehabt, als sie die Anzeige aufgab, ich habe sie gefragt, warum sie einen gebundenen Mann gesucht hat. »Der wird nicht rumsticheln, daß ich meinen Mann verlassen soll«, hat sie gesagt. Nämlich so: Vor sieben Jahren wollte Marianne sich mal zu Hause abketten, das hat sie ihrem Mann deutlich zu verstehen gegeben. Ich weiß nicht, wie er sie rumgekriegt hat zu bleiben, aber sie hängt an ihm. Naja. Wenn ich umziehe, wird sich der Lauf der Dinge zeigen. Es kann noch Monate gehen oder noch Jahre. Wenn es bei ihr in die Brüche geht, werde ich mich nicht der Verantwortung entziehen. Aber ich will nicht, daß sie sagt: »Ich hab's für dich gemacht.«

Carlo, 35, Maler

Die Älteren sind ladylike

Oder: Ich will genießen

Seine Stimme am Telefon klingt voll und älter, als er ist, Frauen um die 50 könnten ihn durchaus gleichaltrig schätzen – Carlos Körper und Kopf mit modischem Spitzbärtchen allerdings passen eher in Bars und Lounges und zur Love Parade. Der zarte, romantische Carlo geht aber lieber zum Julio-Iglesias-Konzert, am besten mit einer echten Lady, 50 plus.

Ich habe heute die Beziehung meines Lebens, ich bin rundum zufrieden. Dabei hatte ich vor zwei Jahren beschlossen: Ich lebe jetzt frauenmäßig als Single. Alexandra beeindruckt mich immer wieder, ich vermisse sie, wenn sie nicht da ist, sie ist total meine Traumfrau. Als ich sie das erste Mal gesehen habe, habe ich gedacht: »Cool, sieht die klasse aus. Die quatschst du nicht an.« Im Grunde wohnen wir jetzt zusammen. Sie fährt in der Woche nach A., zum Arbeiten in ihre Firma, zu ihrem Mann und ihren Kindern. Sie ist verheiratet, aber sie ist eigentlich meine Frau. Sie ist 50 und also 15 Jahre älter als ich.

Ja, ich bin 35. Jüngere Frauen interessieren mich nicht, ich hätte schon ein Problem mit Gleichaltrigen. Die letzte in meinem Alter hatte ich vor 13 Jahren. Ich versuche immer, ältere Frauen kennenzulernen, ich finde sie einfach spannender. Ich schiebe meinen Job und mein Hobby vor, ich gehe einfach auf die Frauen zu und sage: »Ich würde Sie gerne fotografieren. Oder malen.« Die Frauen sagen dann oft: »Ach, wieso ich denn, suchen Sie sich doch 'ne Jüngere.« Oder: »Was soll denn mein Mann dazu sagen?« So ein Unsinn. Die haben einfach Sorgen um ihre Falten, ihren Körper, daß sie nicht schön sind. Frauen, die ich gut finde, sind Ruth Maria Kubitschek oder die Fernsehrichterin Barbara Salesch.

Ich habe gemerkt, als ich anfing, mich für Ältere zu interessieren, da gab es bei meinen Kumpels die Idee, eine Frau mit 50 müßte einen Körper wie ein Wrack haben. Das ist ja Quatsch. Manche 18-, 20jährige, wie die rumlaufen, ungestylt, vernachlässigt, schrecklich. Die haben zwar keine Falten und vielleicht eine schlanke Figur, aber wenn man mit 50 noch eine gute Figur hat, das ist doch wirklich die Kunst.

Meinen ersten Sex mit einer Älteren hatte ich mit 22, sie war 51. Ich lag im Freibad mit meiner damaligen, gleichaltrigen Freundin Manuela. Da sah ich sie. Ich habe ja kein Schönheitsideal, Hauptsache, gute Ausstrahlung. Sie hatte rotes Haar, Sommersprossen, und sie war größer als ich. Ich hab' sie gesehen und: Wow, die sieht ja cool aus. Sie hatte noch Kinder und eine Frau dabei, ich konnte nicht einschätzen, ob das ihre Tochter ist oder wer. Wir haben beide gekuckt und beide irgendwann Sonnenbrillen aufgesetzt. Meine Freundin bemerkte wohl etwas und sagte: »Was glotzt du denn so?«. Die Frau ging irgendwann.

Ich bin jeden Tag ins Freibad. Die schöne Frau war an einem Tag auch da, mit Kindern. Ich war alleine. Ich sah, daß sie ziemlich füllig ist, und habe überlegt: Ist das dein Ding? Und waren das nun ihre Kinder oder Enkel? Egal. Sie saß auf einer Bank, ich bin dran vorbeigegangen und habe ihr ein Eis in die Hand gedrückt. Ich lag dann wieder auf meiner Decke, da macht sie von ihrer Decke aus mit dem Finger so Bewegungen: Komm mal rüber. Ich rüber, und sie sagt: »Nun legen Sie sich mal neben mich.« So was kannte ich von jungen Frauen nicht. Sie hat dann erzählt, daß ihr Mann Krebs hat, sie ihn nicht belügen will. Zwei Tage später war ich mit Heide essen.

Durch Heide habe ich kennengelernt, was es überhaupt für Stellungen gibt, was geht, das war die Erleuchtung. Dann war da noch das Prickeln beim Fremdgehen. Oder überhaupt: Wir waren im Wald, sind ein paar Tage weggefahren. Ihre Geschwister haben immer zu ihr gehalten und ihr Alibis gegeben. Sie hatte auch gerade 'ne Umschulung und konnte ein bißchen lockerer mit ihrer Zeit umgehen. Einmal waren wir zusammen zwei Tage im Hotel, das war eine ganz abenteuerliche und romantische Zeit.

Heide war meine erste ältere Freundin, von Manuela habe ich mich getrennt. Meine Mutter hat nur gesagt: »So werd' ich nie Oma.« Leider gab es mit Heide und mir Zoff, hauptsächlich, weil sie sich nicht entscheiden konnte. Ihr Mann hatte, wie gesagt, Krebs. Als er unser Verhältnis mitbekam, tauchte er bei meinen Eltern auf. Einmal hat er mich verfolgt und mit dem Auto richtig abgedrängt. Wir haben uns dann auf der Straße rumgeprügelt. Er ist Jäger. Irgendwann hat er gebrüllt: »Jetzt ist Schluß!« und ist zum Auto zurückgelaufen. Ich dachte: Das ist dein Ende. Er hat dann aber nur mit Steinen nach mir geworfen. Nach diesem Erlebnis bin ich zur Polizei, weil ich Schiß hatte, daß er mir vor meiner Haustür mit 'ner Knarre auflauert, doch die Bullen haben nur gesagt: »Ja, dann machen Sie doch nicht solche Sachen.«

Ich habe damals als Helfer auf dem Bau gearbeitet. Heide dagegen kam aus einer schicken Einfamilienhaus-Siedlung. Durch sie habe ich 'ne Menge geändert in meinem Leben. Ihre Familie war eine Jägerfamilie, so habe ich angefangen, auch Trachten zu tragen. Ich habe meine Klamotten umgestellt, ich habe richtig Fan-Glück gehabt im Janker bei Volksmusik-Konzerten. Janker, Gamsbart und so, das hat mir gefallen. Ich wäre am liebsten in einen Jagdverein eingetreten. Nach einem Eifersuchtsanfall von ihrem Mann habe ich endgültig mit ihr Schluß gemacht, vorher hatte sie schon dreimal Schluß gemacht, was meine Liebe natürlich bröckeln ließ. Hier mußte loslassen, dachte ich. Sie hatte auch nie akzeptiert, daß ich abends allein weggegangen bin, obwohl sie zu Hause doch glücklich mit ihrer Familie saß.

Heide war meine erste große Liebe. Es gibt so ein Lied, *Eine weiße Rose*, und sülz ... Ich habe ihr immer an unserem Kennenlerntag eine weiße Rose auf den Briefkasten gelegt, irgendwann habe ich gesagt: »Das mache ich an diesem Tag immer, solange ich lebe.« Ich habe das auch lange durchgehalten, bis es richtig Ärger gab deswegen mit der aktuellen Freundin, aber das paßt hier noch nicht.

Nach Heide habe ich andere Frauen wieder wahrgenommen. Ich habe auf Annoncen geantwortet, auch selbst welche aufgegeben. Darauf kam keine Antwort. Ich hatte mich extra älter gemacht: »Mann, 30, sucht Frau ab 50.« Da meldet sich kaum eine, die haben alle Angst vor Jüngeren. Halt, einmal habe ich später eine Frau auf ihre Annonce hin getroffen. Die war von ihrem Mann verlassen worden. Sie redete nur von sich, drei Stunden lang. Ich dachte: Sie muß doch auch irgendwann mal 'ne Frage zu dir haben. Wir hatten eine Zeitlang Kontakt, aber ich war mit der nicht so zufrieden. Optisch war sie na ja, aber sie nervte unwahrscheinlich, ich habe sie gar nicht erst bei meinen Freunden eingeführt. Ich habe ihr auch von mehreren Frauensachen erzählt, die parallel liefen. Das hat sie weggesteckt, komisch eigentlich, denn bei ihrem Mann gab es vor der Trennung Probleme mit anderen Frauen.

Mit den Anzeigen, das brachte nichts, ich habe schnell die Strategie gewechselt, und Frauen, die mir gefielen, direkt angesprochen. In meinem Heimatort hatte ich zeitweise mehrere Frauen, die kannten sich sogar zum Teil, wußten aber nichts voneinander. Mit meiner Ex-Freundin, Heide, habe ich es auch noch mal ein bißchen versucht, als ihr Mann gestorben war. Aber sie konnte mich als Nur-Liebhaber nicht akzeptieren, ihr fehlte das Umfeld, das, was uns früher verbunden hat, Freunde, und daß ich mich in der Öffentlichkeit zu ihr bekannte. Sie war es früher gewöhnt, daß sie mich für sich allein hat und daß ich auf Abruf bereitstehe.

Ja, und plötzlich war da Karen. Sie war 22 Jahre älter als ich und wohnte in der Nähe von mir. Ich kannte sie von früher, als ich noch Kind war, da war sie mir schon aufgefallen. Sie arbeitete in einer Drogerie, und wenn ich mit meinen Kumpels von der Arbeit nach Hause ging, kuckten wir manchmal durchs Schaufenster, und ich wünschte mir, doch schon älter zu sein, da hätte ich sie ansprechen können, ohne ausgelacht zu werden. Nun hatte sich stylingmäßig bei ihr noch einiges geändert, sie kam total elegant rüber und gefiel mir noch mehr. Wir waren vier Jahre zusammen, und ich war ihr bis auf eine Ausnahme treu. Wir waren ein richtiges Paar, ich hätte mit ihr alt werden können, wir haben in jeder Beziehung gut harmoniert. Wir mochten dieselbe Musik, hatten Lust auf Reisen in tropische Länder, gingen gern tanzen – einfach perfekt.

Sie war übrigens die Frau, bei der ich gesehen habe, daß eine Frau über 50 durchaus mit dem Körper einer 20jährigen mithalten kann. Ihr Body war ein Traum, und ihr straffer Busen, den sie gerne in weit ausgeschnittenen Dekolletés präsentierte, zog auch die Blicke von anderen jungen Männern auf sich. Ich war unwahrscheinlich stolz auf sie.

Karen überraschte mich mit teuren, sexy Dessous, sie hatte aufregende Parfums, schminkte sich dezent und trug geschmackvollen Schmuck. Sie hatte auf mich eine sehr erotische Ausstrahlung, und unsere gemeinsame Neugierde und unser Spaß am Sex ließen uns fantastische Sachen erleben. Sie verstand es über die vier Jahre und auch noch darüber hinaus, für mich immer sexy und verlockend zu bleiben.

Ich hatte dann mal was mit ihrer Vorgängerin, und sie bekam Wind davon. Obwohl sie drohte, sie würde sich von mir trennen, konnte ich es nicht lassen. Karen hat dann eine Kontaktanzeige aufgegeben und einen Banktypen kennengelernt, mit dem sie im Wohlstand hätte alt werden können. Bei dem drohenden Verlust habe ich mich besonnen, gekämpft, und ich habe ihr Herz zurückerobert. Wir wagten einen Neuanfang, ich voller Zuversicht.

Aber dann ging bei ihr das Mißtrauen und die unbegründete Eifersucht los, die ich nie wieder aus ihr herausbekam. Sie hat gern in meinen Schränken geschnüffelt, ist mir nachgefahren, hat meine Freunde ausgehorcht. Das hat langsam zum Sterben der Beziehung geführt, das war traurig. Irgendwann dachte ich, schenkste Karen mal einen Strauß weiße Rosen. Den hatte ich im Schlafzimmer hinter die Tür gestellt. Sie findet die prompt, ich komme nach Hause, sie ist total verheult. Und ich dachte, wir machen uns 'nen schönen Abend. Sie hat mir natürlich nicht geglaubt, daß die Rosen für sie sein sollten – sie wußte, daß ich Heide immer welche geschenkt habe, es war total schade, Mist.

Meine neue Arbeit als Helfer auf dem Bau, das war für sie auch ein Problem. Ich mußte um sieben auswärts auf der Baustelle sein und dafür um vier aufstehen, um 19 Uhr 30 kam ich total k.o. nach Hause. Sie erwartete Sex, Elan und Heidewitzka. Außerdem ging damals neben meinem normalen Baujob meine selbständige Arbeit, Fotos, Graphik, richtig los, Karen war schon im Vorruhestand, also zu Hause, sie hätte mir helfen können, mit Buchhaltung und diesem Kram. Aber sie wollte nicht. Ich hatte durch das Malen und

Fotografieren sozusagen ein Jahreseinkommen extra, und ich war sehr großzügig mit diesem Geld. Das hat sie nicht gesehen. Als ich mehr Aufträge annahm, mehr rumreisen mußte, hat sie das zunehmend gestört. Wir haben uns getrennt, ich habe mir eine neue Wohnung genommen und beschlossen: Ich lebe jetzt frauenmäßig als Single.

Ich bin mit dem Vorsatz rangegangen, alles mitzunehmen. In jeder Stadt 'ne Penne haben. Ich bin immer ehrlich gewesen, ich habe gesagt, daß ich Single bleiben will. Die Frauen in den Großstädten fand ich cool, ich war überrascht, was es überhaupt für Frauen gibt. Manche hatten drei, vier Liebhaber gleichzeitig. Ich habe mich zwei Jahre richtig gut ausgelebt. Nicht mit jeder mußte es im Bett enden, aber ich habe alles mitgenommen, was mir gefallen hat. So muß mein Leben funktionieren, dachte ich, ohne Verpflichtungen.

Nach einem Jahr war da eine Frau in A., die war zum Verlieben. Sie war zwar noch unter 50, knapp allerdings, und sehr ladylike. Das ist mir absolut wichtig. Als ich das erste Mal in ihren Laden gekommen bin, habe ich gedacht: »Wow, das ist ja 'ne attraktive Frau, eine richtige Dame, cool.« Ich hätte jeden Abend nach Hause pendeln können, aber ich bin für den Auftrag zwei Wochen in A. geblieben, um sie immer wieder in ihrer Boutique zu sehen. Am letzten Tag habe ich Blumen gekauft und bin reingegangen, da stand sie mit ihrer Verkäuferin. Sie machte den Eindruck, daß sie schwer zu erobern ist. Und sie stand da ja eben nicht allein. Ich bin rumgeschlichen, und die Frauen haben mich irgendwann so komisch angeguckt, als wollte ich was klauen. Irgendwann bin ich ziemlich wütend raus und habe die Blumen in einen Papierkorb gestopft. Immerhin hatte ich ein Kärtchen mitgenommen und wußte nun, wie sie heißt, Marei W.

Ein paar Tage später habe ich sie angerufen. Sie hatte eine wunderschöne sanfte Stimme und eine tolle Aussprache. Sie konnte sich nicht an mich erinnern. Aber sie hat mit mir telefoniert. »Wie alt sind Sie denn?« hat sie gefragt. Ich habe es ihr gesagt, und sie hat mich trotzdem ermuntert: »Rufen Sie mal wieder an.«

Sie lebte mit jemandem zusammen, aber das ging gerade kaputt. Wir haben wieder telefoniert, und ich habe gesagt: »Wenn ich das nächste Mal in A. bin, zeig' ich mich mal.« Ich dachte, ich gehe dann direkt rein und sage: »Und ich bin der Herr X.« Wir haben uns aber dann in der Stadt verabredet. Ich kannte den Treffpunkt-Ort nicht und bin ziemlich aufgeregt durch die kleinen Straßen gekurvt aus lauter Sorge, zu spät zu kommen. Sie hatte nämlich gesagt: »Wenn Sie mich versetzen, war's das.« Ich hatte die totale Panik.

Als ich ankam, stand sie schon da, sprang in mein Auto und sagte: »Schnell weg hier, daß mich ja keiner sieht.« Wir sind essen gegangen, im Laufe des Abends waren wir irgendwann per du. Marei war eher konservativ, recht korpulent und sehr schick. Auf dem Rückweg kamen wir an einem Wald vorbei, und sie sagte plötzlich: »Hier vorn kannst du mal reinfahren.« Das habe ich gemacht, angehalten, und dann hab' ich schüchtern versucht, meinen Arm unauffällig um sie rumzuschmeißen. Sie hat mich zu sich rübergezogen. Wir haben nur geknutscht und so geschnuppert. Ich fand das interessant. Plötzlich sagt sie: »Kuck mal da hinten: lauter weiße Leute.« Sie hat schnell ihren Pullover runtergeschoben, und wir sind losgefahren. Wir haben dann gesehen, daß die weißen Leute nur Kühe waren. Ich war auf jeden Fall im siebten Himmel und total verknallt. Die örtliche Distanz zwischen A. und meinem Ort hat mir gut gefallen.

Ich brauche eine Frau, zu der ich ein bißchen aufblicken kann. Manuela war nur Arbeiterin, Karen zu träge. Bei Marei habe ich gemerkt, mich interessiert, was sie macht, und umgekehrt interessiert sie, was bei mir passiert. Gerade in der Gründungszeit ist es prima, wenn du jemanden hast, der dir hilft. Es war nämlich so: Ich hatte schon lange richtig viele Aufträge, große Foto-Sachen, ich wußte kaum noch, wie ich alles schaffen sollte. Da kam die Kündigung vom Bau, die hat mir 1999 den Schritt abgenommen, den ich sonst selbst gemacht hätte.

Man sah es ja am Umschlag, was drin sein mußte. Ich pul' das Ding auf, lese das und wußte gleich: Das ist der glücklichste Tag meines Lebens. Ich habe mich sofort ans Telefon gehängt und für den nächsten Monat ganz viele Termine festgezurrt, die sonst länger hätten warten müssen. Marei hat mir für den neuen Job und für die Selbständigkeit Mut gemacht.

Für sie war ich alles mögliche: Mann-Ersatz, Lover, Sohn. Das war wirklich schön. Ich hätte nie ein Problem damit gehabt, abhängig zu sein als Lover, abhängig von einer verheirateten Frau. Sie hat mich fasziniert, auch durch ihre Fülle, ihren Riesenbusen. Allein ihre Stimme, diese Aussprache, sie spricht perfektes Hochdeutsch. Sie hatte etwas Gluckenhaftes. Ich weiß noch, wie ich mich gewundert habe, als wir das erste Mal Sex hatten. Eine Frau von diesem Format, was die an Sex rüberbringt, so viel hatte ich noch nie.

Das erste Jahr mit ihr war äußerst angenehm. Ihr Laden lief gut, sie war äußerst großzügig, was mir gefiel. Sie leistete sich einen jungen Lover. Kein Mensch wußte von mir. Sie meinte, wenn ihre Familie das erfahren würde, würde man sie für verrückt erklären. Sie machte mir von Anfang an keine Hoffnung, daß aus uns je mehr werden könnte. Ich hoffte immer, daß ich sie durch meine starke Liebe ganz gewinnen und davon überzeugen könnte, daß wir zusammengehören, aber sie ließ mich nicht näher an sich ran. Sie bestimmte, wann und wie lange wir uns sehen konnten. Letztendlich war ich immer alleine und recht einsam.

Man denkt ja, als jüngerer Mann hat man ein Problem damit, sich mit einer älteren Frau zu zeigen im Freundeskreis, aber bei uns war es umgekehrt. Wir standen also am Meer auf so einem hohen Felsen, vor uns die beeindruckende Landschaft, ich wollte den Arm um sie legen. Den hat sie dann einfach zurückgeschoben und gesagt: »Wir müssen das hier doch nicht so zur Schau tragen.« Uneinigkeit kam auf, das habe ich mehr und mehr gespürt. Dann waren wir noch in dieser tollen Grotte, Dunkelheit, schöne Musik. Wenn ich genieße, dann mit allen Sinnen. Wenn ich jemanden abgöttisch liebe, dann will ich in so einer romantischen Situation wenigstens seine Hand halten. Aber selbst das wollte sie nicht, obwohl es absolut dunkel war.

Marei war es immer sehr wichtig, für ihre beiden erwachsenen Kinder dazusein. Die gingen immer vor. Darum habe ich mich sehr gewundert, als sie denen Silvester abgesagt hat, um mit mir zusammenzusein. Ich wunderte mich um so mehr, weil sie gesagt hatte: »Du wirst nie ein Teil meines Lebens.« Wir sind an unserem ersten Silvester nicht ausgegangen. In den Jahren vorher war ich immer mit meiner Freundin unterwegs gewesen, die hat sich immer sehr gern präsentiert bei Feten. Dieses Mal war es nun sehr ruhig. Marei hatte gerade den Umzug mit ihrer Boutique in einen ruhigeren Stadtteil hinter sich, das mußte sie noch verkraften, die neue Lage hatte sich als nicht besonders toll herausgestellt. Ich wollte ihr ja helfen, aber sie sagte. »Nee, das kann ich alleine.« Das ist blöde, wenn abgelehnt wird, was du bereit bist zu geben. Ich dachte, in solchen Situationen muß ein Paar zueinanderhalten, aber sie blockte ab, manchmal war sie aggressiv am Telefon, wenn ich zu einem ungünstigen Zeitpunkt anrief. Unsere Beziehung bröckelte ab, wir trafen uns immer weniger. Ich hätte in meiner Liebhaberrolle verharren sollen. Ich hatte kein Problem, ihr treu zu sein. Sie hat aber immer Sachen gesagt wie: »Dann mußte dir halt 'ne andere suchen.« Irgendwann habe ich diesen Satz dann ernst genommen, mir ging es schließlich nicht nur um Sex.

Silvester 2000/2001 hat sie mir bis zur letzten Minute nicht gesagt, ob sie kommt. Zwei Tage vorher hat sie offiziell abgesagt, ich hoffte trotzdem, daß sie auftauchen wird. Ich hatte viele Einladungen, aber ich habe keine angenommen, ich konnte nicht raus. Ich bin in so einer Lage richtig schwermütig, also habe ich mir traurige Musik aufgelegt und meinen trüben Gedanken nachgehangen. Um zwölf, als es draußen anfing rumzudonnern, kam ihr Anruf. Ich habe einen Spruch, der ist mir wichtig: »Es ist nicht sicher, daß es besser wird, wenn es anders wird. Es ist aber sicher, daß es anders werden muß, damit es besser werden kann.« Darüber habe ich in der Silvesternacht nachgedacht. Ich habe geheult wie ein kleines Kind. Ich habe gedacht, das ist falsch. Ich habe die Schuld bei mir gesucht. Dann habe ich mir vorgenommen: Nächstes Jahr Silvester biste nicht mehr alleine. Du hältst an der Frau nicht mehr fest. Ich hatte ja gemerkt, daß ich immer mehr gekrampft habe. Ich habe von heute auf morgen mein Gefühl umgestellt.

Ich habe andere Frauen wieder wahrgenommen, mich wieder voll da reingestürzt. Im Sommer hatte ich eine Künstlerin, Lili, die hatte eine Annonce aufgegeben: »Frau um die 50 ...« Ihre Telefonstimme war mir sehr angenehm. Wir haben uns verabredet, und ich hatte Probleme, ihrer Wegbeschreibung zu folgen. Schließlich bin ich da und warte im Auto, da sehe ich eine im Rückspiegel kommen und denke: Hoffentlich isse das nicht. Korpulente Frauen in flachen Schuhen haben immer so etwas Entenmäßiges, und genauso eine Ente kam da auf mein Auto zugewatschelt. Aber sie war es, und sagt prompt als erstes: »Die Ossis können alle keine Karten lesen.« Lili hatte Flatterzeug an, viel Silber umgebammelt, wie ich mir so 'ne 68er intellektuelle Öko-Tante vorstellte, und sie hatte sich glatt mehr als zehn Jahre jünger gemacht, sie war über 60! Aber voller Power und Lebenslust. Ich dachte aber, wir haben durchs Künstlerische einen Draht, ich war durchaus fasziniert.

Wir sind afrikanisch essen gegangen, und sie hat von ihren ganzen Lovern erzählt. Sie hat geredet, wie sonst nur Männer reden. Die sagen ficken und vögeln, ich kenne das, ich habe jahrelang auf dem Bau gearbeitet, da wird über alles sehr offen gesprochen. Ich rede nicht so, das ist mir zu prollig, ich denke auch mehr wie eine Frau, ich bin zum Beispiel sehr kitschig. Ich mag es, ein Ambiente zu gestalten. Ich kann stundenlang Sonnenuntergänge genießen, das kenne ich alles von anderen Männern nicht. Männer sind mir oft suspekt in ihrem Verhalten. Als ich noch auf 'm Bau war, waren wir mal auf dem Gerüst, unten ging eine Frau vorbei, geschminkt, gestylt, alle haben ihr hinterhergestiert. Da hieß es: »Kuckt mal, die Nutte.« Das sind dieselben, die mit Kleinbussen zum Bumsen nach Tschechien fahren und deren Frauen zu Hause in Kittelschürze oder Jogginghose rumlaufen.

Lili hat viel erzählt, auch vom Kunstunterricht, wo die Jungs Sprüche wie »Du alte Fotze« sagten. Sie war lange mit einem Perser verheiratet, der hatte einen Riesenschwanz und war beschnitten, das erzählte sie alles in schönster Offenheit. Auch, daß sie nicht gerne bläst. Nach zwei Stunden sagte sie: »Du kannst bei mir pennen.« Ich war neugierig geschockt. Sie war irgendwie unförmig – sie hatte aber einen großen Busen und herrliche Knospen, was vieles wieder wettmacht. Ich hatte auch richtig Interesse, was sie für Bilder malt. Ich dachte: Vielleicht läuft das alles auch auf rein freundschaftlicher Basis. Wir sind dann doch im Bett gelandet. Lili hat von Anfang an gesagt, was ihr guttut. Ich will in erster Linie eine Frau befriedigen. Bei ihr habe ich mich über einen langen Zeitraum zu oft zurückgehalten. Und mit Lili kam mir eine sehr egoistische Frau über, von Anfang an. Wir sind in Nachtbars gegangen, in Kunstkneipen. Cool. Ich habe meine Arbeit schleifen lassen, manchmal war ich für vier Tage weg. Ich mag das nicht, im Lokal so abwarten, bis jemand anders bezahlt. Also habe 70 bis 80 Prozent immer ich bezahlt. Das konnte ich mir eigentlich gar nicht leisten. Mir war das irgendwann zu teuer, zu ihr zu fahren, auszugehen. Außerdem war nicht soviel Gefühl dabei. Es war bei all den Frauen während dieser Zeit ja eine reine Sexgeschichte, gut, ein bißchen Liebe ist immer dabei. Ich kann auch drei, vier Frauen gleichzeitig lieben. Ich habe 'ne ziemliche Angst vor Aids, bevor ich was ohne Kondom mache, lasse ich mir einen frischen Aidstest zeigen, was ich natürlich auch mache. Wenn ich mich *richtig* verliebe, geht aber nur eine allein.

Mit Lili war irgendwann alles zuviel. Besonders ihr Egoismus. Einmal stand ich vor ihrer Tür, sie machte auf, stand da, und ich dachte: Wenn sie dir nicht an den Schwanz faßt, läuft gar nichts. Damals habe ich gedacht, ich hätte sie gerne einfach nur als weiblichen Freund. Das war im letzten Sommer, die Geschichte mit Lili.

Eine von meinen guten Freundinnen, also eine, mit der Sex fast störend wäre, hat mich neulich gefragt, wie meine Traumfrau denn aussieht. Also, sie hat erstens Selbstbewußtsein, sie hat zweitens Humor, sie ist drittens schlagfertig. Darauf meinte die Freundin: »So eine mußt du dir erst backen lassen.« Und kunstinteressiert und klug sollte sie außerdem noch sein. Meine Mutter war das glatte Gegenteil von all diesen Eigenschaften. Für mich muß eine Frau toll aussehen und schick gekleidet sein. Es ist klasse, wenn sie ladylike aussieht und sich trotzdem für Szene, Foto, Graffiti, junge Sachen interessiert. Von der Optik her kenne ich 'ne Menge Frauen, die in Frage kommen. Aber: Die müssen mich auch wollen. Auch die Körperpflege ist bei einer Frau wichtig, man glaubt es ja nicht, aber das ist durchaus nicht selbstverständlich. Ich finde es furchtbar, wenn Frauen nicht auf sich achten. Dazu gehört auch ein schönes Parfüm, das sollte doch selbstverständlich sein. Einmal habe ich einer ein Parfüm geschenkt – die hat dann mit einer Freundin darüber philosophiert: »Warum macht er das, rieche ich nicht gut?«

Ich hasse Sätze wie: »Das kann ich nicht anziehen, das ist für gut.« Das kommt bei Geschäftsfrauen nicht vor. Als Alexandra, also die Frau, mit der ich jetzt lebe, und ich uns kennengelernt haben, trug sie Hosenanzüge, jetzt hat sie sich auch wieder Röcke gekauft und hohe Schuhe, richtige Absatzschuhe, Stöckelschuhe, sie kann so ladylike rüberkommen. Sie macht Sachen für mich wie halterlose Strümpfe tragen. Das ist doch ganz was anderes, als wenn eine Frau solche Kniestrümpfe anhat. Manchmal frage ich mich: Warum kaufen sich Frauen die Unterwäsche nicht da, wo sie die Oberwäsche kaufen? Frauen in Socken, brrr. Manchmal habe ich lieber gewartet, bis eine Frau sich ganz ausgezogen hatte, bis sie ganz nackt war, das war mir lieber, als sie in komischer Feinripp-Wäsche zu sehen.

Bei einer Frau muß für mich einfach alles stimmen. So wie bei Alexandra. Sie will mich, und ich will sie. Absolut. Dabei hatte ich überhaupt nicht damit gerechnet, daß das mit uns was wird. Ich mache seit einem Jahr hauptsächlich Auftragsarbeiten, privat und für Werbung, Fotos und gemalte, oft auch gesprayte Bilder. Ich kriegte also eine E-Mail aus einem Unternehmen in A. Die Chefin war selbst am Telefon und sehr fordernd: »Kommen Sie mal vorbei.« Ich komme also hin, sehe die Frau, das hat gereicht. Wow. Ich habe aber gedacht: Die quatschst du nicht an. Was ich sonst immer gerne mache, ist die charmante Art, da stehe ich drauf, wenn ich eine Frau toll finde, Tür aufhalten und so. Ich wollte mich zurückhalten. Wir wechseln also nur: »Frau X., Guten Tag.« – »Herr Y. Guten Tag.«

Sie wollte ein Motiv mit einer strahlenden jungen Frau. Und sie hat gleich Fotos von einem Model auf den Tisch gelegt. Die fand ich auch nicht schlecht, aber ich habe trotzdem gesagt: »Warum nehmen wir nicht Sie?« Sie hat zögernd zugestimmt. Na gut. Cool. Fotografiert, Foto abgemalt. Als ich ihr das Ergebnis gezeigt habe, fanden wir beide, das ist ein cooler Werbegag, die Unternehmerin als Reklamefigur. Da habe ich schon gemerkt: Die mag dich auch. Ich hätte sie wirklich nicht anmachen müssen. Aber ich habe immer nur gedacht: Oh, sieht die klasse aus. Als ich ihr das fertige Bild ins Büro gebracht habe, hat sie der Praktikantin alles überlassen und sich abgemeldet. Zum Frühstück mit mir. Wir haben sechs Stunden gefrühstückt, und ich kann mich nicht erinnern, ob wir danach schon per du waren. Es hatte gefunkt. Wir haben uns verabschiedet. Bei mir war so ein bißchen hängengeblieben, daß sie meint, »Männer sind sowieso alles Schweine«. Ihre Mitarbeiterinnen, alles so gut gestylte Emanzen, schienen auch dieser Meinung zu sein, das habe ich im Büro immer wieder mitgekriegt, aber das fand ich o.k. Wir haben ein paarmal telefoniert, ich fand die 100 Kilometer zwischen uns ganz gut.

Sie wollte dann noch was gemacht haben. Als ich einmal da war, kam auch ihr Mann ins Büro. Ich war mir sicher: Die würde nichts mit dir anfangen. Wir waren dann zusammen essen. Durchs viele Reden sind wir einander nahegekommen. Ich mußte gar nicht baggern. Es ergaben sich so viele Gemeinsamkeiten, gleiche Lebenseinstellungen. Alleine wenn ich an ihre Lebenslust denke, die sie mit ihrem Mann nicht ausleben konnte, nicht teilen konnte. Und die vielen Gemeinheiten von ihm. Als ihre Kinder klein waren, unter drei, da ist ihr Mann an den Geburtstagen immer in die Kneipe gegangen, mit der Begründung: Die Kinder kriegen die Geburtstagsfeier sowieso noch nicht mit. Wie herzlos. Es sind solche Kleinigkeiten, die zermürben. Und dann seine öffentlichen Fremdgeh-Geschichten. Sie hat die spitzgekriegt und sogar mit gedeckt.

Alexandra hat sich schon vor 15 Jahren innerlich von ihrem Mann losgelöst. Sex war nur noch Pflichtsex. Sie hatten über Jahre keine gemeinsamen Schlafzimmer. Wenn's zur Sache gehen sollte, hat er gesagt: »Kommste mal mit rauf zu mir?« Unterm Dach hat er sein Arbeits- und Schlafzimmer.

Einen Monat, bevor wir uns getroffen haben, hatte Alexandra beschlossen: Jetzt ist Schluß damit, mit dem Sex mit meinem Mann. Er hatte früher immer verbale Gewalt benutzt, um seine Interessen durchzusetzen. Dabei hatte sie ihm sogar gesagt: »Du bist ein schlechter Liebhaber, du bist schlecht im Bett.« Ich bin sicher: Ihr Mann hätte kein Problem damit, daß Alexandra einen Lover hat – wenn sie wieder mit ihm ins Bett gehen würde. Was für ein Arsch! Dem geht es nur darum, daß ein anderer mit seinem Spielzeug spielt. Es ist so, als würde ich ihm sein Auto oder sein Fernrohr wegnehmen.

Alexandras Mann ist schwanzgesteuert, der will abspritzen. Das könnte ich auch zehnmal am Tag, aber das ist es für mich nicht. Ich will Romantik, ich brauch' das alles ganz intensiv, ich will genießen. Alexandra und ich haben dieselben Vorstellungen vom Genießen in allen Bereichen. Ich hatte das mit dem Rauchen gut im Griff, als ich Alexandra kennenlernte, sie raucht zuviel. Jetzt ist es eben nicht zu ändern, daß wir beide rauchen, wenn wir zusammen sind. Ich will das Leben aus dem vollen schöpfen.

Alexandra ist sehr großzügig. Sie hat mir abgewöhnt, daß ich mich entschuldige, wenn sie bezahlt. Auch wenn wir einen kleinen Urlaub machen. Sie gönnt sich das endlich, weil ja genug Geld da ist, ihr Mann macht es ja schon Jahre so. Für zu Hause kaufe ich das Nötigste, sie kauft tollen Wein. Ich habe blindes Vertrauen zu ihr, bei mir stehen alle Schränke offen. Das ist ein ganz anderes Verhältnis als mit Karen.

Alexandras Mann ist sehr altmodisch und stockkonservativ. Das ist das, was seine Geliebte offenbar an ihm toll findet. Er geht aus dem Zimmer, wenn jemand von Sex spricht, das kommt aber doch heute in jedem Film vor. Seiner Prüderie in der Hinsicht widerspricht sein Verhältnis zur Treue oder zur Familie. Aber er will eben machen, was er will und gleichzeitig der Herr im Haus und der Familie sein. Eigentlich tut er dafür aber nichts. Immer wenn es hart auf hart kommt, macht er sich aus dem Staub.

Er weiß ja, daß seine Frau einen anderen hat, er weiß nur nicht, wer es ist. Einmal hat ein Kumpel von mir bei ihnen im Haus übernachten müssen, dem hat der Mann zugesetzt, weil er dachte, das sei ich. Es geht bei diesen Auseinandersetzungen nicht um mich, es geht um die Verhältnisse innerhalb der Familie. Die Frauen werden zu Hause von ihren Männern oft vernachlässigt. Es sind oft die erwachsenen Töchter, die ihre Mütter dann unterstützen. Ich lerne auch den Mann meiner Freundin besser kennen durch Gespräche mit der Tochter. Alexandra spielt mit offenen Karten, ihre Tochter, der Sohn, die wissen Bescheid, und sie sagen, je mehr sie darüber wissen: »Das ist cool.« Alexandras Mann ist ein totaler Loosertyp, der sich auf seinen Lorbeeren ausruht. Wobei diese Lorbeeren in der Firma hauptsächlich Alexandras Verdienst sind. Die Kinder und

Alexandra haben sich ihn neulich richtig gegriffen und auf den Pott gesetzt, das ist schon interessant, diese ganze Entwicklung.

Wenn es mal wieder Zoff gab zu Hause mit dem Mann, sage ich Alexandra: »Laß dir nichts gefallen.« Sie könnte sich nicht eingestehen, daß sie mit schuld hat an seinem Verhalten. Die ganze Familie hat ihm immer zuviel durchgehen lassen. Das Selbstbewußtsein, das sie sonst als Person in jeder Lebenssituation hat, das fehlt ihr ihm gegenüber, das hat sie sich nie zugetraut.

Die meisten Frauen mit Liebhaber handeln doch nach bestimmten Strickmustern, Alexandra ist da eine Ausnahme. Die Strickmuster sehen so aus. Erstens: Sie liebt ihren Mann, wird aber vernachlässigt. Da fehlen Aufmerksamkeiten wie Briefe, Blumen. Ein Freund und eine Freundin von mir haben sich gerade getrennt, ein junges Paar. Ihn habe ich gefragt: »Wann hast du ihr das letzte Mal Blumen gekauft?«

Man muß sich das Mal vorstellen: Am Valentinstag erzählen alle Kolleginnen, was sie von ihren Männern gekriegt haben, Blumen, Pralinen, aber Nicole konnte nie mitreden, weil ihr Typ das immer boykottiert. Ihr neuer Mann sieht zwar nicht so gut aus, aber er hat diese Aufmerksamkeiten drauf, ich bin ein guter Ratgeber in solchen Fragen. Die zweite Sorte Frauen, die fremdgehen, sind sexfixiert, die haben zum Teil mehrere Liebhaber. Denen geht es weniger ums Drumherum. Und die dritte Sorte, das sind die, die ausbrechen wollen, wo ich als Liebhaber aufpassen muß, daß es nicht zu weit geht.

Fremdgehen ist 'ne Übungssache und 'ne Einstellungssache. Manche möchten's und machen's nicht, wegen irgendwelcher Anstandsregeln – wir haben ja geheiratet und sülz. Die könnten das nicht mit ihrem Gewissen vereinbaren. Das sind nicht die Genießer. Die können auch mit anderen Sinnen nicht genießen. Meine Nachbarn, die machen eigentlich den Eindruck: Das sind moderne Leute. Ich bin Pate von ihrem Kind. Die reden von sich immer im Doppelpack: »Wir haben aufgehört zu rauchen.« – »Wir haben wieder angefangen.« Hä? Da geht doch jede Individualität verloren, zumal wenn du weißt, sie hatte sowieso nicht aufgehört, sondern heimlich die ganze Zeit weitergeraucht.

Eine zehnjährige Ehe, wo's noch prickelt, die kenne ich nicht. Naja, und Alexandra und ihr Mann sind mehr als doppelt so lange zusammen. Er quengelt jetzt rum, so ganz blöde: »Merkst du eigentlich, daß die Kinder dich brauchen? Der Kühlschrank war am Wochenende leer.« Ich sage: »Du nimmst Hagen am besten mal mit zum Einkaufen.« Männer tun sich schwer mit so was. Das sehe ich bei meinem Vater. Der Mann von Alexandra macht zu Hause gar keinen Handschlag, da haben von klein auf die Kinder mitgeholfen. Er war immer schlau und hat zu seiner Frau gesagt: »Du kannst das so viel besser als ich.« Dabei ist dann herausgekommen, daß sie stundenmäßig zu Hause und in der Firma sehr viel mehr arbeitet als er.

Alexandras Mann hat ihr jetzt eine Frist gesetzt, wenn sie sich nicht innerhalb von einem Jahr trennt, läßt er sich scheiden. Sie kann, wenn er rumnölt, prima auf Durchgang schalten. Sie ist aber eher der Meinung, daß er sich an den Zustand gewöhnt, ich glaube das noch nicht. Sie hat für ihn sogar 'ne Annonce aufgegeben: »Suche Partnerin ...«. Frauen haben oft Angst davor, sich zu trennen, sie fürchten das Alleinsein. Das ist auch der Grund, warum Alexandra Hagen bisher nicht verlassen hat.

Meine Freunde kennen Alexandra alle, und sie paßt dazu. Sie wirkt mit ihren 50 so jung, nicht durch Tattoos oder ein Piercing. Sie hört zum Teil modernere Musik als ich, *Rammstein* zum Beispiel. Ich höre eher so schmachtige Schmalzlieder, *Ich war 17 und sie 31* von Peter Maffay. Alexandra ist klein, ein dunkler Typ mit großen Augen und so Knutschlippen. Ich stand eher auf so Typen wie Christiane Hörbiger, mit schmalen Lippen, Sie haben ja auch eher schmale Lippen. Ich habe Alexandra oft gemalt. Wenn sie noch schläft, kucke ich sie an, ich finde sie so schön ...

Wir hatten bis jetzt noch keinen Reibungspunkt, sie toleriert, sie kann auf mich eingehen. Neulich zum Beispiel waren wir auf einem Parkdeck und hatten vergessen, wo das Auto steht. »Eher da lang«, sagte sie, ich war aber ganz sicher: da lang. Ich habe gesagt: »Ich habe recht«, sie hat gesagt, sie hat recht. Ich habe dann gesagt: »Komm, wir gehen dahin, wo du meinst.« Aber da war der Wagen nicht. Sie hat gesagt: »Cool.« Daß ich einfach nachgegeben habe.

Ich weiß gar nicht, wie ein Streit mit ihr aussehen könnte. Ich sage ihr manchmal: »Das kannste nicht so machen, wie du es mit deinem Mann gemacht hättest.« Mit mir muß sie reden, auch mal recht haben wollen. Ich brauche eine Frau, die meinem Selbstbewußtsein gewachsen ist, das finde ich ganz wichtig.

Alexandra hat jung geheiratet, mit 18. Mit 16 hatte sie den ersten Sex. Mit einem Franzosen, mit ihm hat sie gleich an einem Tag mitgekriegt, was geht. In all ihren Ehejahren war sie nur einmal mit einem Lover im Bett, aus Rache. Einmal, und dann war's gut, und das glaube ich ihr. Sie hat sich nicht vorstellen können, wie unsere Beziehung aussehen könnte. Sie mußte sich auch erst dran gewöhnen, mit mir über Sex zu reden, ich will doch wissen: Was gefällt dir denn? Bei ihrem Mann ging alles dahin, Hauptsache schnell. Seine Geliebten sind mit ihm zufrieden, aber die müssen auch nicht nach einem Streit mit ihm ins Bett. Wenn es bei mir mit einer Frau nicht ausdiskutierte Probleme gibt, kann ich auch nicht mit ihr schlafen.

Als ich jung war, hätte ich mir das alles nicht vorstellen können. Im Pubertätsalter habe ich viel darüber nachgedacht: Wie sieht die Welt im Jahr 2000 aus? Ich habe mir ausgemalt, es gibt Ufos, der Mars ist besiedelt. Ich habe meinen eigenen Wartburg de luxe und Kinder. Doch als junger Mann kamen bei mir weder Armee noch Kinder. Meine letzte gleichaltrige Freundin hatte ich zur Wendezeit, sie war damals sogar schwanger, sie hat mich da irgendwie gelinkt. Ich dachte, sie nimmt die Pille, doch sie wollte mich so an sich binden. Ich bin viel zu zeitgeizig für Kinder, wenn ich ein Kind hätte, wollte ich das auch 100prozentig, das heißt, auch 100prozentig für das Kind dasein. Manchmal denke ich, vielleicht bin ich auch richtig geizig und möchte mein Geld einfach nicht teilen. Kinder, nee, das eine wird rechtsradikal, das andere driftet sonstwie ab, und du kannst nichts machen. Ich habe nicht mehr den Wunsch, mich fortzupflanzen.

Wenn ich höre: Du mit deinen alten Freundinnen, keine Kinder, im Alter wirst du allein sein. Dann frage ich: »Wer hat denn heute noch Zeit für seinen Opa?« Meine Freundin hat ja Kinder, die können von mir aus Papa zu mir sagen, wenn sie wollen. Der große

Sohn hat Probleme mit mir, einfach weil ich der Freund von seiner Mutter bin und eben nicht so alt wie sein Vater. Der Jüngste, wenn ich den ohne seine Mutter kennengelernt hätte, hätten wir richtig Freunde werden können. Mit dem Alter ist das wirklich eine komische Sache. Mit einigen Mädchen aus der Graffiti-Szene habe ich dicke Freundschaften, für die bin ich wie ein großer Bruder. Viele sind 18, 19, 20, ich könnte ihr Vater sein. Selbst da paßt Alexandra dazu, alle finden sie cool, sie spricht unsere Sprache, sie ist authentisch.

Meine eigenen Eltern entschuldigen so viel mit ihrem Alter. Meine Mutter sagt zu mir: »Carlo, geh mal raus in den Garten, hilf mal dem Vater mit dem Ast.« Mein Gott, die sind 54. Mein Vater hat die Gabe, körperliche Arbeit akustisch schwerer zu machen; wenn er »Och« macht, hört sich das an wie ein Orgasmus.

Meine Eltern sind so alt wie manche meiner Freundinnen und für mich das absolute Anti-Beispiel: Da ist nichts da. Keine Interessen, keine Liebe, keine Beziehung, das ist schlimm, wäh! Als Jugendlicher, kann ich mich erinnern, hätte ich jedem von beiden einen Liebhaber gegönnt, aber die haben immer gegen so was gefunkt. Meine Eltern sind beide 54, aber sie haben den Geschmack meiner Großeltern. Die machen im Garten Sachen, da krieg' ich Panikattacken, lauter Koniferen und so'n Zeugs. Auch im Haus. Da müßte man erst mal 'ne Bombe reinwerfen. Meine Mutter kauft das ganze Haus mit Kitsch zu, alles muß was sein, jeder Kerzenständer ist ein Schwan, die Klobürste ein Nilpferd, das macht mich krank. Heide hat mir auch immer Geschenke gemacht, die ich nicht so rankommen ließ, einen Weihnachtsstern, Alpenveilchen. Ich habe gesagt: »Ich weiß jetzt wirklich nicht, wo ich das hinstellen soll.« Die sind dann vertrocknet. Einmal kriegte ich ein Frottee-Poloshirt mit aufgestickten Oldtimern, das würdste nicht mal als Schlafanzug anziehen. Ich dachte: Sie muß doch sehen, was ich für einen Geschmack habe. Sie war etwas beleidigt und hat es wieder mitgenommen.

Meine Familie ist mir fremd, was war das früher da verlogen. Da saßen alle am Kaffeetisch, es hieß: »Hast du aber heute die Haare toll, Beate«, und wenn Tante Beate dann in der Küche war, hieß es: »Sieht das scheiße aus.« Ich dachte immer nur, so willst du nie werden. Ich versuche, ehrlich zu sein, wenn eine Frau Schuhe anhat, die mir nicht gefallen, die nicht zu ihr passen, muß ich das loswerden. Da denke ich auch beim Sex drüber nach. Ich sage dann: »Weißte, hier bei uns ist ein Laden, der hat coole Schuhe.« Das paßt manchmal nicht, aber ich bin's los. Zum Glück muß ich so was bei Alexandra nie sagen.

So wie es bei Alexandra und mir ist, ist es so, wie ich mir das Leben vorgestellt habe. Wenn man hohe Ansprüche stellt, erfüllen die sich auch. In einem Zeitungsinterview habe ich als mein Ziel mal genannt: reich und berühmt werden. Manche mögen das arrogant finden, aber ich meine mit reich werden: finanzielle Unabhängigkeit haben. Jetzt verkaufe ich meine ganze Tageszeit, um irgendwann mal mehr Zeit für mich und die Liebe zu haben.

Als ich in der Zeit mit Karen diese Arbeitsstelle so weit weg hatte, acht Stunden arbeiten, jeden Tag drei Stunden mit dem Auto, um von A nach B zu kommen, das sind im Jahr über 20 volle Tage, da habe ich Panik bekommen. Ich dachte: Du verschwendest dein Leben. Ich hänge an meinem Leben, ich will was draus machen. AIDS oder blind werden, da würde ich an Selbstmord denken, obwohl ich nicht der Typ dafür bin. Im Rollstuhl sitzen – das geht vielleicht noch.

Ich bin im Grunde faul und träge, und ich frage mich oft: Wie wäre ich im Osten, also in der DDR, geworden? Auf ewig auf dem Bau? Bestimmt nicht. Ich hatte schon damit geliebäugelt, vielleicht selbstgemalte Postkarten zu verkaufen, Kunstgewerbe war ja so ein Ausweg für viele. Das muß ich jetzt nicht mehr austesten. Ich bin zufrieden mit dieser Wende-Geschichte, ich finde Kapitalismus spitze. Meine Eltern sind selber schuld, wenn ihnen alles nicht gefällt. Wenn sie sich einen Hund anschaffen, können sie eben nicht mehr reisen. Meine ganze Familie hat andere Probleme als ich. Die Cousins jammern über die Arbeit, der eine ist Koch, der andere Klempner, die machen einfach nichts aus sich. Ich will nicht arrogant rüberkommen, aber jeder muß selbst sehen, was er aus seinem Leben macht.

Ich glaube nicht an Gott, ich bin Atheist. Religion ist nur dazu da, die Leute ruhig zu halten, das war schon immer so. Ich glaube vielleicht ans Schicksal, aber bestimmt nicht an Astrologie. Doch neulich hat mir eine Wahrsagerin auf den Kopf zugesagt, was in meinem Leben los ist. Das hat mich umgehauen. Es war in einem großen Lokal, wo man zu ihr hingehen konnte. Ich dachte, die hätte bei Alexandra und mir mit am Tisch gesessen oder die hätten uns vorher irgendwie abgehört mit versteckten Mikrofonen, was ja Quatsch ist. Jedenfalls wußte die Wahrsagerin bestens Bescheid. Sie hat gesagt: »Ich sehe eine große Karriere, Sie malen Bilder, nein, die Bilder sind gar nicht gemalt, was ist denn das?« Ja, ich fotografiere sie und ich spraye sie auch mehr und mehr. Und dann sagte sie noch: »Sie lieben Frauen, die um einiges an Jahren älter sind als Sie. Und da gibt es eine, die ist die Richtige.« Ob es Alexandra ist, hat sie nicht gesagt.

Hartmut, 52, Ingenieur im Außendienst

Sie wollte keine Probleme

Oder: Ich dachte, sie ist 'ne Professionelle

Er bringt mir zu unserem Gespräch Marzipanherzen mit, er lächelt viel und ist durch und durch freundlich. Den müßten Frauen doch mögen, denke ich – abends, bei einer Lesung, sehe ich, wie sie ihn ansehen, wie er sie anlächelt. Aber er ist schüchtern. Mit seiner Frau führt er zur Zeit eine Fernbeziehung von Großstadt (G.) zu Mittelstadt (M.).

Die Sache mit Inge war bei mir sexueller Notstand. Sex hatte in unserer Beziehung Vorrang. Dazu hatten wir ein gleiches Feeling für die Natur, fürs Essen, für Kleckerdörfer, für Orte, die interessant sind. Inge wollte immer, daß es keine Probleme gibt, wenn wir uns mal trennen, das hat sie gleich am ersten Tag gesagt. Das fand ich gut. Als die Trennung kam, habe ich das eigentlich nicht gewollt.

Ich schlafe zwar noch mit meiner Frau, aber vielleicht zwei-, dreimal im Monat. Das Kapitel Inge ist abgeschlossen. Ich rufe sie an ihrem Geburtstag, am 5. Mai, an, anfangs habe ich sie auch Silvester angerufen, wenn ich mit meiner Frau beim Großfeuerwerk war, mal so schnell auf dem Handy, ein neues Jahr wünschen. Ich rufe auch manchmal an, wenn ich wo vorbeikomme, wo Inge und ich zusammen waren. »Ich bin jetzt da und da«, sage ich. Dann ist man schon wieder in dieser Euphorie, schwelgt in Erinnerungen. Mit ihrem Neuen ist sie jetzt fest zusammen.

Begonnen hat es vor fünf Jahren, da war ich 47, sie wurde 40. Es dauerte ungefähr drei Jahre und ging ohne Komplikationen zu Ende. Sie suchte jemanden, der verheiratet ist. So stand es zwar nicht drin in ihrer Anzeige. Die hatte sie in der Rubrik *Kontakte* aufgegeben, in unserer Tageszeitung in M. Man hat ja immer mal so Annoncen gelesen. Am Sonntag ist sowieso immer schön Frühstücken und Annoncen-Studium, ob man was Günstiges ergattern kann, was Technisches oder für'n Garten. Da habe ich auch die Bekanntschaftsanzeigen gelesen. Sie hatte geschrieben »für Unterhaltung und Freizeitgestaltung«, aber es war klar, daß es ihr sehr recht war, daß ich verheiratet bin.

Inge war die erste Frau, die ich überhaupt auf eine Anzeige traf. Ich hatte Glück mit ihr, das ist klar. Ich hatte damals so Visitenkarten, da war mein Konterfei draufgedruckt, und darunter stand meine Telefonnummer, die Mobilnummer. Da brauchte ich das Foto und die Telefonnummer nur abzuschneiden und in einen Umschlag zu stecken. So hab' ich das losgeschickt, ohne Kommentar. Ich kann nichts Großartiges schreiben, erzählen kann ich auch nicht so besonders. Sie hat sich gemeldet. Wir haben dann gleich einen Termin gemacht, kurz nach dem 5. Mai, ihrem Geburtstag, da war sie dann schon 40, in der Anzeige hatte noch gestanden: 39.

Wir haben uns vor einem Hotel in K. verabredet, wo ich die Sauna eingebaut hatte. Ich so vor dem Hotel, das Warten auf sie, das war schon spannend. Da war ich um so angenehmer überrascht, als sie kam. Sie hatte ein schönes weißes Strickkleid an und eine tolle Figur. Wir haben gleich Guten Tag gesagt, naja, irgendwie sprudelte es gleich los. Wir sind dann nach A. gefahren, wo ich auch gerade ein Saunaprojekt in einem Hotel hatte. Inge hat so gleich einen Einblick gekriegt von meiner Arbeit und meiner Selbständigkeit.

Wir sind durchs Feld spazierengegangen und haben die ganze Zeit so geschmust. Ich hatte eine Decke mitgenommen, aber sie hat sich geziert wie ein kleines Mädchen. Im nachhinein habe ich gemerkt, daß sie ihre Tage hatte. Inge hat in G. so einen Lecker-Imbiß-Shop, da sind wir hingefahren, und da ist es eigentlich auch gleich passiert. Wir waren den ganzen Nachmittag zusammen. Es ist klar, wenn man so 'ne schöne Frau neben sich hat, dann hat man gleich mehrmals Sex.

Ich bin jetzt 32 Jahre verheiratet. Es war das erste Mal für mich, daß ich etwas mit einer anderen hatte. Es gibt ja Frauen, die weniger Sex-Verlangen haben. Bei meiner Frau Dagmar hatte ich das Gefühl, es macht ihr keinen Spaß. Sie war auch nur, wie heißt das, klitoral erregbar, so sagt man das doch. Sie hat sich aber nie beschwert. Ich habe sie gefragt, weil ich mir blöde vorkam. Wenn nur der Mann seinen Orgasmus hat und sie hat kein Vergnügen dabei, das gefällt mir nicht. Ich habe gedacht, vielleicht hat sie wenig Lust oder keine Lust, weil sie im Beruf immer den ganzen Tag stehen muß. Das ist jetzt im nachhinein meine Einschätzung. Sie hat es am liebsten, wenn sie in Ruhe gelassen wird. Sie mußte damals auch viel am Wochenende arbeiten und abends lange.

Mit Inge, das war ideal. Sie konnte sich ihre Zeit frei einteilen mit ihren Lecker-Läden. Inge hatte in G. eine Dreizimmerwohnung, da wohnte sie mit ihrem Sohn, der war elf. Sie war schon lange geschieden und lebte mit Absicht alleine, ihr Ex-Mann war mittlerweile tot. In H. hatte sie auch noch zwei Lecker-Imbisse, da haben wir uns auch getroffen. Manchmal hat sie angerufen: »Wollen wir uns morgen zum Frühstück sehen?« Dann bin ich früh losgefahren, ich hatte zwei Stunden Anfahrt, und war dann um acht mit Brötchen bei ihr. Ich bin selten nachts bei Inge gewesen, eher zum Frühstücken, das hat der Sohn mitgekriegt, aber nach dem Frühstück war er ja in der Schule. Manchmal hatte ich schon das Gefühl, sie behandelt ihn stiefmütterlich, um mit mir zusammensein zu können. Wir haben uns mindestens einmal die Woche gesehen. Wir sind viel essen gegangen. Sie hatte damit sowieso kein Problem, daß uns jemand zusammen sehen könnte, und meine Familie hat in G. keine Bekannten.

Als ich Inge getroffen habe, haben Dagmar und ich wenig unternommen. Ich kam aber viel rum, zu meinen Saunen in den Hotels. Da habe ich so schöne Orte gesehen, da wollte ich in viele einfach mal wieder hin. Ich komme ja ursprünglich aus dem Süden, aber hier oben, in Mecklenburg und Holstein, hier gefällt es mir richtig gut, das ist hier meine Heimat geworden. Hier wachsen noch Obstbäume an den Straßen, da kannst du einfach anhalten und dir einen Apfel pflücken.

Inge und ich sind viel rumgefahren, wir waren viel in der Natur, haben in Mecklenburg Kleckerdörfer abgeklappert, die fanden wir beide so schön und interessant. Einmal bin ich mit Inge nach Kopenhagen gefahren. Ich hatte die ganze Autofahrt meine Hand so leicht auf ihrem Schenkel. Wir haben es gerade so geschafft, im Hotel eingecheckt, und dann haben wir bloß noch die Zimmertür hinter uns geschlossen. Wir waren viel zusammen unterwegs, wir waren auch in Polen und zur Messe in Dänemark. Einmal habe ich mit Inge sogar unsere Tochter besucht, sie ist schon 30 und lebt in Berlin, sie führt dort ein Lokal. Wir haben da Zwischenstation gemacht. Ich habe gesagt, daß ich mit einer Kollegin unterwegs bin, auf dem Weg zu einer Hotelanlage.

Ich glaube nicht, daß meine Frau die drei Jahre über was mitgekriegt hat. Ich kann nicht gut lügen, ich kann mir Lügen schlecht merken. Wenn ich Notlügen benutzt habe, hat Dagmar nicht weiter nachgebohrt. Sie hat keine Affinität zum Handy. Wenn ich mir vorstelle, sie hätte da mal die Wahlwiederholung gedrückt. Technik interessiert sie nicht. Dafür ist sie die geborene Köchin. Meine Frau ist eine Liebe, Nette, sie verwöhnt mich. Ein Gänsebraten ist so schnell weg, und den übergießt sie den ganzen Vormittag.

Wenn meine Frau mein Verhältnis mitgekriegt hätte, die hätte an die Knöppe gedreht, die würde durchdrehen, die wäre weggewesen. So was gibt's in ihrer Familie nicht. Wenn Schwiegervater von so was wüßte, er würde sagen: »Trenn dich.« Dagmar ist sehr stur. Und die Sippe hält zusammen. Familienfeiern sind immer ein Riesenereignis, das fängt schon mittags an, dann ist Kaffee und Abendbrot, ab sechs wird Doppelkopf gespielt. Schwiegermutter ist früh gestorben, Schwiegervater hatte schon wieder Silberhochzeit mit der nächsten Frau.

Mein Bruder hat sich von seiner ersten Frau scheiden lassen. Die hatte sich nie nackt vor ihm ausgezogen. Das hatte ich nicht geahnt. Seine zweite Frau und er, die haben sich anfangs gegenseitig Knuffelchen genannt, sich immer gegenseitig die Zigaretten angezündet. Jetzt sind sie zehn Jahre verheiratet, es hat sich ausgeknuffelt, und beide gehen zum Rauchen einzeln auf den Balkon. Aber ich glaube, die halten es auch zusammen aus.

Als das mit Inge lief, hatte ich kein schlechtes Gewissen, da macht man sich keine Gedanken, wenn es so 'ne schöne Zeit ist. Bei meiner Frau weiß ich nicht, ob es immer so nötig ist, die viele Arbeit, oder ob das auch 'ne Flucht ist. Anfangs haben wir dreimal am Tag miteinander geschlafen und waren auch Sonnabend und Sonntag nur im Bett. Wenn man von See gekommen ist, sowieso, da hat man das Gefühl, daß man alles nachholen muß.

Ich bin 20 Jahre zur See gefahren. Da ist man immer drei Monate getrennt, da hat man mal was Liebes geschrieben. Ich halte nichts davon, wenn Menschen zu oft »Ich liebe dich« sagen. Ich habe auch Inge gesagt, daß ich sie gern hab' oder daß ich sie mag. Mehr brauchten wir uns auch nicht zu sagen, weil es halt gut funktioniert hat mit uns.

Ich habe insgesamt nicht viele Erfahrungen mit Frauen. Mit 14 war ich in einer Clique, da wollten die Mädchen immer ins Kino. Da war eine, die hat mir das Kino, Eis und eine Streuselschnecke bezahlt, mit der habe ich das erste Mal Sex gehabt, mit 16 oder 17, genau weiß ich das nicht mehr. Das ging auch ganz schnell, zwei, drei Stöße, mehr schafft ein Junge ja meist sowieso nicht. Das ist das Schöne, wenn man alt wird, daß man es mehr steuern kann. Alt werden ist für mich auch ansonsten kein Problem; wenn jemand zu meinem Sohn sagt: »Was, so einen jungen Vater haste noch?«, fühle ich mich gebauchmiezelt.

Mein Kinomädchen jedenfalls war ein Jahr älter, die wollte richtig Sex, das ging mir zu schnell. Die war richtig gut gebaut: so. Die hatte richtig Holz vor der Hütte, die war stabil im Becken, also nicht fett oder so. Einmal war ich mehrere Wochen schrecklich krank gewesen, da war bei ihr im Wohnhaus ein Älterer, an den sie sich gewendet hat. Sie ging dann nach D. in die Lehre. Ich steckte damals mitten im Abitur, ich mußte mir durch Fleiß alles erarbeiten, ich habe richtig schwer gekämpft in dem Jahr, denn ich wollte Pilot werden.

Ich hatte schon als Jugendlicher Segelflug gemacht und Motorflug. Jäger-Pilot wollte ich werden, da hätte ich ein feines Leben gehabt. Aber ich war damals schon 1,90 groß, da haben sie mich nicht genommen. Denn wenn man sich mal katapultieren muß, dann lastet auf dem Kopf, auf der Halswirbelsäule ja das Sechsfache vom Körpergewicht, da kann man sich das Genick brechen, und je größer man ist, desto gefährlicher ist das. Nach dem Kinomädchen, vor Dagmar, hatte ich noch eine Freundin, die Eltern ließen uns sogar zusammen in einem Zimmer schlafen. Aber es führte kein Weg rein. Da hab' ich gesagt: »Tschüß.«

Dagmar habe ich dann auf der Werft kennengelernt, sie arbeitete in der Kantine. Da waren ja nicht viele Frauen insgesamt. Bei einem Ausflug hab' ich ihr mal an den Hintern gefaßt, da hat sie mir eine geklatscht. Wir haben uns ein paarmal getroffen, wir waren schnell verheiratet, und dann kam auch schon unsere Tochter.

Inge hatte den Drang: Voll das rauschende Leben. Das war mir nicht zuviel, das gefiel mir. Für mich war's 'ne Superzeit, was Besseres kann einem Mann gar nicht passieren. Ich habe nicht geahnt, was man so machen kann, wo man sich treffen kann, in der Natur, auf der Wiese, am Badesee. Sie war auch nie so: Hier ist es zu kalt oder da piekt mich 'ne Mücke oder hier sind Frösche.

Manchmal dachte ich, besonders anfangs, sie ist eine Professionelle. Sie hat irgendwie so Sachen gemacht, so anal und so, oder auch die Technik, wie sie ihn in den Mund genommen hat ... In den Mund nehmen war nicht unangenehm, aber anal oder so mit dem Finger rumpulen, das hat mir nicht gefallen. Ich habe mit ihr festgestellt, daß es auch im Stehen geht, es ist so über uns gekommen, sie war so naß gewesen. Wir haben dann unsere Art und Weise gefunden. Normale Stellungen, im Stehen, von hinten auch, auch im Auto und am Auto.

Vielleicht pack' ich's noch mal, mit meiner Frau über unseren Sex zu reden. Soll ich sie fragen, ich weiß nicht, wie ich sie fragen soll. Eigentlich möchte ich, daß sie es schön findet. Das Egoistische ist nicht so meins. Ich kann mich erinnern, früher, wenn ihr ganzer Körper vibriert hat. Da nehme ich an, das war echt. Wenn das immer so wäre mit dem Vibrieren, dann wäre das was anderes. Es wäre viel zu aufwendig, immer etwas vorzujapsen. Jetzt ist es so, sie kommt abends nach Hause und guckt noch Fernsehen. Dann kann sie nicht einschlafen und kuckt weiter bis drei in die Röhre. Sie hat bei uns die Fernbedienungsgeneralvollmacht, im Fernsehen kommt sowieso nur Müll. Ich bin nicht so ein Fernseh- oder *Bild*-Zeitungs-Typ, mein Sender ist *Deutschlandfunk*, die Wortbeiträge. Meine Frau und ich stimmen beim Fernsehen überein bei Natur- und Tiersendungen und bei Reisemagazinen. Die letzten Jahre war's nicht so toll mit Urlaub, vergangenes Jahr waren wir mal wieder weg, schöner Altweibersommer an der Mosel, da haben wir schöne Tage mitgenommen und die Natur erlebt.

Wir haben uns auch ein schönes Grundstück gekauft. Sie will da aber nicht sein, höchstens mal in der Sonne liegen, aber nichts im Garten tun. Ich arbeite dort. Jetzt hat man 'ne Chance, Eigentum zu schaffen, daß die nachfolgende Generation was davon hat. Ich habe auf dem Grundstück meine körperliche Ertüchtigung, ich transportiere Erde und Kies von A nach B und habe schon alles schön schier gemacht. Im Frühjahr kommen die Störche. Das ist mein Wohlbefinden in der Natur, ich sitze auf einem Holzklotz, mit dem Fernglas, und kucke mir die Rehe an.

Im Sommer habe ich ein Vierteljahr in Hamburg gearbeitet, nicht weit weg von der Reeperbahn gewohnt. Ich habe aber die ganze Zeit keinen Reeperbahnbummel geschafft. Wahrscheinlich haben mich die Preise abgeschreckt. Ich habe auch in Hamburg viel gearbeitet, ich will eben der Beste werden von unserer Firma. Ich hatte in Hamburg und habe auch jetzt hier in G. eine möblierte Wohnung, da würde ich nicht unbedingt eine Frau hinführen, da ist nicht so eine tolle Atmosphäre. Ich mach' da auch nichts Großartiges, die Sofas sind 15 Jahre alt und haben Flecken. Sauber mach' ich ab und zu, klar. Und ich putz' die Fenster mit so 'ner Gummilippe. Das finde ich ganz schnell, und es ist schlierenfrei. Das mache ich zu Hause auch.

Ich glaube nicht, daß meine Frau fremdgeht. Früher konnte sie Männer ganz gut scharfmachen, aber dann, wie sagt man, den Schwanz einziehen. Küssen und Intimeres hat sie nicht gemacht, da hat sie keine Lust drauf, da würde ich die Hand ins Feuer legen. Sie ist eine ganz Liebe, kucken Sie, ich zeig' sie Ihnen, ich hab' ja immer ein Bildchen dabei. Früher hat sie noch manchmal mit dem Hintern so gewackelt, Frauen wissen ja, wie das geht.

Aber Inge war irgendwie unersättlich, irgendwie hatte ich das Gefühl, wenn ich abends weg bin um acht, ist sie noch zum Tanzen oder zum Schwoof gegangen. Nach mir hatte sie einen Jüngeren, einen mit Cabrio und Motorrad, das fehlte ihr wohl. Es ging ohne Probleme zu Ende. Wir hatten uns einen Monat nicht gesehen, ich hatte damals große Probleme in meiner Selbständigkeit, zwei große Sauna-Aufträge waren weggebrochen, es war nicht genug Umsatz. Für unsere Unternehmungen brauchte ich ja immer Kleingeld. Geld war knapp. Ich habe einen BMW, der frißt schon 17, 20 Liter, wenn man 220 fährt. Ich fahre gerne schnell, und Inge ist auch gerne Auto gefahren, sie hat auch selbst am Steuer gesessen. Sie hat mir gesagt, daß sie jemanden kennengelernt hätte, ich könne gerne trotzdem kommen, aber das war mir nichts.

Von meiner Geliebten wußte keiner, ich habe keinen Freund, mit dem ich über so was rede. Ich hatte in meiner Jugend einen Freund, als ich so 15 war, das war mein einziger wahrer Freund. Habe ich seine Annonce hier, nee, hab' ich nicht, er ist gestorben. Freunde, ja Freunde. Ich habe mir eingebildet, ich hab' 'nen Freund, ich habe ihm beim Hausbau geholfen. Seine Frau hatte uns sogar noch Geld für die Hilfe angeboten, das natürlich keiner haben wollte, das nimmt man doch nicht vom Freund. Aber jetzt soll plötzlich alles nicht wahr gewesen sein, der Mann sagt neulich zu mir: »Na, dich habe ich ja nie auf der Baustelle gesehen.« Ich will auch noch mal bauen, und ich wollte eigentlich, daß er mir hilft mit seinen Söhnen, das kann ich wohl vergessen. Vor ein paar Jahren war das alles anders, da haben wir noch mit Nachbarn gefeiert, sind auch mit denen in Urlaub gefahren. Zweie haben jetzt Alkoholprobleme, da sind die Frauen auch nicht glücklich. Mein Kumpel, mit dem ich studiert habe, dröhnt sich nur zu, mit dem kann man sich nicht unterhalten. Nein, ich kann mit niemandem reden, ich muß alles für mich behalten. In diesem Alter pranzt man ja auch nicht so, daß man 'ne Geliebte hat oder wieder an einer interessiert wäre.

Ich habe seit Inge noch auf ein paar Annoncen geantwortet, mit dem Fotoschicken habe ich auch weitergemacht, aber das hat wenig Glück gebracht. Auch hier in G. habe ich eine Anzeige aufgegeben: »Mann, 51, möchte die Frau verwöhnen.« Da hat sich eine Vera gemeldet, Russin, aber die war nix. Früher hätte ich mir nicht vorstellen können, überhaupt ein Verhältnis zu haben. Aber mir hat einfach was gefehlt in meiner Ehe. Sex ist das Schönste, was es gibt. Ich treibe ja auch keinen Sport mehr. Küssen soll ja auch sehr viele Kalorien verbrennen.

Ich bin ja schon seit einem halben Jahr hier in G. wegen dem Job und fahre nur am Wochenende nach Hause. Meine Frau hat jetzt zwei, drei Wochenenden im Monat richtig frei, wir unternehmen wieder mehr. Meistens ruf' ich sie morgens an, ob's was gibt. Seit ich in G. arbeite, hat Dagmar mir zweimal gesagt: »Ich liebe dich.«

Thoralf, 47, Laborant

Ich war immer der große Schmuser

Oder: Sie wollte meine zweite Frau sein

Alf ist ein großer Junge im Ringelhemd mit Sandalen, der auch gerne barfuß geht – ein weicher Mann, ein sensibler Mann, ein Suchender. Durchaus Marke Aussteiger. Seine dörflichen Nachbarn finden ihn und seine Familie skurril, aber akzeptieren ihn. Seine Frau Bea, 41, ist den Weg des Suchens und Findens mit ihm gegangen.

Mit 22 hatte ich einen Traum. Ich bin auf einer wunderschönen Allee, in der Mitte steht ein großer Eichenschreibtisch. Ich sitze dran, aber ich kann mich nicht umdrehen. Da ist etwas links hinter mir. Eine Frau. Ich höre ihre Stimme. Sie sagt was – ich verstehe sie nicht, ich frage nach – ich verstehe wieder nicht, aber in mir ist ein Glücksgefühl ohne Ende. Das ist immer noch irre im nachhinein. Ich habe dieses Gefühl dann auf alle Alleen projiziert, ohne es wirklich wiederzufinden. Doch irgendwann habe ich diesen Ort gefunden, hier lebe ich jetzt. Und die Frau aus meinem Traum – sie ist mir hier auch begegnet. Das hat mein Leben verändert.

Ich habe früher immer gedacht, alle Männer sind so wie ich. Dabei haßte ich von klein auf alles, was Männer gemeinhin ausmacht: diese Aggressivität, diese Zerstörungskraft, dieses Laute. Bis ich zehn Jahre alt war, wäre ich lieber ein Mädchen gewesen. Ich habe auch lieber mit Mädchen gespielt, nur Vater-Mutter-Kind-Spielen, das fand ich immer gruselig. Ich hatte sehr wenig Jungsfreunde.

Als ich zwölf war, hat meine Mutter meinen Bruder und mich zum Schwimmen angemeldet. Da hat man ihr gesagt, daß ein Übungsleiter fehlt, und weil sie selbst gern schwimmt, hat sie gefragt, ob sie das nicht machen kann. Ich habe eine sehr selbstbewußte Mutter, sie war immer selbständig mit Schreibbüros. Sie hat dann sofort mit Lehrgängen angefangen und war das ganze kommende Jahr über nur noch an einem Wochenende zu Hause. Mein Vater war viel unterwegs. Wir, mein Bruder und ich, hatten plötzlich grenzenlose Freiheit. Und ich grenzenlose Verantwortung. Mein Bruder ist fünf Jahre jünger. Ich mußte für uns das Essen kochen, und wenn ich nicht aufgepaßt habe, erst gekocht habe und dann zum Beispiel unter die Dusche bin, hat er mir in der Zwischenzeit alles weggefressen. Bis 17 hatte ich also turbulente Jahre. Meine Mutter lernte durch das Schwimmen Männer kennen.

Mein Vater war im Krieg gewesen, auch in Kriegsgefangenschaft. In Arabien im Hungerlager. Er sagte oft, auch wenn es nicht wörtlich gemeint war: »Ich habe die ganze Welt gesehen, ich kenne alle Menschen. Und ich weiß, was ich zu Hause habe.« Wir lebten auf einem Bauernhof. Zu meiner Mutter sagte er: »Du hast die Welt noch nicht gesehen, schau sie dir an.« Er war zehn Jahre älter sie. Meine Mutter wurde irgendwann richtig Schwimmeisterin. Im Bad lernte sie einen 18 Jahre jüngeren Mann kennen. Robert wurde der dritte Sohn in der Familie, ihr zweiter Mann, Reisegefährte, ihr Liebhaber. Wir haben all die Jahre viel gemeinsam gemacht. Das war nicht immer leicht, es gab Anfeindungen von außen.

Bei meinem Vater war es irgendwann auch soweit, daß er sich in eine weitere Frau verliebte. Er hatte ’ne Mädchenphobie, er hat immer einen Bogen um Mädchen gemacht. Dann lernte er aber eine Frau kennen, die mit 18 geheiratet hat und schon mit 20 ihren Mann verlor, sie ist fortan in einem mädchenhaften Stadium verharrt. In sie hat sich mein Vater verliebt. Auch sie gehörte dann ein Stück mit in die Familie, obwohl sie nicht ganz so frei war.

Zu meinen Eltern kamen immer die verschiedensten Menschen. Ich habe gemerkt: Es muß keine Katastrophe geben, keine Auseinandersetzungen, wenn es zu einer Liebesbeziehung noch andere wichtige Menschen gibt. Ich bin katholisch erzogen worden, mit allem, was dazugehört. Was der Pfarrer erzählt hat, habe ich nicht geglaubt. Wenn das so ist, alles kommt von Gott – dann will Gott auch, daß ich mehrere Menschen lieben kann, wenn ich es so fühle.

Irgendwann, als ich ein paar Beziehungen hinter mir hatte, als junger Mensch noch, war mir klar: Ich will heiraten. Es ist meinen

Eltern offenbar doch gelungen, mir zu vermitteln, daß alles, was ich mir erträumte, nur in der Ehe möglich ist, in guten wie in schlechten Zeiten. Ich wollte also immer heiraten, aber die Mädels nicht. Das einzige Mädel, das wollte, wollte ich dann nicht. Als mein Bruder sich von seiner Freundin trennte, die er zweieinhalb Jahre hatte, funkte es zwischen ihr und mir. Vorher haben Bea und ich uns nur Guten Tag und Auf Wiedersehen gesagt. Wir haben nach sechs Monaten geheiratet, das ist jetzt 21 Jahre her.

Zu Beginn unserer Beziehung sagte Bea: »Schmusen ist o.k., aber damit hat es sich.« Irgendwann, nach dem ersten Mal, hörte ich: »Eigentlich wollte ich gar nicht.« Sie kam mit ihrer Weiblichkeit nicht klar. Ich dachte: Es braucht Zeit. Mit den Mädchen vorher war es auch so: Es brauchte Zeit ... Ich war immer der große Schmuser. Das war auch sehr schön, man hat dabei 'ne Menge von sich kennengelernt, das war so ein allmähliches Vortasten. Das erste Mal richtig mit einer geschlafen habe ich, als ich 19 war.

Ich habe mit Bea alle Geduld dieser Welt gehabt. Aber auch wenn ich sie entsprechend gekrault habe, schliefen wir selten miteinander, meist schlief sie augenblicklich ein. Das waren 13 harte Jahre ... Ich war ihr wirklich treu. Eine Frau zu bezahlen, nur weil mir zu Hause Sex fehlte, wäre mir nie in den Sinn gekommen. Bei allen meinen Beziehungen muß das Herz dabeisein, der Rest kommt hintendran, und es ist auch nicht schlimm, wenn der Rest nicht da ist.

Es hat mich schon gebeutelt mit Bea. Ich lernte im Beruf viele Frauen kennen, tolle Frauen. Ich bin dauernd mit meinen nicht erfüllten Sehnsüchten konfrontiert worden, auch mit den sexuellen. Es war nicht so, daß mit Bea gar nichts war, wir haben ja auch unsere ersten beiden Kinder gekriegt. Aber wenn wir mal zusammen waren, ist sie hinterher meist gleich aufgesprungen und unter die Dusche, ich hatte das Gefühl, ich habe sie schmutzig gemacht. Wenn es ganz schlimm war mit uns, habe ich zu ihr gesagt: »Du hättest es leichter, wenn du mir eine zweite Frau genehmigen würdest.« Das hat sie mit viel Flachsen zurückgewiesen. Alles im Spaß, sie wurde nicht böse.

All die Jahre habe ich dieses Wahnsinnsgefühl aus dem Traum in allen Straßen mit Bäumen gesucht, aber irgendwie fühlte es sich nie so an. Bis ich nach der Wende in der Mecklenburgischen Seenplatte unterwegs war, jede Menge Wasser, die allerschönsten Alleen. Auf der Landstraße nach R. erwischte es mich voll: Ich fahre diese Allee und habe das bisher nie gekannte Gefühl: Ich bin zu Hause! Ich fuhr unter den Bäumen durch und sah die Bilder aus meinem Traum: die Allee, den Schreibtisch, die Frau.

Bea hatte damals ein Traumdeutungsbuch neu, da habe ich gelesen: Schreibtisch gleich Arbeitsplatz. Ich habe tatsächlich relativ schnell in R. einen zweiten Betrieb aufgemacht, zweieinhalb Jahre bin ich die 600 Kilometer zwischen R. und H. gependelt. Da waren die Kinder fünf und acht, unsere Tochter war noch nicht da. In der Zeit, beim Pendeln, bin ich wieder Mensch geworden. Hört sich komisch an, nicht? Aber ich habe vorher manchmal 118 Stunden die Woche gearbeitet, nachts um eins habe ich mich im Sozialraum auf dem Fußboden schlafen gelegt. Nach Hause zog es mich nicht, ich wollte viel arbeiten, was schaffen, die Anerkennung meiner Eltern erringen. Die sagten nur: »Das ist ja ganz nett, aber du kannst doch noch expandieren, da sind doch noch zwei freie Arbeitsplätze.« Also weiter. Eines Nachts mußte ich aufhören zu arbeiten, weil mein eines Auge blind war. Vorübergehend.

Bei meinen langen Fahrten zwischen R. und H. hatte ich viel Zeit nachzudenken. In R. war vieles anders, ich war allein, hatte Abende für mich. Es war kein Mensch da – wie in meiner Junggesellenzeit. Ich habe das sehr genossen, obwohl es hart war. Bea nutzte unsere räumliche Trennung auch für sich, entwickelte neue Interessen. Irgendwann machte sie einen Reiki-Kurs. Der öffnete sie für ihre Gefühlswelt. Sie erzählte davon, ich verstand sofort. Bei uns beiden setzte eine persönliche Entwicklung ein.

Ich hatte meinen Betrieb in R. nun schon drei Jahre. Die Mitarbeiter aus dem Osten kamen morgens, schüttelten die Hand, verabschiedeten sich mit Handschlag zum Mittagessen und schüttelten wieder, wenn sie zurück waren. Nur eine machte das nicht. Miriam. Sie kam, »Guten Morgen«, setzte sich an die Arbeit, bssssssssss, Wiedersehen, und weg war sie. Ich habe sie als Frau überhaupt nicht registriert. Ich habe gemerkt, daß sie ihr Potential bei der Arbeit zurückhält. Irgendwann habe ich sie darauf angesprochen: »Sie kommen mir vor wie jemand, der eine dicke Jacke anhat, in der er sich nicht bewegen kann. Wollen Sie die Jacke nicht mal ausziehen?« Sie sagte nur: »Nein, es ist alles in Ordnung«, bsssssssssss, und Wiedersehen.

Eines Abends stehe ich auf der Leiter, repariere etwas, alle sind schon lange weg. Da höre ich ein Geräusch, einen Schlüssel. Putzfrau, denke ich. Plötzlich steht jemand links hinter mir – der zweite Teil meines Traumes! Aber anders als im Traum kann ich mich umdrehen: Miriam! Sie guckt mir in die Augen: »Ich nehme Ihr Angebot an.« Ich verstehe sie nicht. »Was für ein Angebot?« – »Ich möchte Ihre zweite Frau sein.« Ich wäre fast runtergefallen. Ich habe geschlottert. In meinem Kopf ging alles durcheinander: Was will sie? Vorteile im Job? Mehr Geld? »Moment«, habe ich gesagt, und wir haben uns dann erst mal hingesetzt. »Wie kommen Sie darauf?« habe ich gefragt. »Na, das strahlen Sie doch aus, das strahlen Sie sogar über den Rücken aus.« Ich konnte nur sagen: »Das ist mir nicht bewußt.« Sie: »Ich spüre das doch.« Ich dachte: Was kommt denn jetzt noch von ihr, es müßte doch noch was kommen? Es kam aber nichts, und ich sagte: »Wie stellen Sie sich das denn vor, ich bin verheiratet und liebe meine Frau.« – »Ich bin auch verheiratet und liebe meinen Mann.«

Wir haben dann noch eine Weile irgendwelche Sachen geredet, ich kann mich nicht genau erinnern. Sie ist später in Panik die Treppe runtergestolpert und geradezu weggelaufen. Irgendwie kamen wir beide mit der Situation nicht klar. Aber ich hatte plötzlich eine Kraft, ich hätte die Welt aus den Angeln heben können. Wie gehst du damit um, habe ich mich gefragt. Es war Freitagabend, ich wollte am nächsten Tag nach H. fahren. Ich bin sofort losgefahren, ich bin gefahren, ohne Bodenkontakt unter den Rädern. Ich hatte eine Energie ... Das könnte eine Nacht werden mit Bea, dachte ich. Als ich ankam, hätte man sie aber in eine Kiste einnageln und nach Afrika verschiffen können, sie merkte noch nicht mal, daß ich mich neben sie legte. Ich dachte an Miriam und schlief gleich ein.

Morgens entwickelte sich zwischen Bea und mir ein wunderschönes Gespräch, über Beziehungen und Seelen. Ich sagte: »Bei manchen Sachen habe ich Fragen und will Antworten.« Ich habe ihr das mit Miriam erzählt, ich hatte mir vorgenommen: niemals heimlich ... Das war ein ganz wunderschönes Gespräch. Ich las ein Buch über sogenannte Archetypen der Seele, und mir sind reihenweise Lichter aufgegangen.

Zwischen Miriam und mir hat es noch zwei, drei Monate gedauert, bis wir uns wirklich nahekamen, wir haben viel geredet. Und Bea fing an, ihre frauliche Seite zu zeigen. Sechs Monate hatten wir eine ganz tolle Zeit, das war länger als in der Phase unserer größten Verliebtheit. Ich hatte plötzlich beide Arme übervoll. Für mich war das ein sagenhaftes Glücksgefühl.

Ende '92 habe ich in meinem Betrieb in H. alle Mitarbeiter entlassen. Ich bin als Chef nicht so ein Autoritätsbolzen. Wenn ich nicht da war, arbeitete nur noch mein Stellvertreter richtig, alle anderen nahmen weder ihn noch mich für voll. Der Mietvertrag lief aber weiter, ich habe in den Räumen manchmal Fortbildungen organisiert, dorthin nahm ich Miriam mit. Bea und Miriam lernten sich kennen. Auf der einen Seite wollten sie es beide, auf der anderen Seite war es komisch. Mit der Entfernung, die normalerweise zwischen ihnen lag, war es o.k., aber sich gegenüberzustehen, war Überforderung hoch zehn.

Bei Miriam und ihrem Mann war nicht mehr viel Liebe da. Ich fand ihn völlig in Ordnung, aber von Miriam und mir durfte er nichts wissen. Er hat mir einmal Schläge angedroht. Nicht, weil er was ahnte. Nein, aber ich hatte für Miriam Partei ergriffen, für ihre Unabhängigkeit, und das war ihm schon zuviel.

Irgendwann fing Miriam an zu klammern. Ich wurde für sie eine Art Märchenprinz. Ich habe schon mehrfach solche Rollen bekämpfen müssen, nee, Märchenprinz bin ich nicht, dafür bin ich zuviel Mensch. Auf der anderen Seite war ich aber auch nicht das, was Miriam sich vorstellte, ich war ihr nicht Mann genug. Sie klammerte und hoffte auf meine wilde Seite, ausgerechnet bei mir, dem großen Schmuser. Sie sagte mir: »Du bist es für mich, nur du.« Ich sagte: »Sei vorsichtig, Miriam. Eines Tages wirst du merken, daß ich es nicht bin.«

Damals hatte ich meinen Bandscheibenvorfall. Die Ärzte haben alles mögliche probiert, nichts half. Ich ging jedenfalls zu einem

Heilpraktiker. Der hat mich auch verbal durchgemangelt, meine Familie, meine Kinder, meine Eltern ... Der soll sich um meine Krankheit kümmern, dachte ich. Er hat dann noch 20 Minuten Shiatsu-Massage gemacht. Danach dachte ich: »Wenn mein Rücken so bleibt, prima.« Der Heilpraktiker sagte aber: »Ich bin ein großer Freund von Hausaufgaben. Ihre fürs nächste Mal heißt: Werden Sie sich klar, womit Sie Ihre Ehe bezahlen.« Was sollte das? Ganz der brave Junge habe ich am Computer angefangen zu schreiben, das war geil, das war spitze. Ich habe sieben Stunden geschrieben, ohne Pause, ohne Essen, ohne Trinken. Dann habe ich gelöscht, was nicht stimmte – es blieben vier Sätze. Anschließend habe ich alles gelöscht, bis auf ein Wort: »Verzicht«!

Es folgten drei ganz schlimme Krankheitswochen. Ich habe schwer nachgedacht: Wenn ich aufhöre zu verzichten, was zerbricht dann alles? Meine Ehe, mein Beruf, der Bekannten- und Freundeskreis. Meine Bandscheibe zwang mich immer weiter in die Knie. Irgendwann habe ich mich getraut, den Verzicht anzugehen. Ich bin bei Bea mit einer für mich mittelschweren Sache rausgekommen. Ich habe ihr gesagt, daß ich mich zum Workshop für Didgeridoo anmelden wollte, diesem Instrument der australischen Ureinwohner. Sie sagt nur: »Dann mach mal.« Ich habe in den folgenden Wochen Schrittchen für Schrittchen in mich reingehorcht, was *ich* möchte. Das habe ich dann scheibchenweise nach außen gebracht.

Als erstes fuhr ich Didge spielen, trommeln, Trance-Tanzen. Ein irres Erlebnis. Viele waren schon 14 Tage im Zeltlager, eine große Familie. Ich kam dazu. Kein Schwein kümmerte sich um mich, da war so eine Trauer in mir. Ich habe mir aber gesagt: Du bist hier wegen Didge spielen. Und platsch, war ich mittendrin. 40 Leute mit Percussions, das ist eine irre Energie in der Dämmerung, mit Feuer, ich trommelte, obwohl ich's noch nie gemacht hatte.

Da war eine Frau, die tanzte mit geschlossenen Augen nur für sich selber, alles ohne große Bewegungen, ohne Show. Sie fiel hin, und da verschoben sich ihre Haare. Ich dachte: Chemotherapie. Am nächsten Tag beim Frühstück kam sie sehr spät, setzte sich neben mich, frühstückte abwesend vor sich hin. Ich habe ihr Reiki gegeben, einfach die Hände aufgelegt. Hinterher sagte sie: »Danke.« Ab dem Morgen war sie auch beim Didge-Workshop dabei. Und dann hat es zwischen mir und Annelore ganz heftig gefunkt. Sie mußte eher weg, wir haben die Adressen ausgetauscht. Der Kursleiter kam am nächsten Tag und sagte, Annelore hätte ihren Bergkristall vergessen. Ich dachte: Nutz die Gelegenheit, bring ihn ihr vorbei.

Wir trafen uns in Berlin bei einer Bekannten. Das war irre bewegend, wir sind durch die Stadt gegangen, und ich merkte, Dinge, die ich wichtig fand, waren für sie völlig uninteressant. Sie hatte tatsächlich eine Chemotherapie hinter sich, sie hatte Brustkrebs gehabt und machte noch viel Nachsorge in Berlin. Sie war drei-, viermal dem Tod von der Schippe gesprungen, für sie gab es nur eins: leben. Das war für mich eine heilsame Lektion, ich merkte, wie wichtig es ist zu lachen, einfach, weil es so schön ist.

Ich hatte, um für das Treffen mit ihr einen vorgeschobenen Grund zu haben, einen Massagetermin vereinbart, da mußte ich hin, die Zeit drängte. »Du bist stets zur rechten Zeit am richtigen Ort«, sagte sie, und hüpfte wie ein kleines Kind immer wieder um einen Fahrradständer. An einem Teich bespritzte sie mich mit Wasser. Ich guckte auf die Uhr und wurde nervös. Ich habe mich dann losgerissen und ihr nur zugerufen, wann und wo wir uns wiedersehen. Als ich völlig abgehetzt in der Praxis ankam, sagte man mir: »Gut, daß du später kommst, du mußt bitte noch einen Moment warten, es hat sich was verschoben.« Seitdem habe ich begriffen: Komm mit Genuß zu spät.

Wir, Annelore und ich, haben ein Jahr geschenkt bekommen, bevor sie an Krebs starb. Meine Schwiegereltern waren schon mit der Existenz von Miriam nicht zurechtgekommen, für sie war klar: Ihre arme Tochter, aber das mußte mit *dem* Mann ja so kommen, bei *den* Eltern. Ich hatte auch bei den Schwiegereltern kein Blatt vor den Mund genommen, sie haben Annelore mitgekriegt, Miriam. Das haben sie übelgenommen. Meine Mutter übrigens auch, sie hatte zwar auch ihre Liebhaber, aber zu mir hat sie gesagt: »Wenn deine Kinder größer wären ...« Einen Grund, daß es nicht o.k. ist, findet man immer.

Mit Annelore erlebte ich ein wundervolles Tantra-Wochenende. Da hatte ich das erste Mal das große Vergnügen, mit einer Frau und mehreren Männern zusammenzusein, eng, körperlich. Wir hatten sehr junge Leiter, ein Pärchen, verheiratet. Immer wenn die Energie ihnen zu viel wurde, haben sie gestoppt. Wir waren außer dem Pärchen zwei Frauen, acht Männer. Darunter ein schwuler Mann und ein Sufi-Meister. Es war schwierig an diesem Wochenende, der Kontakt stimmte nicht.

Aber es gab ein Ereignis für meinen Spieltrieb. Mit verbundenen Augen sollten nacheinander die Sinne Hören, Riechen, Schmecken, Fühlen und Sehen geweckt werden. Wir teilten uns in Gebende und Nehmende, Annelore war eine Nehmende. Sie erschien mir wie eine Göttin, sie nahm es innerlich an, wie sie verwöhnt wurde, sie konnte es zulassen, es war ein wunderschönes Ritual. Als alles vorbei war, Annelore wieder mit offenen Augen, in ein wunderschönes Tuch gehüllt, in den schönen Raum blickte, war dieser Tag offiziell zu Ende. Alle gingen. Sie und ich blieben, lagen auf den Matratzen in dem schönen Licht der allmählich erlöschenden Kerzen. Da steckt der Sufi-Mann den Kopf zur Tür rein. Er hatte uns mittags abgepaßt und gesagt: »Ihr strahlt so etwas Wunderbares aus, darf ich euch mal in den Arm nehmen?« Durfte er. Jetzt steckt er also den Kopf zur Tür rein. »Ach, ihr seid hier«, sagt er und will wieder gehen. Ich rufe ihm zu: »He, wir sind hier auf 'nem Tantrawochenende.« Annelore gab mir ein Zeichen mit den Augen. Ich sage zu ihm: »Möchtest du zu uns kommen?«

Er kam, legte sich zwischen uns, wie eine Holzpuppe, so steif. Wir haben ihn ganz vorsichtig mit den Fingern gestreichelt, er hat nur geheult, eine halbe Stunde lang. Dann hat er eine Hand auf mich gelegt und gefragt: »Darf ich? Ich kannte Berührungen mit Männern nicht, nur mit Jungs, das waren sehr nette Erlebnisse, aber das auch nur, weil wir mit den Mädchen nicht durften. Mein Vater hat mich nach Doktorspielen mit Mädchen mal hart verdroschen, Mädchen waren streng verboten. Nun also der Sufi-Mann. Das war mir neu als Erwachsener, und das Streicheln hörte da nicht auf, wo man sich normalerweise nicht anfaßt. Er fragte, ob er Annelore berühren darf, und ich sagte: »Du, hier findet Tantra statt, und nur jetzt. Wenn du magst, nimm teil.« Es war wunderschön. Dann kam noch ein zweiter Mann, den wir auch einluden.

Er legte sich auf die andere Seite der Matratze. Ich sagte zu Annelore: »Mach, was für dich o.k. ist.« Sie hauchte mir einen Kuß rüber. Das war eine Atmosphäre, ein Zulassen von Nähe, Wachsamkeit, Zärtlichkeit, ein Rausch von Gefühlen, das war unbeschreiblich, unbeschreiblich.

Annelore lag immer noch da in ihrem wunderschönen Tuch. Wir waren sehr achtungsvoll miteinander. Dann machte sie das Tuch auf. Die Männer fragten ungläubig: »Dürfen wir schauen?« Wir lagen halb aufgestützt. Sie hat sich Stückchen für Stückchen das Tuch weggezogen. Wir waren fasziniert, haben fasziniert ihren Anblick aufgesogen. Das war alles so stimmig, so großartig. Wir küßten ihren Bauch, streichelten sie, wir haben sie verwöhnt, und es war wunderschön, so zu sein. Da sagte sie: »Jetzt möchte ich mit Alf allein sein.« Die Männer haben sich bedankt und sich ganz leise zurückgezogen. Am nächsten Morgen war zwischen ihnen und uns leider eine riesendicke Mauer, sie sind mit dem Abend offensichtlich innerlich nicht klargekommen.

Das war schon eine sehr geballte Zeit. Wir mußten das, was aus dieser Offenheit folgte, innerlich durchstehen. Die Gefühle von uns allen standen oft kopf. Kurz vor Annelores Tod bin ich mit Cara, die ich gerade kennengelernt hatte, noch bei ihr im Krankenhaus gewesen. Da ist ohne Worte etwas weitergegeben worden. Da spielte sich seelisch unheimlich viel ab. Etwa zwei Wochen später ist sie gestorben. Ich habe heute noch so viele schöne Bilder und Gefühle in mir, wenn ich an sie denke.

Noch während der Zeit mit Miriam und Annelore sah ich zufällig in einer Esoterik-Buchhandlung, wo ich gerade CDs anguckte, einen Zettel mit einem Angebot für ein Selbsterfahrungs-Wochenende. Das sprach mich sehr an, aber ich habe es wieder vergessen. Damals hatte ich mit Bea schon manchmal Seminare bei einem Heilpraktiker besucht. Wir trafen dort Leute, die auch auf der Suche nach sich selbst waren. Das war eine Truppe, in der es nicht um Job, Spritpreise und Politik ging, sondern um Gefühle und Erfahrungen. Im Elternhaus war ich mit meinen Gefühlen ein Außenstehender. Meist habe ich sie versteckt. Kopfeinsatz war gefragt. In diesen Gruppen, das war eine tolle Erfahrung. Ich habe oft gezittert und geheult, wenn ich mich mit meinen Gefühlen gezeigt habe, und die Erfahrung gemacht, daß ich weder ausgelacht noch verachtet wurde. Das gab viel Kraft.

Eines Tages sagte Bea: »Du, hier in der Zeitschrift ist was Interessantes.« Es wurde ein Selbsterfahrungsseminar wie auf dem Zettel in der Buchhandlung angeboten, jedoch sollte es fast ein Jahr dauern. Bea und ich haben uns angemeldet, man könnte sein Thema *Lebens-Herausforderungen* nennen. Alles sprach dagegen mitzumachen. Die Arbeit im Betrieb, die Kinder, der beginnende Hausbau, denn mittlerweile wohnte die ganze Familie schon in einer Mietwohnung in R. Alle 14 Tage sollte am Wochenende Seminar sein, dazwischen Einzeltage. Ich habe Miriam davon erzählt, daß Bea und ich das machen wollten. Miriam wiegelte ab, kein Geld ... Ich habe ihr einen namhaften Betrag aufs Konto überwiesen und gesagt: »Das kannst du haben, fürs Seminar, wenn du nicht mitmachst, überweise es zurück.« Sie hat mitgemacht.

Am zweiten Wochenende verliebte sich Miriam in Tobias. Der hatte jahrelang Kampfsport gemacht und eine tolle Ausstrahlung. Der war es dann für sie, die immer zu mir gesagt hat: »Du, nur du.« Ich konnte nur sagen: »Ich wünsche dir ganz tolle Erlebnisse.«

Und Bea hat sich in dieser Zeit auch verliebt. In Bernd. Ein fantastischer Mann, wir hatten ihn schon am Einführungsabend gesehen, der hatte 'ne Power, er machte Musik, Gitarren-Folk, schrieb Gedichte. Ich fand ihn auch klasse. Er hatte seit etlicher Zeit nur gelebt, vorher hatte er aber drei Meisterprüfungen im Handwerk abgelegt. Bea lief zu Hause nur noch mit Kopfhörern rum, mit Bernds Musik.

Bea war für sich davon überzeugt: »Mit zwei Männern geht es nicht.« Sie machte schon Pläne für ein Leben mit Bernd, ohne daß der das wußte: Wie sie die Kinder bei mir lassen und das Haus verlassen würde ... Er war acht, zehn Jahre jünger als sie. Als er merkte, wo's hingehen sollte, war das nicht sein Ding. Er lebte alleine in seiner Junggesellenwohnung, alles picobello, ich habe ihn manchmal besucht. Bea hat seine Ablösungsversuche erst nicht gespürt.

In unserem Jahresseminar, wir waren da insgesamt 30, 40 Leute, war eine Frau, die mich fasziniert hat. Das ist eigenartig in so einer

Gruppe, da entsteht eine Power, du zeigst dich vor der Gruppe, deine Wünsche, dein Wesen. Cara war umgeben von Schwingungen. Sie war zwei Jahre älter als ich, und sie hatte mit Männern völlig abgeschlossen, aber das wußte ich nicht. Sie reizte mich, ich wollte an ihrem Lack kratzen, hinter die Fassade gucken. Ich war ruckzuck der Einzige, wo sie bereit war, Kontakt zuzulassen. Und ich mit meinen Erfahrungen aus der Gruppe, mit meiner neuen Offenheit. Ich habe sonst immer erst die anderen kommen lassen. Zu ihr habe ich gesagt. »Ich bin einer der besten Liebhaber Europas.« Da mußte ich wegspringen, sonst hätte sie mir beim Frühstück vor allen Leuten ein Messer in den Bauch gebohrt.

Sie war aus ihrer Familie – Mann, Tochter und Sohn – ausgerissen. Ihr Mann war hinter ihr her, machte bei allen Freunden Terror, falls sie auftauchen würde. Sie lebte unter falschem Namen in einem 1-Zimmer-Appartement, zahlte kaum Miete, und immer wenn der Vermieter wollte, mußte sie für ein paar Stunden raus – ich bin sicher, das war sein Liebesnest.

Cara war sehr schwierig, sie hatte eine männliche Energie, viel Eigenwilligkeit, das alles in der Atmosphäre unseres Seminars. Einmal hatten wir das letzte Spiel des Tages hinter uns, alle gingen schlafen, wir waren 20 Leute in einem Raum. Cara und ich wollten noch ein bißchen Nähe haben. Ich lag neben Bea, Cara legte sich auf die andere Seite. Wir haben die ganze Zeit geflirtet und getuschelt, immer wenn einem die Augen zugefallen sind, hat der andere ihn weiter wachgehalten. Als der Morgen kam, gab es dann ein Mordsspektakel. Eine Frau kriegte sich gar nicht wieder ein, als sie uns so liegen sah: Bea, Alf, Cara. Die Frau rastete aus und schrie: »Du Schwein, du elende Sau, mit zwei Frauen ... Mein Vater hat das auch immer gemacht!« Da steckten dann alle die Köpfe aus den Schlafsäcken. Ich dachte nur: Das hat nichts mit mir zu tun, das ist ihr eigenes Ding.

Zwischen Cara und mir gab es immer mehr Annäherung. An einem Wochenende kam sie zu spät zum Seminar. Ihr Vermieter hatte ihr gerade die Wohnung gekündigt. Ich habe sie beruhigt: »Wir sprechen mal mit ihm, dann sehen wir, was wir machen können, und notfalls kannst du ja erst mal zu uns ziehen.«

Sie zog in unser Gästezimmer. Bea hatte ich das gesagt, wie ich es haben wollte. Sie hat »ja ja« gesagt, das paßte in ihre damaligen Pläne mit Bernd, von denen er nichts wußte. Jetzt waren wir zu dritt mit den Kindern in einem Dorf. Unsere Nachbarn, alte Leute, haben das bravourös gemeistert, wir waren trotz dieser Konstellation völlig integriert und akzeptiert.

Wir drei auf engstem Raum in einer Wohnung, da spielte sich viel ab an Eifersucht und Besitzstreben. Es gab aber auch den Streit um die falsch ausgedrückte Zahnpastatube. Keine von den beiden Frauen hat gesagt: »Ich will dich haben«, ich war immer derjenige, der wählen sollte. Und ich trat immer ins Fettnäpfchen, es war manchmal schon schwierig, lediglich zusammen in einem Raum zu sein. Wenn Sex mit ins Spiel kam, ging gar nichts mehr.

Es gab aber nicht dieses »Was hat sie, was ich nicht habe?«.Tatsächlich ist es ja auch so, wenn ich Frauen miteinander vergleiche: Die Gemeinsamkeiten sind so gering. Was jede einzelne bei mir an Fähigkeiten und Schwierigkeiten zutage bringt, das ist überraschend. Ich dachte immer, ich wüßte, wer ich bin, wie's im Leben abläuft. Heute weiß ich, daß ich das nicht weiß. In einer Beziehung mit einem Menschen können deine Erfahrungen unendlich sein und mit anderen Menschen noch mehr. Du machst eine Tür auf und kriegst dahinter eine Auswahl von noch hundert Türen.

Cara ging in die vollen, es war so ein »Wenn er sich schon für mich interessiert ...«. Ich erlebte etwas für mich völlig Neues: Streit in der Beziehung. Mit Cara war ich manchmal kurz vor tätlichen Angriffen. Die Kinder sind klasse mit der Situation klargekommen, auch bis heute mit den anderen Frauen. Sie haben Cara Geheimnisse anvertraut, die Bea und ich bis heute nicht wissen. Aber es war ja auch so: Wo wir als Eltern sagten »Feierabend, ins Bett«, da durften sie bei Cara mehr. Es gab auch Situationen wie: Ich komme nach Hause, Bea und die Kinder sitzen heulend auf dem Sofa, weil Bea ihnen gerade erzählt hat, daß ich die Familie und das Haus auflöse. Das war Psychoterror. Ich habe dann den Kindern erst mal meine Sicht der Dinge vermittelt.

Bea hatte dabei natürlich immer im Hinterkopf, daß sie eigentlich mit Bernd zusammensein wollte. Nun ging aber Bernd massiv auf Abstand. Er ist irgendwann wieder zurückgegangen nach Schleswig-Holstein und hat den Betrieb von seinem Vater übernommen. Die beiden telefonieren auch heute noch manchmal, aber alles ganz brav.

Ich frage mich oft, ob wir durch unsere Eltern schon eine Programmierung mitbringen. Ich erinnere mich an eine Situation mit meiner Mutter, da war ich vielleicht 12, da hat ausgerechnet sie mir erklärt: »In der Liebe ist immer der Mann derjenige, der den Ton angibt, er ist derjenige, der erforscht, was sie spürt. Er ist derjenige, der die Frau führt.« Ich habe nur mit großen Rehaugen zugehört und dann gedacht: Ich fände es umgekehrt aber bestimmt schöner.

Ich war zwar bei Bea und mir derjenige, der den ersten Schritt gemacht hat, der auf sie zugegangen ist. Dann habe ich mich aber viel angepaßt, untergeordnet, ihr Gefühl war über Jahre wichtiger als meins. Ich habe mich lange verleugnet. Von Bea habe ich nie 'ne sexuelle Forderung gespürt. Wir haben oft richtig schön gekuschelt, ich habe sie zweimal gekrault, und dann war sie im Reich der Träume.

Mit Cara erlebte ich das erste Mal eine Frau, wo ich merkte, sie will was von mir. Ich habe mich gefragt, was sie will: Status? Beschäftigung? Zuwendung? Sie hatte sexuell weniger gute Erfahrungen mit Männern gemacht. Ich kannte die Situation ja grundsätzlich, ich habe immer viel Einfühlungsvermögen gebraucht, bis es ins Rollen kam. So war es bei uns auch. Wir hatten so heiße Erlebnisse, es gab Zeiten, wo der Regisseur, der unseren Lebensfilm dreht, Regen, Blitz und Donner an den richtigen Stellen einsetzte. Einmal sind wir zum Lilienstein im Elbsandsteingebirge gefahren. Es war Sturm, aber der Himmel war blau. Wir sind den Lilienstein hoch und haben uns in Felsspalten gedrückt, um uns vor dem Wind zu schützen. Oft raubte er uns den Atem. Wir waren so von Kraft und Freude erfüllt, mir ging es so gut wie noch nie in meinem Leben. Ich habe mich, oben angekommen, in eine windstille Ecke gesetzt und Didge gespielt. Dann prasselte der Regen, wir hatten keinen trockenen Faden mehr am Leib. So sind wir zurück, haben uns im Auto die Klamotten vom Leib gerissen, die Heizung angemacht und sind nackt am hellen Tag durch Dresden gefahren.

Einmal waren Cara und ich allein im Haus, Bea war auf 'nem Seminar. Es war tiefe Nacht, die Mondsichel stand an einem Riesenfirmament. Wir sind nackt, nur in Tücher gehüllt, durchs Dorf spaziert, alle schliefen. Der Flieder stand in voller Blüte, wir liefen durch die Felder. Am Horizont zeigten sich Lichtblitze, da war ein Gewitter, langsam kam das Donnern näher, wir haben uns mit Fliederblüten gestreichelt und in den Büschen geliebt. O Mann, das war großartig.

Cara hat das Vermögen, aus nichts was zu machen. Wir hatten damals eine Wohnung mit einem alten Bad, Badeofen. Ich kam einmal nach Hause, sie hatte versprochen, mir ein Bad einzulassen. Mich erwartete ein Paradies. Cara hatte überall Blüten und Blätter verstreut, Tücher gehängt, Kerzen aufgestellt. So bin ich noch nie empfangen worden, poh.

Ein Jahr hatte ich mit beiden Frauen keinen Sex, auf meinen eigenen Beschluß hin. Weil ich wissen wollte, ob es die sexuelle Seite ist, die die Störungen zwischen Cara und Bea verursacht. Aber es war nicht so. Es gab wirklich nichts, keine Küsserei, nichts. Ich habe gelebt wie im Zölibat. Ich bin sehr experimentierfreudig, neugierig, ich will wissen, was macht eine Situation mit mir? Ich habe gemerkt: Wenn ich erst mal Abstand vom Sex habe, schleicht sich diese Seite aus meinem Leben raus.

Ich hatte beides mit Cara, das ganz Wunderschöne, und eben auch den Streit. Einmal hatte ich sogar innerlich den Wunsch, sie zu verprügeln. Vorher hatte ich alles versucht, mich zu wehren: Stillsein, Sarkasmus, Schreien, Drohen, sie stehenlassen. Es hat für mich sehr viel Stärke dazugehört zu gehen, in Ruhe und liebevoll zu gehen. Ich habe mich immer mehr von Cara distanziert. Es gab am Ende Szenen, ich habe Distanz gewollt, bin aber immer wieder auf sie zugegangen, und wenn ich dachte, jetzt hat sich was geändert, es ist total super, war es am Ende doch nicht so. Irgendwann habe ich ihr gesagt: »Jetzt ist Feierabend, in einer Woche bist du draußen.«

Cara fasziniert mich noch heute, ich liebe sie noch, aber es geht nicht mit uns. Irgendwann muß man anfangen, sich selbst so zu lieben, daß man auf sich achtet.

Wir hatten insgesamt zweieinhalb Jahre zu dritt unter einem Dach gelebt. In der Zeit distanzierte sich Bea weitgehend von der Beziehung zu uns. Das half ihr, klarer mit sich selbst zu werden. Als wir dann allein im Haus gelebt haben, Bea und ich, gab es auch noch Zeiten, wo wir sehr viel Distanz hatten. Es gab wenig, wo wir auf einen Nenner kamen, es fiel Bea schwer, mit mir über Gefühle zu reden, obwohl Frauen das angeblich besser können als Männer. Ich repräsentierte für sie oft ihren Vater, einen Menschen, der gern bestimmt, wo es für andere langgehen soll. Das war jedenfalls ihre Wahrnehmung. Sie hat sich immer mehr in ihr Schneckenhaus zurückgezogen. Wir waren mal zusammen bei einem Physiognomie-Seminar, da hat uns die Leiterin auf den Kopf zugesagt, daß ich in unserer Beziehung die weibliche Rolle habe und Bea die männliche. Zu der Physiognomie-Erfahrung kamen wir über den Rutengänger, den wir bestellt hatten, damit er auf dem Grundstück die Wasseradern ortet. Mich interessieren alle diese Erfahrungsmöglichkeiten: Rutengänger, Physiognomie, Tantra ...

Auch in der Zeit, wo Bea und ich uns nichts zu sagen hatten, haben wir miteinander geredet, es gab ja immer was, Schwierigkeiten bei den Kindern und und und. Ich habe Bea immer geliebt, egal, was war, ich habe sie als Menschen wahrgenommen. Liebe ist Offenheit. Jetzt, der aktuelle Stand ist: So eine innige Beziehung hatten wir noch nie, einer weiß den anderen wesentlich mehr zu schätzen, als es je der Fall war.

Ich war ja immer derjenige, der anregen mußte, selbst als sie ihre frauliche Seite zeigte, war ich der Treibende. Einmal hat mich allerdings ihre Aktivität völlig niedergebügelt. Bernd besuchte uns, Cara wohnte noch mit uns. Wir hatten einen tollen Abend, ein tolles Gespräch. Es ging ans Schlafen. Ich hatte immer das Bedürfnis, mit Menschen, die ich mag, alles mögliche dicht zusammen zu machen, das geht mir so, wenn ich Menschen liebe, mit ihnen lebe. Cara und ich haben unsere Matratzen ins Wohnzimmer gebracht, da ging man zum Schlafzimmer durch. Es war eine Mondnacht mit schönem Sternenhimmel. Da sehe ich Beas Hand aus der Schlafzimmertür langen, sie zieht Bernd ins Schlafzimmer. Da hat es mich gerissen. Ich dachte: Sie will ihn! Wo sie mit mir nichts anzufangen weiß.

Und ich hatte 'ne Frau neben mir liegen, die ich sehr liebte und begehrte, ich hätte alles haben können!

Lange nachdem Cara weg war, gab es zwischen Bea und mir wieder mehr Annäherung, auch zu Freunden. Wie oft hatten wir es früher erlebt, daß wir Leute eingeladen, ein komplettes Menü gekocht hatten. Dann riefen die Gäste kurz vorher an und sagten ab. Wir dachten: Immer passiert uns das. Ich weiß, immer und nie gibt es nicht. Auf einmal jedoch kamen Menschen zu uns, in den letzten Jahren hat sich ein ganz toller Bekannten- und Freundeskreis entwickelt. Wir haben viele neue Menschen kennengelernt, wunderschön.

Bea stand auch nach Caras Auszug immer noch auf dem Standpunkt: Sie kann das nicht, mit zwei Männern. Dann kam die Situation bei uns zu Hause mit dem Massageabend mit Holger, einem Freund. Bea hatte ihn bei der Massage unterschwellig gereizt, als Mann herausgefordert. Sie hatte immer heimlich etwas für Erotik übrig, aber eben heimlich, als wenn es etwas Böses wäre. Sie hat also so Spielerchen mit Holger gemacht: Öl an seinem herunterlaufen lassen und es dann am inneren Oberschenkel verrieben... Ich habe zu ihr gesagt: »Hör mal, das geht so nicht: ihm erst Versprechungen machen und ihn dann hängenlassen.«

Sie wurde mutiger, und er fand das auch ganz stimmig. Dann wurde gewechselt, Bea lag da zur Massage. Er wurde mutiger, hat sie auch gekitzelt, ganz spielerisch. Das heizte die ganze Atmosphäre schön auf. Wir waren dann fertig mit der Massage, es war spät. »Na denn mal«, kam von den beiden. Ich erinnerte mich an einen Shiatsuabend und das Tantraseminar mit Annelore und sagte: »Da wurde immer noch mal gekuschelt hinterher.« Ich habe Matratzen hingelegt, und wir haben vorsichtig gekuschelt. Das wurde schnell ziemlich energetisch. Bea hat deutlich gemacht, was sie wollte, ich war verblüfft. Sie hat es nicht gesagt, sie hat einfach eine Hand genommen und geführt, sie dahin gelegt, wo sie sie hinhaben wollte, sie hat uns wortlos umgedreht. Ich fand es einfach toll, auch einen anderen Mann dabei zu erleben. Das hat sich mit Holger aber nicht wieder ergeben, wir haben immer noch eine klasse Freundschaft, mehr nicht.

Bei mir ist es im Moment so: Cara sehe ich noch ab und zu, Miriam und ich arbeiten beruflich prima als gleichberechtigte Partner zusammen, wichtig geworden sind mir Elisabeth und Henrike. Einmal war ich mit Cara zusammen bei einer Geschäftseröffnung. Da sah ich eine Frau. Cara sagte: »Das ist doch die und die ...«, aber ich konnte mich nicht erinnern, sie zu kennen. Ich dachte aber: Die möchtest du mal so richtig schön in den Arm nehmen. Der nächste Gedanke war: Mit so 'ner Frau kannste doch nicht ins Bett gehen. Irgendwie ergab sich ein Gespräch, und ich sollte ihr in den nächsten Tagen ein Bild vorbeibringen. Es war irre. Als wenn wir uns schon ewig kennen würden. Elisabeth, elf Jahre älter als ich, einmal geschieden. Das war emotional so dicht, das hat man wirklich ganz selten. Elisabeth und ich hatten seitdem eine ganze Menge wunderschöner Zeit miteinander. Wir sind auch miteinander ins Bett gegangen. Sie sieht sich als wilde Frau, aber sie ist lieb, sie schätzt sich gern wilder ein, als sie es mir je zeigte. Sie malt wunderschöne Bilder, schreibt Geschichten und Gedichte. Sie zog dann weiter weg, doch wir treffen uns noch mehrmals im Jahr. Mit ihr ist es eine wunderschöne, genußfreudige Beziehung, in der jeder jeden so läßt, wie er sein möchte. Cara war damals fuchsteufelswild wegen dieser Beziehung – sie wohnte im selben Haus wie Elisabeth, nachdem wir unser Dreierwohnen beendet hatten, und versuchte mich immer abzufangen, wenn ich zu Elisabeth ging oder von ihr kam. Das gab manchmal Szenen, an denen die Nachbarn sehr interessiert waren.

Henrike ist die Frau, die mich am meisten so nimmt, wie ich sein möchte – oder bin. Ich entdecke jetzt auch einige meiner schönen wilderen Seiten. Ich fühle mich von ihr sehr angenommen. Ich habe viel Toleranz gelernt von ihr. Sie hat vier Kinder, alle aus dem Haus, aber wie klasse sie mit denen umgeht ... Sie hat offene Arme, ich bin viel ein abwesender Vater. Henrike habe ich bei einem Saunaabend bei Freunden kennengelernt. Sie hat mich einfach gereizt. Sie ist eine sehr praktische Frau, die sich distanziert gab, sie machte auf mich einen kumpelhaften Eindruck, aber wenn ich mit ihr zusammen war, hatte ich immer das Gefühl, neben mir sitzt ein Vulkan. Ich habe mit ihr unter dem Tisch so mit dem Fuß gespielt. Aber:

nix. Ich habe jedesmal, wenn wir uns gesehen haben, solche Spielereien gemacht. Eines Tages rief sie mich an: Ihr Hund war weg. Sie wollte sich ausheulen. Ich fragte sie: »Kann ich dir helfen?« – »Wenn du kommst ...« So hat sich dann was angebahnt. Das mit dem Vulkan ist ziemlich richtig gewesen ...

Während der Anfangsphase mit Henrike hatte ich dieses Wochenendseminar *Sein pur*. Da konnte man alles rauslassen, seine Gefühle, Wünsche, sexuelle Blockaden auflösen. Wir sollten uns dann paarweise als Vater und Sohn zusammentun. Wer ist hier jetzt dein Vater?, überlegte ich. Da war ein Mann, der sah ein bißchen aus wie ein Indianer, einfach toll, so alt wie ich. Wir haben das Spiel zusammen gemacht. Am Ende haben wir uns noch mal gedrückt. Und plötzlich küßten wir uns, aber richtig, es war genauso, als wenn ich eine Frau küssen würde, das gleiche Kribbeln, auch wenn sich ein Mann natürlich anders anfühlt.

Ich habe Dieter meine Adresse gegeben. Er hat schon schwul gelebt und auch mal acht Jahre mit einer Frau. Er kam hierher zu uns, ich habe ihn eingeladen. Und da ist Bea richtig aus sich rausgegangen. Sie hat sich in Dieter verliebt. Dabei steht sie jetzt auf festen Füßen, nicht so wie bei Bernd. Dieter bringt ganz neue Aspekte in unser Zusammenleben. Er zeigt uns einen völlig anderen Umgang mit Männlichkeit und Männern, es ist unwahrscheinlich bereichernd.

Als es sehr intensiv wurde mit Dieter und Bea, hat es mich auch sehr gebeutelt. Als ich einmal fühlte, wie sie mich so ganz mechanisch streichelte, habe ich sie drauf angesprochen. Sie sagte, daß sie mich sehr zu schätzen weiß, daß sie mich als Vater unserer Kinder, als Mensch liebt, aber selten den Geliebten, den Mann in mir gesehen hat.

Wir saßen dann mal alle zusammen, und ich heulte über das Verhalten von Bea mir gegenüber, dass sie mich nicht als Mann sieht. Daraufhin Henrike: »Warum willst du unbedingt von Bea, was du von mir ganz einfach bekommen kannst?«

Wir leben zur Zeit unsere Beziehungen mal zu zweit, zu dritt oder auch zu viert und die Kinder mitten drin. Ich find's wunderschön. Ich bin neulich mit Henrike zu ihrem Sohn gefahren, Bea mit Dieter nach Holland zu seinem Bruder. Ach ja, eigentlich wollen alle ja nur Freude, Liebe, Leben, Angenommensein. Ob er nun Dieter heißt oder anders: Ein anderer Mann nimmt mir ja auch nichts weg, im Gegenteil.

Mit Ausnahme von Cara verstehen sich die Frauen, die ich liebe, auch untereinander und haben Kontakt. Wir können jetzt so vieles verstehen, was Zusammenleben anbelangt, daß das Leben eben ein großer Fluß ist, daß es ein Geschenk ist, wenn man zusammenkommt, daß Eifersucht und Verlustängste überflüssig sind.

Alex, 41, Prokurist

Amor hat geschossen

Oder: Meine Frau hat verloren

Der Ehemann von Lena, 43, sitzt an einem langen Hebel: Er ist Geschäftsführer des Unternehmens, in dem Alex arbeitet. Es könnte um Alex' Existenz gehen – und um die von Lena, denn beide wären eigentlich gerne mehr als ein Liebespaar. Nur: Wie das den Partnern und den insgesamt sechs Kindern schonend beibringen?

Einmal haben wir eine richtige Panne erlebt, aber die war schon wieder komisch. Lena machte Urlaub mit einer ihrer Schwestern in der Ferienwohnung von deren Schwiegereltern im Schweizer Tessin. Dahin habe ich ihr geschrieben, aber der Brief kam zu spät an. Der Schwiegervater ist schon sehr alt und tüdelig, er hat den Brief aufgemacht. Und fand darin jetzt dieses Gedicht, Moment, hier: »Herzensfeuer – längst haben wir uns daran verbrannt und in dem Meer der Sehnsuchtstränen werden wir ertrinken. Die Vernunft sagt, nicht jeder Traum kann sich erfüllen. Doch wahr ist, daß wir uns lieben.« Darunter: »von Deinem Dich liebenden A.« Da ist der alte Mann fast durchgedreht, er dachte, die Schwiegermutter hat einen Freund. Beide sind schon über 80. Lenas Schwester konnte es aber aufklären, daß der Brief für Lena war – natürlich nicht von ihrem Liebhaber, also von mir, sondern von einem liebestollen Arbeitskollegen, der Lena schon seit Wochen angeblich nachstellt, ihr Gedichte schreibt und sie sogar bis zur Urlaubsadresse verfolgt.

Eigentlich dachte ich nicht, daß mir mal so etwas wie mit Lena passiert – ich bin 16 Jahre verheiratet, sie 21 – und sie ist ausgerechnet die Frau von meinem Geschäftsführer. Sie werden verstehen, daß ich darum auch nicht genauer erzählen kann, wie eng mit ihrem Mann alles zusammenhängt, und es ist schon ziemlich eng. Es gab natürlich früher schon die eine oder andere Liaison, bei mir wie bei ihr – das wissen die Ehepartner nicht. Lena und ich dagegen haben uns das erzählt, wir haben absolut jede Offenheit, grenzenloses Vertrauen. So etwas haben wir beide noch nie erlebt. Ich habe sonst niemanden zum Reden über so persönliche Dinge, auch über meine Beziehung zu Lena kann ich mit niemandem sprechen. Ich habe keine Geschwister, und mein bester Freund – mit dem kann ich auch nicht reden, er ist über seine Frau auch mit Christiane, meiner Frau, befreundet.

Harmonie, Kraft, Liebe, das ist das Wichtigste zwischen Lena und mir, das gibt auch Stärke für die inneren Kämpfe, die manchmal da sind. Ich kriege manchmal richtig Existenzangst, wenn ich dran denke, was passieren könnte, wenn alles auffliegt, welche Macht mein Chef hat. Aber Gott sei Dank versteht Lena das ja nur zu gut.

Lena und ich sind uns zum ersten Mal 1996 begegnet. Da übernahm ihr Mann die Firma, für die ich arbeite, als neuer Geschäftsführer. Es gab eine kleine Party, sogar mit den Familien. Seine Frau und die vier Kinder waren entsprechend auch dabei, ebenso meine Frau und unsere Zwillinge. Es kamen dann Einladungen, social events in der Führungsetage. Für mich war Lena untouchable. Man kuckt mal, ja, aber weitere Gedanken kommen gar nicht erst. Wie auch – die Frau vom Vorgesetzten, die gesellschaftliche Situation, die eigene Erziehung ... Sie zwei Söhne, 15 und 13, eine Tochter zehn, eine drei, ich zehnjährige Jungs, Zwillinge. Unvorstellbar. Meine Frau und ich sind für viele, genau wie Lena und ihr Mann, ein Traumpaar: Wir managen und regeln alles, alles funktioniert bestens. Aufkeimende Gedanken werden da automatisch verworfen. Lena fand außerdem – das hat sie mir später gesagt, und zwar wörtlich – also, sie hielt mich für ein arrogantes Arschloch. Im Laufe der Zeit, man trifft sich, lernt sich kennen, fingen wir an, uns zu schätzen. Wir haben uns auch privat als Familien mit den Kollegen getroffen, zu Grillfesten, Geburtstagen, wie das so ist, das ganz normale Rundumleben, auch zu Silvesterpartys.

Ich denke, eine Veränderung bei mir kam, als meine Frau und ich uns entschieden zu bauen. Bei mir stand in der Firma eine Beförderung zum Prokuristen an, das hieß ganz klar, wir würden zum ersten Mal mit der Familie für ein paar Jahre am selben Ort bleiben – vorher waren wir in zehn Jahren sechsmal umgezogen. Meine Frau ist da so wie die Ehefrauen von meinen Kollegen: Sie sind alle meist sehr aktiv, sie müssen viel mitmachen, sie übernehmen das komplette Management zu Hause und auch die immer wieder anstehenden Umzüge. Als Mann hast du es da relativ einfach: Du machst nur den Umzug im Job, die Frau hält dir den Rücken frei.

Ich fand den Gedanken, jetzt mal länger in einer Stadt zu bleiben, ganz in Ordnung, die Zwillinge hatten sich gerade an ihrem Gymnasium akklimatisiert – für die Kinder ist Umziehen, Schule und Freunde Wechseln, nicht schön. Ich war zwar eigentlich immer dafür, unsere Kinder zu Kosmopoliten zu erziehen; ich fand es auch gut, daß wir als Familie mehrere Jahre im Ausland waren, aber endlich mal länger an einem Ort, das hatte durchaus etwas für sich.

Im Frühjahr beschlossen wir also zu bauen, kurz vor dem Weihnachtsfest sind wir eingezogen. In die Endphase vom Hausbau fiel für mich eine lange Geschäftsreise nach Asien, ich war zwei Monate nicht daheim. Ich kam zurück – in ein fremdes Haus. Ich kannte zwar unsere Möbel, ich hatte die Pläne gesehen, aber es war irgendwie fremd. Ja, da war bei mir so eine Leere da, und Weihnachten verlief furchtbar trostlos.

Lenas Familie beschloß zufälligerweise auch zu bauen. Bei uns hatte sich meine Frau um das meiste gekümmert, bei Lena und Gerhard war das auch so, wobei Gerhard sich über vieles hinwegsetzte. Ich weiß noch, wie oft Lena frustriert zu uns kam, wir haben ihr Tips gegeben, mach das so und so oder so und so, wir hatten ja Erfahrungen, was alles schiefgehen kann. Dann kam das, was für sie der absolute Kickpunkt war: Als sie wieder mal bei uns reingeschneit war, völlig genervt und frustriert, weil beim Treppeneinbau die Fußbodenheizung angebohrt worden war und der ganze Beton wieder aufgestemmt werden mußte, habe ich sie einfach mal in den Arm genommen und gedrückt.

Das habe ich nur aus Freundschaft gemacht, mehr war es nicht. Lena hat mir irgendwann später gesagt, daß ihr durch diese Umarmung bewußt wurde, wie sehr ihr körperliche Nähe und Wärme fehlten in ihrer Ehe. Da ist bei ihr eine lange nicht mehr gekannte Sehnsucht aufgekommen.

Vier Wochen später hatten wir dann eine Betriebsfeier beim neuen In-Italiener, und zum Schluß blieben nur wir beiden Ehepaare und noch ein paar Kollegen übrig. Da haben sich unter dem Tisch unsere Knie berührt. Lena hat ihr Knie an meins gedrückt, und ich habe gegengehalten, so über Eck. Das war's. Amor hatte geschossen. Ich bin irgendwann aufgestanden und in die Waschräume gegangen, in der Hoffnung, daß sie hinterherkommt. Ich hätte sie in den Arm genommen, geküßt und gewußt: Das ist es. Aber sie hat sich nicht getraut. Ich bin dann zurück an den Tisch gekommen, und wir sind alle bald aufgebrochen. Wir haben es noch geschafft, uns »Wir telefonieren morgen« zuzuflüstern, genauer: Ich habe ihr das gesagt.

Wieder zwei Wochen später, es waren die ersten Sommertage, haben Lena und ich uns allein in der nächstgelegenen Stadt verabredet. Da war es dann um uns geschehen. Diese Verabredung selbst war völlig ungefährlich, die Familien kennen sich, was ist dabei, wenn wir uns zufällig begegnen und dann einen Kaffee trinken gehen, und jemand sieht uns? Wir sind ganz unauffällig mit dem Auto zum Stadtpark gefahren. Auf einen Parkplatz. Ich hätte nicht gedacht, daß es sich so schnell so entwickelt. Da wurde nicht mehr lange geredet, Lena ist ja sehr spontan. Sogar Decken und Handtücher hatte sie mit. Ich war völlig überrascht. Und ich kam mir vor wie ein 15jähriger, da klappte wirklich hinten und vorne nichts. Das machte aber nichts.

Daß ich mich in Lena verliebt habe, kann ich mir nur so erklären: Da war plötzlich eine Frau, die mir ihre Gefühle und Liebe entgegenbrachte und so meine Sehnsucht nach mehr wachrief. Der besondere Kick war für mich wohl der Reiz des Neuen und des Verbotenen. Vielleicht lag es auch daran, daß es in meiner Ehe nur noch langweiligen Alltag gab. Ich schätze meine Frau durchaus noch, aber man muß sich über eines im klaren sein: Zwischen zwei Menschen kann sich nur ein Dritter schieben, wenn genügend Platz zwischen ihnen ist.

Lena und ich entdeckten die Sexualität aufs neue, wir hatten da beide lange Zeit auf viel verzichtet, man muß es so sagen. Wir haben uns so oft wie möglich getroffen. Es war Sommer, es war warm, das war alles kein Problem. Wir fühlten uns so frei, so jung und wild.

Schon als ich bei Lenas Hausbau so bereitwillig mit Auskünften geholfen und meine Hilfe angeboten hatte, war das meiner Frau zuviel gewesen. Als das mit Lena richtig losging, sind wir ganz offiziell ständig zusammen joggen gegangen – da konnte ich prima verschwitzt oder mit rotem Kopf nach Hause kommen. Meine Frau mußte ihre Zweifel gar nicht richtig selbst ins Rollen bringen. Lena und ich waren einmal, ohne Bescheid zu sagen, nach einer langen Joggingrunde noch im Biergarten, sie kam noch mit zu uns rein, ein paar Worte wechseln, und da haben wir irgendwie rumgedruckst. Das hat meine Frau auch gespürt und dann gesagt: »Mir wird das zuviel, daß ihr immer unterwegs seid, ich will das nicht mehr.« Da haben wir die offiziellen Begegnungen eingeschränkt.

Wir waren heimlich bei ihr zu Hause, das Gleiche umgekehrt, das machen wir heute noch so, immer, wenn die Partner nicht da sind und die Kinder aus dem Haus. Die Orte sind schon belastend: Mein Zuhause, das Zuhause meiner Familie. Ihr Zuhause, das Zuhause ihrer Familie – zusätzlich das meines Bosses. Als wir einmal bei mir waren, kam Sebastian unerwartet nach Hause. Gott sei Dank hatte er den Schlüssel vergessen. Da habe ich Lena schnell im Abstellraum versteckt und Sebastian sofort einkaufen geschickt, mit einer richtig langen Liste. Natürlich stand Lenas Auto nicht bei uns vor der Tür, ich hatte sie unauffällig eingeschleust. Ich habe einen praktischen Door-opener für die Garageneinfahrt, mache die Tür auf, wir fahren rein und kommen so ungesehen ins Haus, das ist ideal. Zurück genauso: vom Haus direkt in die Garage. Dann alles gut getarnt wie immer: Lena mit einer Decke überm Kopf im Fußraum vom Beifahrersitz, so fahren wir grundsätzlich durch unser Wohngebiet, wenn sie keiner sehen soll. Man wird erfinderisch in so einer Situation, es geht nicht anders. Und was gibt es nicht alles für Vorwände, sich doch mal privat und offiziell allein zu sehen: Du bringst was vorbei, holst was ab, leihst dir ein Buch, Videos, kaufst im Gartencenter eine große Pflanze für die anderen mit und hilfst gleich beim Eingraben.

Natürlich hatte ich immer die Sorge: Was ist, wenn wir erwischt werden? Aber anfangs dachte ich tatsächlich: Das ist ein netter Flirt, gönnen wir uns die Abwechslung. Wäre es am Anfang aufgeflogen, hätte man sagen können: Das war nur eine Verwirrung. Wir würden, auch wenn es jetzt rauskommt, nie zugeben, daß das alles schon vier Jahre läuft. Das wäre zu verletzend für die Partner. Es fing ja harmlos an, aber Ende des ersten Jahres haben wir gemerkt, daß sich aus der körperlichen Beziehung mehr entwickelt. Es war echte, tief empfundene Liebe, die da wuchs.

Wir haben uns recht häufig gesehen, offiziell und allein, es gab so viele Kurzvisiten, die weniger aus Reden, denn Übereinanderherfallen bestanden. Einen schönen Tagesausflug hatten wir schon gemeinsam hinter uns: Lena war noch im Dunkeln in unsere Garage gefahren, wir haben schön gefrühstückt, sind dann mit meinem Wagen nach E. gefahren, waren schön bummeln und essen, und im Dunkeln ging's wieder zurück. Natürlich landeten wir vorher und nachher im Bett. Irgendwann war unser Ziel die erste gemeinsame Nacht. Lena fing damals ihre Weiterbildung an, die ist meistens an zwei zusammenhängenden Tagen in einer anderen Stadt. Gott sei Dank hat Lena für diese Fortbildung von ihrer Chefin Angelika, die mittlerweile auch ihre beste Freundin ist, die volle Rückendeckung. Das ist auch richtig so: Lena ist immer da, wenn sie gebraucht wird, denkt in der Firma mit, als wenn es ihre eigene wäre, ist auch bei Abendveranstaltungen oder am Wochenende voll engagiert, trotz der Kinder. Ihre Chefin läßt ihr zu Recht alle Freiheiten, weil sie weiß, sie kann sich auf Lena verlassen. Das ist eine tolle Freundschaft. Angelika weiß auch von der Beziehung zwischen Lena und mir, sie hat es Lena irgendwann auf den Kopf zugesagt: »Du hast was mit Alex. Immer, wenn du ihn ansiehst, haben deine Pupillen Herzchenform.«

Jedenfalls war unsere erste gemeinsame Nacht während eines der ersten Seminare. Ich hatte mir schon lange vorher in Lenas Seminar-Stadt einen geschäftlichen Termin organisiert, der mir Freiraum für Lena ließ. Ich habe mich einfach im selben Hotel eingemietet wie die Seminarteilnehmer. Lena hatte ein Einzelzimmer. Keiner hat gemerkt, daß wir die Nacht zusammen in meinem Zimmer verbracht haben. Wir hatten alles mit, Knoblauch-Shrimps, eingelegte Oliven, Schafskäse, lauter leckere Sachen und natürlich unser Lieblingsgetränk, *Bacardi Breezer*. Das war die erste gemeinsame Nacht.

Unser nächstes Ziel war der Jahr-2000-Fick. Haben wir auch geschafft. Schön, was man auf einem Trip-Trap-Stuhl für Kinder so alles machen kann. Eigentlich waren nach der Feier schon alle im Bett, meine Frau und ich haben bei Lena und Gerhard übernachtet. Lena und ich brauchten uns keinen Wecker zu stellen, da war ein Automatismus, der sich frühmorgens einstellte. Wir sind einfach beide wieder aufgestanden und hatten einen wunderschönen Orgasmus. Halt den Jahr-2000-Orgasmus. Das war absolut prikkelnd, wahrscheinlich hat es den Reiz noch erhöht, daß die anderen schliefen.

Es hat mich immer wieder verwundert, daß ich kein schlechtes Gewissen habe, bei dem, was wir tun. Ja, und das alles, obwohl ich katholisch bin. Na ja, ich habe dem kirchlichen Glauben ja abgeschworen vor fünfzehn Jahren, zumindest bin ich offiziell aus der Kirche ausgetreten, aber Christsein geht auch ohne. Katholisch erzogen, das wirkt fort. Da muß man nicht Ministrant gewesen sein oder sonst ein Kirchenamt gehabt haben. In letzter Zeit erwische ich mich öfter beim Beten und Kerzenanzünden in Gotteshäusern als je zuvor. Für meine Vorstellungen von Ehe war der Glauben wichtig. Ich habe das durchaus ernstgenommen bei meiner Hochzeit: bis daß der Tod euch scheidet. Für die Menge klingt das beim Heiraten sicher heute immer noch mit, obwohl man wissen müßte, daß es in den seltensten Fällen so ist, daß man wirklich miteinander alt wird. Statt eines katholischen »Das kommt nicht in Frage, das geht doch nicht« habe ich mir jetzt angewöhnt, jede Minute mit Lena zu genießen.

Schlechtes Gewissen, schlechtes Gewissen. Das ist vielleicht in diesem Zusammenhang auch einfach das falsche Wort, ein schlechtes Gewissen habe ich höchstens den Kindern gegenüber, aber auch da stimmt es nicht, vielleicht sollte man sagen: ein belastetes Gewissen. Wirklich belastend ist das mit ihrem Mann. Gerhard und ich als einer seiner engsten Mitarbeiter ergänzen uns perfekt. Er ist die Autorität, ich vertrete mehr die emotionale, die menschliche Seite. Er ist älter als ich und schon lange dabei, das heißt, er kennt auch mehr Leute in unserer Branche. Ich weiß ja nicht, wie er sich verhalten würde im Falle des Falles, aber er könnte mich rausschmeißen und nachhelfen, daß ich nirgendwo mehr ein Bein an den Boden kriege, mein Job ist nämlich hochspezialisiert und sehr selten. Ob er so was machen würde, ist eine andere Frage, schließlich würden, wenn es wirklich rauskommt, alle Kollegen wissen, warum er sich so verhält, und das ist vielleicht auch nicht so angenehm für ihn. Das Gesicht möchte schließlich jeder wahren. Trotzdem bleibt die Angst, daß mir von ihrem Mann die Existenz weggezogen werden könnte.

Es ist nach Geschäftsreisen schon ein Scheißgefühl, nach Hause zu fahren, und mit jedem Meter, den du fährst, verstärkt sich der Eindruck: Du fährst zur falschen Frau. Ich frage mich immer wieder: Woran liegt unsere problematische Situation? Bei 1000 anderen geht es so einfach, wieso bei uns nicht? Wieso nehmen wir uns nicht einfach an der Hand und gehen zu unseren Partnern? Haben wir zuviel Verantwortungsbewußtsein? Ist es Angst? Lena weiß, daß für mich 'ne Menge an der Offenbarung dranhängt, sie hat da Verständnis, weil sie die Job-Situation seit Jahren nur zu genau kennt, von ihrem Mann.

Vor ein paar Wochen hätte ich fast die Notbremse gezogen – Lenas Kinder sind uns auf die Schliche gekommen. Mir ging erst die gesellschaftliche Katastrophe durch den Kopf, dann kam, noch viel schlimmer, die Existenzangst. Wo bliebe der erworbene Wohlstand? Aber unsere Liebe ist stärker als alle Bedenken, das weiß ich im Grunde meines Herzens, es ist nur eine Frage der Zeit. Lena sagt, daß sie im Zweifelsfalle auch putzen gehen würde. Wir haben immerhin beide unseren Partnern in den letzten Wochen klargemacht, daß wir sie nicht mehr lieben. Wir mußten ja reagieren, nachdem Tanja einen meiner Briefe gefunden hatte und Daniel mich darauf angesprochen hat.

Tanja war bei Lena im Büro und hat da auf sie gewartet. Aus irgendeinem Grunde wollte sie in Lenas Tischkalender ein Datum nachsehen, und dabei hat sie den Brief gefunden. Der war mehr als eindeutig und endete mit einem Gedicht von Erich Fried. Ein Auszug aus *Liebe auf den ersten Blick*: »Natürlich denke ich auch schon an deinen Schoß, wie ich ihn küssen will, daß er naß wird und wieder trocken und was mir oder meinen Fingern einfallen wird bei dir ...« Das hat sie ihrem Bruder Daniel erzählt, und der hat mich dann angerufen und gefragt, was da los ist. Wir haben uns getroffen, und er hatte Verständnis für die Situation. Er hat aber darauf bestanden, daß sein Vater in absehbarer Zeit die Wahrheit erfahren sollte. Ich habe dem Jungen offen gesagt: »Es liegt an dir, wenn du meinst, du mußt es deinem Vater sagen: bitte. Für alle Konsequenzen, die daraus folgen, hast du dann die Verantwortung. So, wie das Ganze im Moment ist, hat es keine Konsequenzen für die Familien.« Das ist zwar hart, Daniel so unter Druck zu setzen, aber er ist erwachsen. Er kann uns nicht zwingen, uns zu trennen. Natürlich werden wir nichts beenden. Nun wissen also wenigstens Daniel und Tanja Bescheid. Wir glauben nicht, daß über die Kinder was rauskommt, daß sie mit ihrem Vater sprechen werden, aber man weiß ja nie.

Lena und ich wissen, daß Gerhard ahnt, daß da was ist, ein anderer Mann. Zeitweilig hatte er wohl auch mich schon im Verdacht, das weiß ich wiederum von Daniel, aber der Verdacht ist wieder verflogen. Vielleicht war ich ihm als Verdächtiger auch angenehm, weil er mich ja durchaus schätzt. Egal. Er weiß, da ist irgendwas, aber er sieht die Sache als Intermezzo und meint, daß Lena schon zu ihm zurückkehren wird, gefühlsmäßig. Was ja sehr unwahrscheinlich ist.

Lena hat ihrem Mann schon vor einem halben Jahr angedeutet, daß sie ihn nicht mehr liebt. Jetzt hat sie noch mal mit ihm geredet. Er hat seltsam gefaßt reagiert. Daß er auch ein Verhältnis hat, können wir uns nicht vorstellen. Das schließe ich auch bei meiner Frau aus. Das ist vielleicht machomäßig, ja, doch, ich schließe es aus. Andererseits weiß ich inzwischen: Sag niemals nie.

Bei meiner Frau ergab sich neulich die Gelegenheit zu einem Gespräch, als sie mal wieder moniert hat, daß ich ihr nicht oft genug sage, daß ich sie liebe, und sie nicht in den Arm nehme. Das geht einfach nicht mehr. Erst habe ich ausweichend geantwortet: »Du weißt doch, daß mir das schwerfällt, das war doch schon immer so«, aber dann bin ich umgeschwenkt und habe gesagt: »Laß uns mal ernsthaft reden. Du hast ja gemerkt, daß ich in der Hinsicht noch schweigsamer geworden bin und mich hinter der Arbeit verstecke. Es liegt nicht daran, daß ich dich nicht mehr respektiere, dich nicht mehr achte, das tue ich durchaus. Liebe ist ja sehr vielfältig, aber die Liebe, die du meinst, die leidenschaftliche zwischen Mann und Frau, sei mal ehrlich, die ist zwischen uns doch längst vorbei. Nein, ich liebe dich nicht mehr.« Da war es raus. Auch sie hat sehr gefaßt reagiert, vielleicht sogar irgendwie erleichtert. Endlich war es offen ausgesprochen.

Es hat sich seit diesem Gespräch bei uns zu Hause etwas verändert. Vorher hat Christiane Dissonanzen zwischen uns immer weitergegeben, das hat auf die Jungs abgefärbt, Christiane war irgendwie aggressiv. Das ist von ihr abgefallen. Vielleicht, weil sie jetzt einen klaren Standpunkt hat. Ich glaube aber trotzdem, sie will die Beziehung aufrechterhalten.

Christiane hatte durchaus gespürt, daß ich mich anders verhalten habe. Sex ist seit einem Jahr auf Null. Sie hat Anläufe gemacht, aber da scheitert der Körper, mein Körper. Man kann selbst als Mann verweigern, wenn man es will. Ihre körperliche Nähe ist für mich störend, das Begehren ist weg. Ich möchte glatt behaupten, daß das bei vielen Ehepaaren so ist. Aber man weiß nichts davon, weil man nicht darüber spricht. Das ist ja auch ein pikantes Thema bei Freundschaften.

Ach ja, es ist schon schwierig. Was ich an meiner Frau früher schätzte, waren ihre Stärke, ihre Offenheit und Ehrlichkeit, ihr stringentes Vorwärtsgehen. Jetzt interpretiere ich das alles anders: Ich finde sie unbelehrbar, aggressiv und besserwisserisch. Ich kann's nicht mehr positiv sehen. Ich habe mich in dieser Ehe irgendwann als Mann aufgegeben, ich bin zu der Haltung übergegangen: Laß doch die Alte reden. Das hat sie gespürt, das hat sie genervt, das weiß ich. Aber ich konnte einfach zumachen. Mir war es egal, ob die Servietten grün, blau oder was weiß ich welche Farbe passend zum Geschirr waren, wenn sie mich danach gefragt hat. Alles ist mir eigentlich egal, was von Christiane kommt.

Ich bin in einem gefühllosen, nein, sagen wir, in einem Elternhaus, wo man keine Emotionen zeigt, groß geworden. Christiane hat es mich gelehrt, Gefühle zeigen zu können, dafür bin ich auch dankbar – aber das ist in unserer Ehe wieder eingeschlafen. Beziehungskrisen hatten wir schon früher, auch an unserem vorigen Wohnort in Norddeutschland. Aber den richtigen Knacks habe ich gespürt, als wir hier gebaut haben. Da war eine seltsame Leere, die plötzlich fühlbar wurde. Der Hausbau hat auch irgendwie unserem eingespielten Team die Grundlage entzogen, die Gründe versuche ich noch immer zu finden. Christiane und ich waren immer darauf geeicht, ich mache Karriere, komme voran, wir ziehen um, sie managt das alles. Vielleicht waren das auch alles Punkte, die geblendet haben.

Christiane macht immer wieder den Anlauf zu reden, aber sie hat verloren. Sie hat keine Chance, solange es Lena gibt. Seit Weihnachten will Christiane wieder zurück in den Beruf. Wir fanden es richtig, daß sie so lange für die Zwillinge da war, vor allem hat sie immer den Umzugsstreß für die Kinder abgefedert. Natürlich unterstütze ich ihren Wunsch, ich denke auch, sie hat gute Chancen, weil sie sich EDV-mäßig immer auf dem laufenden gehalten hat, gut organisieren kann, Französisch und Spanisch spricht. Es muß sich nur das Richtige finden.

Ich kann mir auch mit Lena vorstellen, daß wir ein Superteam werden. Lena und ich wissen aber, daß unser Leben heute kein Alltag ist und daß wir keine Möglichkeit haben, den Alltag zu probieren. Trotzdem sind wir uns sicher.

Wenn Lena und ich uns früher getroffen hätten, das sagen wir beide, wir hätten uns nie näher kennengelernt. Wir haben uns Bilder aus Jugendzeiten zusammen angekuckt und uns totgelacht. Wir sind ja mit unseren Partnern auch relativ früh zusammengekommen. Meine Frau hat sich, genau wie Lena, lange Jahre um Haushalt und Kinder gekümmert, weil es wichtig war, bei den dauernden Wohnungswechseln den Kindern das Einleben zu erleichtern. Neue Umgebungen, neue Bekannte, dauernd die Suche nach neuen Freunden und keine Zeit zum Zurücklehnen, das zehrt auch an den Ehefrauen.

Es ist so unglaublich, diese Kraft, die Lena und ich einander geben, nicht nur im Sexualleben, wo ja bei uns beiden nichts mehr war. Wir haben eine euphorische Stimmung in allen Bereichen. Lena und ich haben uns gesagt: Wir wollen nie unehrlich sein, wir wollen uns auch Negatives sagen. Ich hatte heute morgen so ein Tief, darüber haben wir geredet. Als ich gestern hierherfuhr, also von zu Hause zu Lenas Seminar-Ort, da dachte ich so beim Autofahren: Warum drehst du nicht einfach um? Fährst zurück, sagst deiner Frau: »Hör mal, ich habe seit vier Jahren ein Verhältnis, jetzt ist Schluß mit uns. Laß es uns wieder miteinander versuchen.« Manchmal geht mir auch durch den Kopf: Vielleicht ist es besser, zehn Menschen halbglücklich zu lassen, als zwei ganz glücklich zu machen? Klar, ich vergesse dabei, daß, wenn wir zwei glücklich werden, die anderen, Gerhard, Christiane, die Kinder, deswegen noch lange nicht unglücklich sein müssen, im Gegenteil. Ja, so schwanke ich manchmal hin und her, aber nur im Kopf, und immer nur kurz. Ja, das sind manchmal so Rechenspielchen oder ganz pragmatische Überlegungen, die mich einfach so überfallen. In unseren Ehen wäre es so, wenn wir uns zusammenraufen würden, jeweils, dann könnte die Ehe für kurze Zeit wieder aufblühen. Aber nur für kurze Zeit, wir sind sicher. Es gibt so ein Lied von den Scorpions, *When Love Kills Love*. Es ist ganz klar, worauf es hinauslaufen wird: Lena und ich werden es schaffen ...

Bei der Suche nach einer Lösung für unsere komplizierte Situation haben Lena und ich eine Familienaufstellung gemacht, kennen Sie das? Nach Bert Hellinger, dem Psychoanalytiker. Das passiert in der Gruppe. Man benennt ein Problem und stellt dann Stellvertreter für seine Familienmitglieder im Raum auf. Dabei ist wichtig, wer steht wie zu wem, die Abstände. Der Therapeut stellt dabei Fragen: »Wie fühlst du dich?« und versucht, die Ordnung in der Familie herzustellen, es gilt, eine gute Lösung für alle zu finden. Ich komme ja aus dem technisch-naturwissenschaftlichen Bereich, mir war das alles sehr fremd, diese neue Welt entdecke ich dank Lena. Als Lena diese Aufstellung gemacht hat, sollte sie dem Stellvertreter ihres Ehemanns, also einem Gruppenmitglied, folgenden Lösungssatz sagen: »Ich liebe dich, und ich kehre zu dir zurück. Der Kinder wegen.« Das war natürlich im Nachgang betrachtet Unsinn, aber die Gefühle, die du dabei hast, wenn man so was hört oder sagt, schlagen Purzelbäume. Uns ist es manchmal kalt und heiß über die Haut gelaufen, alle Härchen haben sich aufgestellt. Ich hatte meine Familie postiert, und eine Frau, die meine sein sollte, sagte: »Ich kann dich nicht hassen, ich liebe dich nicht mehr.« Ich glaube, so ist es jetzt.

Wir waren beide nach diesem Nachmittag frustriert, und unsere Beziehung stand auf des Messers Schneide, ja sogar kurz vor dem Aus. Doch das wechselte recht schnell, und die Nacht, die wir anschließend in einem Einzelzimmer mit 80-cm-Bett verbrachten, trieb unsere Körper so zueinander, wie wir es noch nie erfahren hatten. Das war ein Gefühl von Jungsein und Wildheit und dem Rausch, daß der Horizont grenzenlos ist.

Wenn man so eine Beziehung eingegangen ist wie Lena und ich, erschrickt man, wo es überall kracht in den Ehen, wer sich alles trennt oder scheiden läßt. Ich frage mich, wo sind diese Bande, die früher alles zusammengehalten haben, diese Werte? Sind die überhaupt noch gültig? Oder gab es die früher auch nicht? Gehe ich ins Tierreich, stelle ich fest, daß Monogamie nicht normal ist. Außer bei kanadischen Graugänsen. Oder? Jedenfalls irgendeine Graugans. Aber Menschen sind keine Gänse.

Wir wären beide froh, wenn alles geklärt wäre. Erstaunlich, wie fröhlich, frisch und frei wir in unserem Alltagsleben trotz alledem sein können. Unsere Sexualität wirkt wie eine Droge. Das ist so was Tolles, ich weiß gar nicht, wie ich es mit Worten beschreiben soll. Es ist einfach traumhaft. Lena ist mein Dopingmittel. Telefonsex – da hätte ich früher gesagt: nie. Jetzt denke ich, was nicht so alles möglich ist und welchen Spaß man daran finden kann. Mit meiner Frau war es ja anfangs auch gut, das ist aber allmählich eingeschlafen. Christiane würde staunen, was ich alles für Bücher mittlerweile lese: über Partnermassage, Sex und Liebeskunst. Gestern bin ich so schön massiert worden, wunderschön, so was ist mir in 42 Jahren nicht passiert. Man beschäftigt sich mit Düften, mit Ölen, das ist eine völlig neue Gedankenwelt. Es gibt so viele Spielarten der Erotik, man lernt immer wieder Neues. Als wir eines Tages, am Abend vor Lenas Geburtstag, ein Konzert besuchten, war Lena atemberaubend gekleidet. Ich hätte das Konzert sofort sausen lassen, um Lena zu lieben. Die Überraschung kam erst nach dem Konzert, weil ich feststellte, daß Lena halterlose Strümpfe trug und dazu einen String.

Ich entdeckte, wie geil das macht. Und wie tief man sich beim Sex fallen- und gehenlassen kann. Zartes, langes und erotisches Vorspiel und dann der wilde animalische Höhepunkt. Wir können zusammen alles probieren, was wir beide wollen, es gibt keine Tabus. Einfach fantastisch.

Seit ich mit Lena zusammen bin, schreibe ich wieder Liebesbriefe, sogar Gedichte, das hätte ich mir nie träumen lassen. Ich schicke alles an ihre Arbeitsstelle. Das ist eine wahnsinnige Gefühlswelt, die sich plötzlich für mich aufgetan hat. Allein die Liebesgedichte von Erich Fried und Hans Kruppa – Sie kennen die? Die schreiben einem ja geradezu aus der Seele. Mit 20 hätte man keine Erich-Fried-Texte gelesen oder sie nicht verstanden, man hat in unserem Alter ganz andere Erfahrungen und versteht vieles erst wirklich. Lena und ich sind gefühlsmäßig auf einer Wellenlänge, wir können auch gemeinsam träumen oder romantischen Unsinn tun. Und wir haben den Tag des jugendlichen Leichtsinns wiederentdeckt. Mal das tun, was keiner erwartet. Wir haben zum Beispiel ein Grundstück gekauft – einen Quadratmeter, in einem Wolfsgehege, mit der Inschrift unserer Namen. Für unsere Zukunft sagen wir immer, nicht nur im Hinsicht auf den Sex: »Wenn wir zusammenkommen und uns dann 50 Prozent von dem, was wir heute haben, erhalten können, dann haben wir 100 Prozent mehr als in unseren Ehen.«

Paul, 36, freier Handelsvertreter

Jetzt geht es wieder los

Oder: Kein Fremdgehen ist kein Verkehr

In dem Buch Ich habe einen Liebhaber *berichtete Marie, heute 42, unter der Überschrift »Ich nehme deine Hand« von Paul. Paul war erst skeptisch: Sollte er jetzt für dieses Buch seine Sicht der Dinge schildern? »Ich spreche nicht gerne über mich, auch nicht mit Marie.« Er hat trotzdem erzählt und verraten, was da über Jahre im Hinterkopf war.*

Für mich war der Zeitpunkt, also wann ich Marie wiedersehe, nicht geplant. Daß es ein Wiedersehen gibt, nach so vielen Jahren, nach elf, zwölf, das wollte ich schon. Konkrete Absichten hatte ich nicht – und dennoch war da was im Hinterkopf ... Es ist natürlich ein Unterschied, ob du als grüner Junge in deine Lehrerin verliebt bist, oder ob sich zwei wirklich erwachsene Menschen begegnen.

Marie kam zu uns in die Klasse als Lehrerin. Sie war Mitte 20, ich 19 und vorm Abitur. Ich glaube, sie war nicht gern an dieser Schule, es war ihre erste Stelle, die kann man sich nicht aussuchen. Marie kam mit ihrem späteren Mann, Conni, den kannte sie damals schon. Die beiden haben Anschluß gesucht im Ort, es war ja alles sehr provinziell. Es gab nur ein, zwei Treffpunkte für junge Leute, da waren dann alle, auch Marie und ihr Mann, die waren ja nur fünf, sechs Jahre älter als wir.

Die beiden haben frischen Wind mitgebracht in unsere Runde, sie kamen beide direkt von der Uni oder waren sogar noch da. Ich erinnere mich, daß ich und andere gerne bei ihnen zu Hause waren, wo viel freier geredet wurde als mit unseren Eltern. Wahrscheinlich haben sie das gar nicht so wahrgenommen, aber für uns Schüler war das schon etwas Besonderes.

Als ich einen Verkehrsunfall hatte und sechs Wochen im Krankenhaus lag, das kurz vorm Abitur, hat Marie mir Nachhilfe gegeben. Ich habe sie damals schon angehimmelt, aber sie will ja nichts gemerkt haben. In dem Alter bildet man sich natürlich auch leicht was ein. Mehr natürlich. Ich der Schüler, sie die Lehrerin. Ich haderte im Spagat zwischen meinen Wunschträumen und der Frage: Was getraut man sich? Und was traut sie sich?

Es ging erst los, als ich schon studiert habe und zu Hause zu Besuch war. Die Beziehung zu Marie und ihrem Mann ist da enger geworden. Mit ihm war ich zusammen bei den Rettungsschwimmern, da ergab es sich, daß ich auch Marie oft im Schwimmbad sah. Ihr Mann war damals schon eher ein Stubenhocker, und sie ging gerne aus, ins Kino, so waren wir auch zusammen unterwegs. Ich fand das schon irgendwie schick und erhebend, mit meiner Ex-Lehrerin unterwegs zu sein. Wir haben manchmal Händchen gehalten, oder ich habe sie heimgeschafft nach irgendeinem von den Treffen mit den anderen jungen Leuten.

Es gab damals diese Faschingsfeste, wo unsere DLRG-Leute auch mitmachten, zusammen mit anderen Vereinen. Ich wußte ja, daß da ein bißchen was abgeht. Ich hatte auch was von Partnertausch mitgekriegt. Es war jedenfalls meine erste Tanzveranstaltung mit meiner Lehrerin. Danach ging die ganze Clique, hauptsächlich verheiratete Paare und ich, zu den Leuten, wo es richtig abgehen sollte. Die Band war auch mit. Es wurde getrunken und mächtig durcheinandergeknutscht. Irgendwann landeten Marie und ich in einer der Dachkammern. Praktischerweise war da auch ein Bett. Sie hat gesagt: »Kein Fremdgehen ist, wenn es nicht zum Verkehr kommt.« Sie hatte eine sehr amerikanische Auffassung: Das was Clinton erlebt hat, habe ich also damals schon gehabt: Ich habe von meiner Lehrerin einen geblasen gekriegt. Danach ging alles ganz normal weiter. Ich war oft bei ihr und ihrem Mann zu Hause. Ihr Mann ging meist früh ins Bett, dann war halt noch 'n bißchen Knutscherei, Intimes ist nichts passiert.

Als ihr erstes Kind kam, die erste Tochter, war ich schon weg zum Studium, manche Leute aus meinem Heimatort sagen heute noch, das Kind ist von mir, was ja völliger Quatsch ist. Conni und Marie haben geheiratet. Wir haben uns noch eine Weile geschrieben, das heißt, sie schickte zwei, drei Briefe die Woche, obwohl ich eigentlich nie zurückgeschrieben habe. Das erste Kind von den beiden war für mich immer ein Halbgrund, Abstand zu halten, ich dachte: Sie hat Familie, wenn ich da was kaputtmache, das geht nicht. Dann kann ein Zusammenleben nichts werden.

Wenn ich in den Ferien zu Hause war, habe ich bei Maries Familie trotzdem den Babysitter gemacht, ihr lange zugehört. Manchmal habe ich gedacht: Wenn er nicht da wäre ... Aber Conni war da. In größeren Abständen ging der Kontakt weiter, aber nun war nichts mehr mit Knutschen. Einmal, als die beiden aus waren und ich aufs Kind aufgepaßt hatte, war sie betrunken, als sie nach Hause kam. Sie war allein und begann gleich mit mir zu knutschen, und sie ist mir an den Schritt gegangen. Erst hatte ich ewig auf irgendein Zeichen gewartet, und dann so was. Das hab' ich nicht verstanden, ich bin ihr jedenfalls in der Folgezeit aus dem Weg gegangen. Das hing auch damit zusammen, daß ihre Familie ein Vorbild für mich war, angefangen bei Maries Offenheit, der Offenheit ihres Mannes, dann das kleine Kind.

Ich habe mit Anfang 20 mit drei, vier verheirateten Frauen geschlafen. Wir waren tanzen, ich wußte, sie sind verheiratet, da wußte ich auch, woran ich war, es war alles ganz einfach, da war nichts kaputtzumachen. Ich blieb viele, viele Jahre allein, meine berufliche Situation war so, daß ich sie einer festen Partnerin eigentlich nicht zumuten wollte. Darum war da nicht so viel. Nur vor zehn, elf Jahren war ich zwei Jahre mit einer Frau so fest zusammen, Ina, wir haben zusammengelebt. Ich habe mit 16 gewettet, daß ich nicht heiraten werde.

Beruflich hat sich bei mir über die Jahre immer wieder was verändert, ich war an verschiedenen Orten, vor fünf Jahren kam ich zurück in meine alte Gegend, und hier bin ich auch Marie wiederbegegnet. Natürlich hatte ich all die Jahre immer wieder an sie gedacht.

Wir trafen uns vor vier Jahren bei Freunden beziehungsweise gemeinsamen Bekannten, ihr Mann war auch dabei. Wir saßen am Kaffeetisch, ich war ziemlich blockiert, ich habe gesehen, daß sie komisch kuckt, aber ich habe das nicht auf mich bezogen. Daß ihr da schon durch den Kopf gegangen ist, daß sie etwas von mir will, auf die Idee wäre ich gar nicht gekommen. Lesen Sie mal nach, was Marie dazu erzählt hat.

> *Marie hatte bei dieser Begegnung damals so empfunden: »Ich dachte nur: Tja, auch du mußtest erwachsen werden und dich einfügen, armer Aktenkofferträger, und du wolltest mal die Welt verändern mit deinen linken Ideen. Obwohl er so aussah, hätte ich nach einer halben Stunde am liebsten seine Hand genommen, um mit ihm zu gehen ...«*

Ich habe mich gefreut, daß sie da war, es war schön, mit ihr und ihrem Mann zu reden, aber das war ein stinknormaler Besuch, alte Bekannte saßen zusammen. Ich hatte meine erste große Liebe zu ihr wirklich hinter mir.

Kurz nach diesem Treffen kam Post von Marie, irgendwann danach noch mal, es war eine Postkarte mit einem Stadtplan drauf, wo sie wohnt. Wie es oft ist mit alten Freunden, du nimmst dir vor, du rufst mal an, fährst vorbei, und dann schiebt man es ewig vor sich her.

Ich wohnte damals in meiner ersten richtigen eigenen Wohnung, vorher wohnte ich bei den Eltern, im Studentenwohnheim, in möblierten Wohnungen, alles wegen der Jobwechsel, dann zusammen mit den beiden Freundinnen. Es ist ja so im Leben: Entweder es läuft gar nichts, oder die Frauen stehen Schlange. Und das taten sie bei mir gerade. Mit 20 hatte ich mich immer gefragt, warum die alten Knacker, Mitte 30, so viele Frauen haben können. Jetzt weiß ich: Die Frauen kommen von alleine. Mensch, das ist ein ziemlicher Machospruch für meine Verhältnisse. Jedenfalls sind mir 40jährige, die immer noch rumlamentieren, wegen Frauen, Job oder was auch immer, suspekt, die Unsicherheiten habe ich seit meinen 20ern durch.

Was so eine Beobachtung ist bei zwei Freunden: Nach Trennungen hatten die den besten Sex mit den Freundinnen der Ex-Partnerin. Bei Frauen ist das umgekehrt auch so: Die Ex-Frau von meinem Freund ist nach der Trennung ganz schnell mit seinem besten Kumpel ins Bett gegangen. Was wollte ich damit sagen: Ja, nach der Trennung von Ina hatte ich noch etwas mit ihrer Freundin, aber das war auch vorbei.

So, ich will mal zum Kern kommen, Maries 40. Geburtstag war der Auslöser. Es war ein Samstag im Juni, ich war alleine, schönes Wetter war angesagt. Kurz vor Mittag ging mir durch den Kopf: Jetzt kaufst du Blumen und fährst abends hin. Ich weiß nicht warum. Und dann war sie nicht da, die Familie hat im Lokal gefeiert. Ich habe die Blumen vor die Tür gestellt. Ein anderes Mal, später, als ich dastand und klingelte, hatte ich ein Déjà-vu. Es machte nämlich Maries große Tochter Saskia auf. So blöd hab' ich bestimmt noch nie gekuckt: Ich sah Marie vor mir stehen. Da war sicher auch viel Einbildung dabei, ich habe gerade jetzt Fotos gesehen, eigentlich hat nur die Haarlänge gestimmt.

Ich weiß nicht recht, wie wir nach den Geburtstagsblumen den ersten Kontakt hatten, schriftlich oder telefonisch. Wir waren dann jedenfalls zusammen im Musical, weil ihr Mann nicht konnte. Da waren wir mit einem ihnen befreundeten Ehepaar, das war völlig unproblematisch. Ich hatte damals keine Hintergedanken, bis auf das, was noch ganz tief im Hinterkopf war, ich sage es jetzt einfach: Beim Blasen damals kam's nicht zum Abschluß. Hört sich auch wieder machomäßig an, ist aber nicht so gemeint. Ich hatte wirklich keine konkrete Absicht.

Das hat Marie in dem anderen Buch sehr richtig erzählt, daß ich einmal im Parkhaus das Auto gegen die Wand gefahren habe, aber ob das nun vor Aufregung war ... Es war an diesem Tag, als wir das erste Mal abends alleine aus waren, zum Essen. Ich hatte an dem Abend doch ein leichtes Kribbeln im Bauch. Meine Grundstimmung, daß ich eigentlich ja nichts will, hatte sich nicht geändert, aber ich dachte auch: Mal sehen, wie es sich entwickelt. Nach dem Essen habe ich Marie nach Hause gebracht, ihr Mann war noch wach, ging dann aber – genau wie früher – schon mal ins Bett. Wir haben uns dann zum Abschied den ersten Kuß nach Jahren gegeben. Das war sehr schön.

An einem der nächsten Abende hatte Marie ein Wiedersehen mit vielen Leuten von früher bei sich im Garten arrangiert. Irgendwann waren alle nach Hause beziehungsweise in den Zimmern zum Übernachten, ihr Mann war, wie gehabt, auch schon ins Bett gegangen. Unsere Knutscherei wurde schon heftiger. Marie ist dann auch ins Bett gegangen.

Ich hab' das an diesem Abend mit ihr schön gefunden und dachte: Jetzt geht es wieder los, das haben wir ja schon mal gelebt. Überbewertet habe ich es nicht. Mir war klar, daß Marie Familie hat, zwei Töchter, einen Sohn, davor und vor dem Verhältnis zu ihrem Mann habe ich einen Mordsrespekt. Das habe ich auch versucht, ihr zu erklären, indem ich ihr einen Brief geschrieben habe. Der, von dem sie auch erzählt hat, den sie nicht verstanden hat, er war mehr in der Ihr-Form geschrieben als in der Du-Form, ich wollte ihr sagen, was es mir bedeutet, daß wir den Kontakt wieder aufgenommen hatten, damit meinte ich durchaus den zur ganzen Familie, wie wichtig mir das war.

Dann kam das Musik-Festival in Schleswig-Holstein. Maries Mann mag keine klassische Musik, sie und ich, wir wollten da zusammen hin. Marie war schon mittags bei mir. Sie wußte, was sie wollte, sie wußte bloß nicht wie. Nach dem Knutschen in den Vortagen war für mich auch einiges im Rahmen des Möglichen, ich hätte mich also nicht gewehrt. Ich habe gemerkt, wie sie rumdruckste, als sie bei mir war. Ich tat aber auch nichts, Männer sind doch oft so. Sie ist dann ins Bad gegangen und kam nackt wieder. Ich bin ein bißchen umständlich, da habe ich dann aber spätestens gewußt, was jetzt passiert.

Es war sehr schön, sehr zärtlich und sehr behutsam, dieses Zögern von uns hat sich im Liebesspiel fortgesetzt. Sie ist dann passend zum Festivalschluß wieder abgefahren. Es war zumindest von der Anzahl her heftig. Sie war ausgehungert, das war niedlich. Man hat gemerkt, daß sie mit ihrer Sexualität nicht umgehen konnte, sie ist nicht aus sich rausgegangen. Wo andere Frauen sich fallenlassen, sagt sie: »Contenance.« Haltung zu bewahren war ihr immer wichtig. Ich weiß nicht, wie viele Liebhaber sie gehabt hat, sie hat da nur Andeutungen gemacht.

So wunderbar ich ihre Beziehung, ihre Familie auch finde, nach und nach sehe ich natürlich neben dem Licht auch Schatten. Durch das frühe Heiraten ist bei ihr sozusagen vieles bei *Suzanne* von Leonard Cohen stehengeblieben, die Musik ist da nur ein Beispiel, beim Sex ist es auch so. Sie hat erst in letzter Zeit entdeckt, wie wichtig es ist, Zeit für sich zu nutzen, jetzt mal unabhängig von mir, sie spielt jetzt Trompete, bildet sich weiter. Solche Sachen macht sie jetzt wieder, dabei hatte sie offenbar schon einen Haken an Ereignisreichtum in ihrem Leben gemacht.

Ja, so ging das also wieder los mit uns. Sie kam nach diesem Klassikwochenende zweimal früh, einmal abends mit Ausreden bei mir vorbei, zu Hause hatte sie weiter Friede, Freude, Eierkuchen mit der Familie. Ungefähr zu derselben Zeit, als das mit Marie anfing, also vor fünf Jahren, lernte ich Anja kennen, das war relativ parallel. Wie mir das passieren konnte, weiß ich nicht. Seit drei Jahren leben Anja und ich zusammen, sie hat eine große Tochter, die lebt schon lange alleine.

Ich wollte anfangs die Freundschaft mit Marie zwar weiterführen, aber den Sex beenden. Ich habe für uns keine Zukunft gesehen, ich wollte das, was ich an ihr und unserer Freundschaft mag, nicht kaputtmachen. Bei ihr war es ja auch schwankend, wie sie mit mir umgeht. Es gab eine Phase, da wollte sie zu Hause ausziehen. Das war ganz am Anfang, als sie aus dem Familienurlaub zurückkam, glaube ich. Tscha, das war schon schwierig. Als ich mal den Anflug hatte, ich gehe aus meiner Beziehung raus, hat Marie Panik gekriegt.

Wir haben unsere sexuelle Beziehung nicht beendet. Ihre Contenance schwindet übrigens. Ich bin nicht derjenige, der große Anforderungen stellt. Sie ist diejenige, die Vorstellungen, Fantasien hat, die sie mir mailt oder per SMS schickt, es fing harmlos an letztes Jahr, und wir haben ein bißchen was ausprobiert, das was Marie geschildert hat.

Marie erzählte: »Jetzt spielen eher Fantasien eine Rolle. Er sagt Frau Direktor zu mir, und er will, daß ich streng bin. Mich macht das sehr an, ich kann ihm aber keine Gewalt antun. Ich weiß nicht, wie weit er mich noch bringt, aber ich habe schon im strengen Kostüm, darunter halterlose Strümpfe und an den Füßen hohe Pumps, den bösen Schüler bestraft.«

Meine Lebensgefährtin ahnt nicht, was mit Marie war und ist. Das soll auch so bleiben. Ich mag mit Marie auch nicht über Anja sprechen, was uns verbindet, wie es uns miteinander geht. Ich weiß ja, daß Marie durchaus Probleme damit hat, daß ich eine Partnerin habe, obwohl die beiden klarkommen, wenn sie sich mal begegnen, beim Geburtstag oder so. Marie hat das sehr schön gesagt über mich: Ich gebe nicht gerne etwas von mir preis. Ich habe schon viel zu viel erzählt. Das, was ich meiner Geliebten möglicherweise nicht sagen kann, sollte sie auch nicht in diesem Buch lesen. Natürlich habe ich ein bißchen ein komisches Gefühl Anja gegenüber, wer hätte das nicht.

Ich habe auch ein schlechtes Gewissen gegenüber Maries Mann. Schon vor 20 Jahren hat er ja mitgekriegt, daß da irgendwas ist. Sie hat auch mal zu mir gesagt. »Denk nicht, daß er so naiv ist.« Ist er ganz bestimmt nicht. Ich glaube, er liebt sie einfach. Ich fand und finde immer noch, daß Marie und ihr Mann gut zusammenpassen, sie in ihrer Art und er mit seiner Ruhe, das ist ideal. Die Kinder sind jetzt schon groß, und ich finde sie prima, mit dem Bub verstehe ich mich bestens.

In letzter Zeit macht Marie andauernd Fortbildungen und hat für mich wenig Zeit. Wir haben uns in diesem Jahr dreimal gesehen und hatten zweimal Sex. Jetzt hat sie ihre Fortbildung mit Bravour bestanden. Sie sagt, sie hätte jetzt wieder Zeit für mich. Schaun wir mal, zu was ich sie noch so bringe.

Rainer, 53, Frühpensionär

Und das in unserem Alter

Oder: Sieben Feuerwerke im Kopf

Rainer und Susi, 55, – wenn man die beiden im Supermarkt den Wagen schieben sieht, könnte man denken: Na, denn schönen Fernsehabend, mit Chips und Bier und guter Laune. Diese Fernsehabende gibt es – mit den jeweiligen Ehepartnern. Für sich haben Rainer und Susi die aufregenderen Begegnungen des Tages reserviert.

Ich bin niemand, der gerne kocht. Aber letzte Woche habe ich ein nettes Rezept gefunden. Das habe ich gestern für meine Frau Christa und mich zubereitet, ein Überraschungsessen: Blumenkohl, Hühnerstreifen, richtig indisch, richtig scharf. Heute ist meine Frau nicht arbeiten gegangen, es ist ihr wohl nicht bekommen. Normalerweise bringe ich sie um sechs, sieben Uhr morgens zur Arbeit ins Altenheim, als ich vorhin wegging, um zehn, lag sie noch im Bett. Ich hatte schon Angst, daß unser Treffen platzt. Ich bin seit fünf Jahren im Ruhestand und sehr frei in meiner Zeiteinteilung. Wenn ich das nicht wäre, wie sollte das mit Susi gehen?

Susi und ich sind beide im Vorstand von befreundeten Karnevalsvereinen. Durch unsere Vereine läßt sich immer ein Vorwand finden, sich zu treffen. Susi wohnt in einem Vier-Parteien-Haus. Da kamen schon Bemerkungen, gerade von Werner, der unten im Haus den Zeitungsladen hat, schon seit 25 Jahren. Schräg gegenüber auf der anderen Straßenseite wohnen Freundinnen, die Hunde haben, wie Susi, die haben auch schon mal was gesagt. Aber solange da nicht genauer nachgefragt wird ... Neulich habe ich Susi kurz vor acht morgens abgeholt, ganz offiziell. Wir hatten um zehn draußen einen Termin bei einem Hotel, Festvorbereitung, Sponsoren-Akquise für unsere Feste. Da kam auch eine Freundin mit dem Hund vorbei, wir haben nett Guten Tag gesagt. Sie hat Susi prompt am nächsten Tag gefragt: »Was hast du denn da so früh mit deinem Liebhaber gemacht?« Das konnte Susi mit unserem Termin gut erklären, das kann die Freundin dann ruhig auch Christoph, Susis Mann, weitererzählen.

Neulich war ich bei einer Party bei Susi und Christoph in der Wohnung. Eine Verwandte, die uns bereits bei einem Geburtstags-Brunch zusammen gesehen hatte, sagte ganz frech: »Sind Sie jetzt hier der Hausfreund?« – »Nee«, habe ich gesagt, »ich bin der Hausmeister!« Ganz oft bringe ich Susi Einkäufe vorbei, so größere Sachen, die ich im Großmarkt kaufe, oder Sonderangebote von Tchibo – Christoph und Christa, das ist meine Frau, können das Schnäppchen-Einkaufen in diesen Läden nicht ab, Susi und ich lieben es.

Meine Frau sagt schon mal gegenüber Freunden: »Rainer und seine Funkenmariechen ...« Das klingt dann gequält. Wir vermuten, daß sie auch sonst in diese Richtung piekst. Wenn jemand anruft, sagt der schon mal zu mir: »Na, warste wieder mit deinem Verein unterwegs, hast Christa wieder allein gelassen?« Vor einem Vierteljahr sagte Christa plötzlich aus heiterem Himmel, als ich mal wieder mit Susi verabredet war, natürlich im Vorfeld der Festplanung, Christa sagte also: »Manchmal kommt es mir so vor, daß du und Susi was zusammen habt. Schlaft ihr eigentlich zusammen, oder ist es wirklich so, daß ihr euch nur trefft?« Ich bin darauf gar nicht eingegangen, es war sowieso gerade gereizte Stimmung zu Hause. Susi und ich sind uns einig, daß wir immer alles abstreiten würden, es sei denn, wir würden in flagranti erwischt.

Susi und ich haben beide durch die Karnevalssache einen sehr großen Bekanntenkreis, wir müssen immer damit rechnen, daß wir selbst beim Schluck Wein in der Lebensmittelabteilung vom Kaufhaus Leuten begegnen, die wir kennen. Wir treffen uns natürlich nicht nur für Sex, wir reden, gehen ins Kino, aber wir können nicht öffentlich im Café sitzen und knutschen.

Am besten ist es, wir treffen uns bei Susi zu Hause, wenn ihr Mann arbeitet, oder wir fahren raus. Susi und ihr Mann haben ein Wochenendgrundstück. Da kann man immer mal hinfahren, was holen für mein Grundstück, ich habe auch eins. Neulich habe ich eine ganze

Rasenfläche umgesetzt, von ihnen zu uns, stückweise, Quadratmeter um Quadratmeter. Bei Susi und Christoph soll Terrasse hin, wo Grün war, bei uns Grün, wo Beete waren.

Als wir letzten Monat an einem schönen Vormittag draußen bei Susi waren, kam überraschend ihr Mann. Wir hatten uns gerade draußen hingesetzt. Weil wir auch tatsächlich gegraben hatten, die Spaten rumlagen, sah das alles wirklich nach Arbeit aus.

Susi und ich ergänzen uns handwerklich, im Verein, im Alltag, in jeder Hinsicht eigentlich, meine Frau fühlt sich schon etwas an die Seite gedrängt. Bei den Festen und Partys und der Prunksitzung waren unsere Partner natürlich immer dabei. Bei meiner Frau habe ich das Gefühl, sie kommt zunehmend nur mit zu den Veranstaltungen, um Susi und mich zu ärgern, damit wir nicht soviel Zeit miteinander verbringen. Susis Mann ist auch sehr aktiv in ihrem Verein, ich kann Christoph gut leiden. Dazu kommt, daß ich auch gerne was mit ihm mache. Er ist ein echter Rheinländer, richtiges Urgestein. Eigentlich habe ich ein schlechtes Gewissen ihm gegenüber, ich fühle mich in dieser Situation etwas komisch, daß ich seit anderthalb Jahren ein Verhältnis mit seiner Frau habe, schlimmer noch: daß seine Frau und ich uns seit anderthalb Jahren lieben. Aber so glücklich, wie Susi mich macht, unterdrückt das letztendlich jedes schlechte Gewissen.

»Und das in unserem Alter«, sagen wir immer wieder, wenn wir etwas besonders genießen, nicht nur, wenn wir miteinander geschlafen haben, auch wenn wir zusammen lachen. Wir sind uns so ähnlich. Wir sind aber auch verschieden, klar. Ich kann ihren Lieblingsradiosender nicht ausstehen, das ständige Wiederholen der Promotion, schon wieder hat jemand 100.000 Euro gewonnen. Ich höre lieber Wortbeiträge.

Susi ist einfach rundum eine klasse Frau. Sie ist katholisch und mußte sich zu Hause sehr durchboxen. Sie wollte immer Lehrerin werden, aber ihr Vater hat gesagt: »Für ein Mädchen reicht die Lehre, du heiratest ja sowieso.« Das hat Susi sich nicht gefallen lassen und ist erst mal ein Jahr ins Ausland gegangen. Als Hausmädchen in die französischsprachige Schweiz. Danach konnte sie perfekt Französisch. Englisch konnte sie sowieso, und so hat sie einen

Job als Stewardeß gekriegt. Dabei hat sie Ron kennengelernt, einen schwarzen Amerikaner. Als sie 21 war, kam Nelly, ihre Tochter. Die Eltern waren entsetzt, wollten sie erst rausschmeißen, denn Ron war zu allem Überfluß weg. Und das Kind war natürlich bunt. Am ersten Geburtstag von Nelly hat Susi ganz alleine für sich beschlossen zu studieren. Sie hatte sich durch so viele Widrigkeiten durchgekämpft, da dachte sie, das schafft sie nun auch noch. Sie hat es geschafft, ist Lehrerin geworden, hat bald ihren Mann Christoph kennengelernt und mit ihm auch noch zwei Kinder gekriegt. Die ganze Zeit war sie voll berufstätig, und nun macht sie auch schon so lange das mit dem Karneval.

Das erste, was sie mir erzählt hat bei unseren ersten Spaziergängen, waren diese sehr persönlichen Dinge. In dieser Zeit hatten wir noch keine erotische Beziehung, wir haben zwischen 1998 und 2000 eine richtige Freundschaft entwickelt. Ich weiß noch, 1998 war ein großer Ball, wir saßen beide auf dem Boden und haben Papiere für unsere Ansprachen geordnet, da konnte ich ihr zufällig in den Ausschnitt kucken, und es gefiel mir sehr, was ich da unter ihrem Ballkleid sah. Wir haben zusammen die Moderation gemacht, wir haben auch getanzt an diesem Abend, aber es ist nichts passiert. Wir haben angefangen, uns privat zu treffen, auch zu viert, wir sind ja beide verheiratet.

Zu zweit waren wir viel spazieren am See. Was sie mir dabei erzählt hat, das war ein toller Vertrauensbeweis. Sie hat mir auch gesagt, daß sie noch nie so mit jemandem darüber gesprochen hat, wie sehr ihr das Verschwinden von Ron zugesetzt hat, wie schlimm es für sie war, daß ihre Eltern das Enkelkind ablehnten, weil es farbig war, wie sehr ihr die Anfeindungen der Umwelt zu schaffen gemacht haben. Andererseits hat sie dadurch auch eine ungeheure Stärke bekommen, wodurch sie ihren eigenen Weg finden konnte. Ja, ich habe diese Offenheit genossen. Dementsprechend habe ich auch meine Schandtaten gebeichtet. Ich habe am See Sachen erzählt, die ich gar nicht mehr für wahr gehalten habe, das waren Assoziationsketten, wo's so richtig rausgesprudelt ist.

Woran ich mich nicht alles erinnert habe. Die *Hör zu* hatte früher gezeichnete Titelbilder. Ich erinnere mich genau an einen Titel, da knutscht ein junges Liebespaar auf einer schneebedeckten Wiese, nur genau da, wo sie stehen, ist Frühling, mit Krokussen und so, sie haben den Schnee zum Schmelzen gebracht. Auslöser für diese Erinnerung war: Ich mußte für meine Frau etwas erledigen. An einer Straßenecke sah ich ein junges Pärchen, das sich umarmte und küßte. Und ich dachte nur: Die haben es gut. Das möchtest du auch mal wieder. Ich fühlte mich irgendwie allein damals, ich habe mich in die Arbeit im Karnevalsverein gestürzt, als mir in der Firma wegen diverser Veränderungen nur noch der Vorruhestand blieb.

Susi und ich kennen uns seit ungefähr sechs Jahren. Intensiv wurde es durch unsere gemeinsame Arbeit. Susi hat schon immer versucht, in den Festausschüssen viel zu bewegen, sie mußte da viel alleine stemmen. Als ich dazukam, hat sie gemerkt, daß ich mit einem anderen Engagement rangehe als andere, sie hat mich sofort mit einbezogen in die Öffentlichkeitsarbeit, in die Sponsorensuche, die das ganze Jahr über laufen muß, damit du Veranstaltungen überhaupt finanzieren kannst. Bei der ersten Sitzung war schon ein Prikkeln da, jedenfalls bei mir. Sie stach aus allen Leuten im Raum hervor, aus allen Frauen.

Im Schnitt kamen wir alle sechs Wochen zusammen, im Laufe der Zeit ergab es sich, daß wir uns immer gleich nebeneinandersetzten. Je dichter die Saison rankommt, desto öfter treffen sich die Vorbereitungskomitees. Wir fingen an, auch Sachen außerhalb der Treffen zu besprechen, beim Wein. Wir saßen uns gegenüber, und Anziehung war da. Es war aber noch nicht so, daß das eine sexuelle Ausrichtung hatte, das kam später. Und zwar ganz plötzlich.

An einem Tag Ende Oktober waren wir für ein Sponsorengespräch verabredet, wir wollten zu einer Baumarktkette. Ich habe Susi bei ihr zu Hause abgeholt. Wir stehen im Flur, ich habe sie wie üblich umarmt und geküßt, und an dem Tag ist der Kuß eben ganz anders ausgefallen. Sie hat ihren Mund geöffnet und gab mir einen richtigen feuchten Zungenkuß. Und dann hat sie noch gesagt, daß ihr ganz anders ist und daß sie ganz feucht ist. Bei mir sind sieben Feuerwerke explodiert im Kopf.

Das war in dem Moment mein Gefühl. Es waren für mich ja keine Anzeichen dagewesen, daß an diesem Tag, in dieser Situation, etwas anders sein sollte als sonst mit dem Kuß, der immer ganz harmlos war.

Wir mußten dann leider los zum Baumarkt. Beim Autofahren hatte ich die ganze Zeit meine Hand auf ihrem Oberschenkel oder auf ihrer Hand. Sie hat mir später gesagt, daß sie am liebsten mit mir vom Flur direkt ins Schlafzimmer verschwunden wäre, mir ging das allerdings auch so.

Nun saßen wir also statt dessen bei einem Geschäftsführer und verhandelten über Tausendmarkscheine für unsere Vereine. Aber hinterher haben wir das Auto in die äußerste Ecke vom Parkplatz kutschiert, wo ich sie zum ersten Mal streicheln und verwöhnen durfte, mit entsprechendem Erfolg für beide Seiten. Verwirrt, wie wir waren, sind wir dann zu ihr nach Hause gefahren, ich war zum Abendbrot eingeladen, saß mit ihrem Mann an einem Tisch. Ich weiß nicht, wie sie sich dabei gefühlt hat, für mich war es aber schon eigenartig.

Der nächste dicke Punkt war am nächsten Morgen. Wir haben auch vorher regelmäßig morgens miteinander telefoniert. An diesem Tag klingelt bereits kurz vor sieben das Telefon, Christa war schon zur Arbeit. Susi sagt: »Du, ich bin schon wach, und in einer Stunde könnte ich bei dir sein. Holst du mich vom Bus ab?« Ich habe vor Überraschung den Kopf geschüttelt, aber ich wollte natürlich, daß sie kommt. Ich hatte also eine knappe Stunde Zeit, in der Wohnung ein paar Handgriffe zu erledigen. Meist sitze ich morgens, wenn ich meine Frau zur Arbeit gebracht habe, am Computer. Den habe ich sofort ausgeschaltet, und dann bin ich durch die Wohnung gerannt: in der Küche noch schnell aufräumen, im Schlafzimmer auch, die Dusche auswischen, im Bad Sachen richten. Diese knappe Stunde war für mich das Hektischste, was ich je erlebt hatte. Wir haben einen Hund und eine Katze, die mußte ich auch noch wegsperren.

Ich habe Susi vom Bus abgeholt, und dann standen wir uns in meinem Schlafzimmer gegenüber. Das war ein sehr schönes Gefühl. Ich habe sie ausgezogen und ihr gesagt: »Ich muß unbedingt von dir ein Foto machen.« Sie hat ein rotes Kleid mit Netztop, das sieht sehr erotisch aus, wenn sie es anhat. Auf meinen Wunsch hat sie es ohne das Unterkleid angezogen, also nur das Netz. Wir haben rumprobiert, was machen wir mit dem Gesichtsausdruck, ist es so richtig oder so? Wir sind dann zusammen ins Bett gegangen, das war am Halloween-Tag. Dieser Tag gab mir aber keinen Anlaß, mich zu gruseln! Es hat alles wunderbar gepaßt, und wir hatten beide die schönsten Orgasmen, die man sich nur vorstellen kann.

Bei unserem großen 2000er Fest im Ballsaal eines großen Hotels war es gerade 14 Tage her, daß wir das erste Mal intim waren. Susi und ich mußten die ganzen auftretenden Bands und Künstler betreuen. Wir waren also die meiste Zeit hinter den Kulissen. Wir hatten einen Konferenzsaal als Umkleideraum. Da haben wir uns hinter einer offenen Wandschranktür ziemlich intim beschäftigt. Wir wußten beide, daß jederzeit jemand reinkommen könnte – und das in unserem Alter. Es kam tatsächlich eine Frau aus dem Vorstand rein, die kuckte ziemlich kariert, wir waren halb angezogen. Sie ging dann wieder. Meine Freunde frotzelten nach dem Fest: »Na, du konntest dich ja wieder nicht um deine Frau kümmern.«

Vier Wochen, nachdem es mit uns anfing, passierte diese Sache. Im November. Mein Handy klingelt, als ich gerade im Großmarkt zwischen Auto und Leergutannahme unterm Regen durchlaufe. Susi ist dran, völlig aufgelöst: »Ich will mit dir weg.« Mir lief ein Film im Kopf ab: Ich könnte vom Parkplatz fahren, direkt zu ihr, sie packt den Koffer, und wir fahren weg. Gesagt habe ich: »Ich muß erst mal einen klaren Gedanken fassen. Ich gehe mal aus dem Regen raus und rufe gleich zurück.« Ich habe mir wer weiß was vorgestellt, daß sie sich etwas antut ... Ich habe sie aus der Zelle angerufen. Sie sagt, sie hält das nicht mehr aus, die Belastung. Für mich kam das völlig aus heiterem Himmel. Wir hatten uns zwei Tage vorher noch gesehen, und alles war wie immer gewesen.

Ich habe sie erst mal beruhigt und versucht, ihr in diesem Telefongespräch klarzumachen, wie ich die ganze Sache sehe, damals, und heute auch noch. Ich würde sehr gerne mit ihr zusammenleben, aber es gibt da diese Mühlsteine, die uns um den Hals hängen. Ihr Haus, meine Eigentumswohnung, übrigens eine Investorenfalle in den neuen Bundesländern. Christa und ich sind drauf reingefallen wie so viele, und wir kriegen die Wohnung nicht los, auch nicht mit großen Verlusten. Das wäre eine schlechte Ausgangslage für eine neue Beziehung. Auch wenn ich an die Rentenansprüche denke, Versorgungsausgleich, unsere Grundstücke, die man auseinanderklauben müßte ... Ich konnte sie jedenfalls beruhigen. Wir haben uns dann erst in der nächsten Woche wiedergetroffen, ein bißchen auf Abstand, es war nicht so herzlich wie sonst. Aber ihr fehlte dann sehr schnell was, und dann war Gott sei Dank alles bald wieder wie immer.

Ich habe schon vor Susis Zeit nur noch selten mit meiner Frau geschlafen, vielleicht alle halbe Jahre, seit das mit Susi anfing, ist es noch seltener geworden. Meine Frau sieht das eher als medizinisches Problem, ich kriege von ihr Bemerkungen, ob ich denn noch alle meine Kräfte hätte. Das ist bei anderen Paaren nicht anders, daß Sex praktisch flachfällt. Ich weiß von zwei Freunden, daß sie aus diesem Grund gelegentlich was nebenher haben, aber von mir weiß es keiner. Im Alter werde ich das erzählen können, in 20, 30 Jahren. Ich sehe noch vier meiner Schulfreunde sehr regelmäßig, mit einem sind es dieses Jahr 45 Jahre, die wir uns kennen. Wenn ich dem dann irgendwann sage: »Paß mal auf, die ganzen Jahre habe ich nicht darüber gesprochen, ich war mit dieser Frau 20 oder mehr Jahre heimlich zusammen ...« Na, mal sehen, je nachdem, wie es sich entwickelt. Solange es an mir liegt, will ich an der Situation jedenfalls nichts ändern.

Klar könnte jemand alles rauskriegen. Wenn sich zum Beispiel jemand an meinen Computer setzt und verschiedene Datensätze meiner Liebesbriefe zusammenfügt. Aber wer sollte das machen? Auch die Fotos von Susi hatte ich auf der Festplatte. Die sind aber verlorengegangen, ärgerlicherweise. Ich hatte extra für Geheimdokumente eine Festplatte, und bei einer Stromabschaltung habe ich dann irgendwas falsch gemacht, und alles war weg. Und zum Spezialisten, die Platte dalassen zum Datenretten, das wollte ich sicherheitshalber lieber doch nicht.

Ich habe nicht vermutet, daß mit Susi und mir so etwas passiert. Ich habe nie gedacht: Wie kriegste sie rum? Ich hätte nie Anstalten dazu gemacht. Deswegen war ja auch der Kuß im Flur für mich wie ein Blitz aus heiterem Himmel. Sie hat mir da auch noch gesagt:

»Ich bin so geil.« Ich dachte, ich höre nicht richtig, ich fragte nach: »Hab' ich richtig verstanden?« Ich erinnere mich, daß ich schon früher beim Umarmen wie zufällig über ihre Brust gestrichen habe. Wir hatten uns schon immer so mit Küßchen verabschiedet, und ich gebe zu, daß ich gerne ein bißchen doller gedrückt habe als nötig. Ich kann mich auch dran erinnern, wie es war, ein Jahr zuvor. Susi war eine Woche mit einer Freundin auf einer Schönheitsfarm, ich habe sie zum Bahnhof gebracht, ich mußte da sowieso hin. Wir haben jeden Abend telefoniert. Ich habe die Wohnung verlassen, jeden Abend war etwas in den Keller zu bringen, ein Brief einzuwerfen, meine Frau hat das nicht gemerkt. Beim Telefonieren mit Susi war unterschwellig so ein Prickeln da. Das waren erregende Telefongespräche, mir ist heiß und kalt geworden, obwohl Sex gar kein Thema war. Ich habe mich so was von wohlgefühlt, das Timbre ihrer Stimme zu hören. Ich habe dann Susi und die Freundin nachmittags wieder vom Bahnhof abgeholt, Susi hat von ihrer Reise erzählt. Ich brachte beide nach Hause – und stand dann um acht wieder bei Susi vor der Tür, ihr Mann war nicht da. Sie bat mich, ihr den Rücken mit einer speziellen Salbe einzucremen, »Christoph mag das nicht tun«. Ich habe das gerne gemacht, ich empfand den Geruch der Creme als angenehm, Susi hat sogar ihren BH ausgezogen, sie hatte dabei keine Hintergedanken, ich ließ meine Hände auch wirklich nur auf ihrem Rücken kreisen. Später dachte ich darüber nach, wann sich noch mal so eine Gelegenheit ergibt. Christoph wäre sicher nicht damit einverstanden gewesen, daß ich sie *so* eincreme.

Ich hatte schon mal was außerhalb der Ehe, da wußte meine Frau aber Bescheid, das war so eine Art Partnertausch. Das ist schon 15 Jahre her. Wir kannten das Pärchen, wir haben getauscht, zwei sind im Schlafzimmer verschwunden, zwei blieben im Wohnzimmer. Wir sind auch zusammen in Urlaub gefahren. Das war aber eine rein sexuelle Angelegenheit.

Ein anderes Mal habe ich mit einem Kumpel abgemacht: »Du fickst Christa, und ich würde gerne mal mit Ruth ...« Wir hatten uns so ein Schmuddelvideo ausgeliehen, die gab es damals nur unter der Ladentheke. Wir waren weder betrunken noch sonst irgendwie zugedröhnt, wir haben das einfach abgemacht und getan. Meine Frau hält sich bedeckt zu diesen Punkten, wir reden nie drüber. Ich bestreite sowieso 90 Prozent unserer Unterhaltung, sie erzählt nicht so viel. Ich weiß nicht viel von ihr. Ich würde nie merken, wenn sie zum Beispiel auch einen Geliebten hätte. Ich kann mir vorstellen, daß sie jemanden hat. An ihrem Arbeitsplatz, ein Kollege, der kommt aus meiner Sicht in Frage. Ich kenne den vom Sehen, ich bringe meine Frau ja zur Arbeit und hole sie wieder ab. Sie ist Schichtleiterin in diesem Seniorenheim, teilt also auch die Dienste ein, sie könnte das schon einrichten. Aber Unregelmäßigkeiten, etwas außerhalb der Arbeitszeit, das kommt bei Christa nicht vor, nach ihr kann man die Uhr stellen. Aber sie erzählt ja nie etwas.

Ich bin da jetzt anders, ich trage meine Gefühle auf der Zunge. Meiner Frau konnte ich nie Komplimente machen, das fiel mir bei ihr immer schwer. Bei Susi interessiert mich alles. Wenn sie mir eine Bluse im Katalog zeigt: »Wie findest du die denn?«, sage ich: »Die kannst du mal bestellen, sieht bestimmt toll aus.« Als ich gestern kam, hatte sie eine bestellte Bluse an, mit Bustier drunter. Schick. Wenn ich sie so sehe, Mitte 50, eine Mutter von drei Kindern, mit Narbe von einem Kaiserschnitt ... Ich sage ihr immer wieder: »Mach dir keine Sorgen, deine Figur ist o.k.« Auch nach anderthalb Jahren habe ich solche Lust auf sie, ich hadere eher mit meiner Figur.

Ich genieße die Situation, so, wie sie jetzt ist, und Susi tut das auch, das kann ich in aller Bescheidenheit sagen. Selbst ihr Hund ist mittlerweile auf mich fixiert. Hunde spüren, ob einer dazugehört, man kommt über das Frauchen in die Hundewelt, nicht einfach über Leckerlis. Es ist auch gut, daß wir viel unternehmen, wo ihr Mann eingebunden ist. Deshalb ist bei mir, so ulkig das klingt, das Gefühl der Eifersucht aber auch in verschiedenen Situationen sehr intensiv, zum Beispiel, wenn ich Christoph und Susi Hand in Hand sehe. Die Berührungen zwischen den beiden kommen gar nicht so von Susi, er ist es, der sich anlehnt oder den Arm um sie legt, das berührt mich schon eigenartig. Auch das hätte ich mir früher nicht vorstellen können.

Ich habe von Anfang an gesagt, wenn Susi meint, daß es so nicht weitergeht, dann muß sie sich äußern. Anfang des Jahres sagte sie:

»Wir müssen Schluß machen.« Das hat mich tief getroffen. Sie hat keine Begründung abgegeben. Wir waren zusammen unterwegs, haben Gäste von einem Verein aus einer anderen Stadt ausgeführt. Abends um eins saßen wir noch alle zusammen beim Wein, da fängt sie aus heiterem Himmel an zu weinen. Wir haben die anderen ins Hotel gebracht, ich wollte sie nach Hause fahren, aber noch vorm Hotel hat sie wieder geweint und nichts gesagt, nicht gesagt, was zu Hause vorgefallen ist, was diesen Gemütszustand ausgelöst hat. Wir haben eine Woche jeden Tag telefoniert, ich habe versucht, es wieder einzurenken. Nach dieser Woche war dann alles wieder so wie gehabt, sie kam nicht los. Ich habe bis heute von ihr keine Erklärung für das Verhalten bekommen, bin jedoch froh, daß wieder alles beim alten ist.

Manchmal kommt es mir vor, als wenn wir telepathische Fähigkeiten zusammen haben, wenn ich sie anrufen will, greift sie schon zum Hörer, bevor ihr Telefon klingelt. Oder sie sagt: »Du, ich wollte gerade das gleiche sagen.« Diese Schwingungen, diese Übereinstimmungen ohne viele Worte sind phänomenal.

Auch unser Sex ist immer intensiver geworden. Das erste Mal bei mir war schon ein Spitzenerlebnis, aber das nächste Mal war eins obendrauf mit Sahnehäubchen. Und das in unserem Alter. Wir haben beim zweiten Mal bei ihr ein Kämmerchen unterm Dach als Schlafhöhle ausgebaut, mit Matratzen, Kerzen, einer Flasche Sekt. Das kann alles da liegenbleiben, keiner kuckt auf den Dachboden. Das Traurige ist nur: Ich muß immer wieder gehen, weil ihr Mann ja nach Hause kommt. Ich hoffe, daß Susi und ich auch mal zusammen einschlafen können. Vielleicht, wenn meine Frau zur Kur fährt im Sommer. Mit Susi fühle ich mich wie in einem Gefühlswasserfall.

Susi hatte vorher schon mal ein Verhältnis, mit einem Kollegen. Sie war auch schon mal mit dem Koffer auf dem Weg zu ihm, das war eine ähnliche Situation wie mit mir, damals, als es anfing. Sie hat dann aber einen Schlußstrich gezogen. Sie hat sich mit ihrem Mann wieder zusammengerauft. Ich habe jetzt manchmal Angst, daß in ihrer Ehe Sachen hochkommen, die sich auf uns negativ auswirken. Als ihr Mann zum Beispiel seine Kündigung gekriegt hat, vor einem halben Jahr, da sagte Susi zu mir: »Ich brenn' jetzt mit dir durch.« Das habe ich ihr ausgeredet. In so einer Situation ..., der Mann ohne Arbeit ... Jetzt sagt sie: »Gut, daß du da warst, daß du mich rational abgehalten hast.« Seit zwei Monaten ist ihr Mann in einer Weiterbildung, jetzt läuft es auch zu Hause wieder besser. Ich wäre ja grundsätzlich bereit, mit ihr zu leben, aber wie soll das gehen mit all den finanziellen Sachen? Susi und ich haben beschlossen: Wir lassen es so, wie es ist. Wenn sich durch andere Umstände eine andere Situation ergeben würde, daß wir zusammensein könnten ... Nein, nicht was Sie denken, ich wollte meine Frau mit dem indischen Essen nicht vergiften. So was gibt es nur im Film. Es könnte doch aber sein, daß von unseren Partnern einer sagt: »Ich trenne mich.«

Adam, 50, Marketingleiter

Wärme in ihrem Bett

Oder: Ich bin kein monogamer Liebhaber

Adam, 50, großgewachsen, mit vollem, leicht durchgrautem Haar. Er ist ein Mann, der im Job überzeugend reden muß. Auch Frauen überzeugt er durch das Wort von seinen – und ihren – erotischen Fantasien, Fantasien, die immer wieder um erotische Erfüllung, Hingabe und Unterwerfung kreisen.

Mit meinen Ladys tue ich Dinge, die sie mit ihren Ehemännern nie tun würden. Meine Frau mit mir auch nicht. Ich staune immer wieder, wie schnell Frauen Grenzen überschreiten, die sie gestern erst aufgestellt haben – sich am Telefon befriedigen, Analverkehr oder ohne Wäsche unterm Kostüm ins Café. Ich habe zur Zeit mehrere Liebesverhältnisse. Eine von diesen Frauen, R., ist meine Jugendliebe. Ich habe nicht vor, mich von meiner Frau und meiner Familie zu trennen, aber R. – das ist die Frau meines Lebens.

Es ist doch so: Vor der Ehe oder dem Zusammenleben hat jeder seine Interessen, danach passen sich die Partner dann oft einander an, die Frauen hexen nicht mehr in der Gegend umher, die Männer schaffen es nicht mehr, sich selbst zu leben. Das entspricht ja durchaus dem christlichen Weltbild, daß man sich auf monogame Zweisamkeit konzentriert. Solange man so lebt, gesellschaftlich sanktioniert, gleicht man sich immer mehr an, der einzelne verliert seine Interessen, und man fängt an, füreinander langweilig zu werden. Je älter man wird, desto klarer sieht man, daß Wünsche, Interessen und Begierden nicht mehr nur mit einer Person befriedigt werden können. Das geht mir auch so.

Mich reizt es, Grenzen zu überwinden, also zum Beispiel, Geliebte zu haben und mit ihnen ihre geheimen und neu entdeckten Wünsche auszuleben. Wobei man sich immer fragen muß: Was macht Sinn? Man muß das auch wirklich leben können, was man sich da an Grenzüberschreitungen vornimmt. Ich kann mich noch daran erinnern, als ich mein erstes Liebesverhältnis anfing, das war 1987, ich war sieben Jahre verheiratet, unsere erste Tochter war gerade vier Jahre, die zweite noch nicht geboren. Die Frau, die ich mir für mein Verhältnis ausgekuckt hatte, war eine ehemalige Kollegin. Vorher hatte ich während meiner Ehe nur einmal mit einer anderen Frau geschlafen. Mit M. war das ein sanfter Einstieg, ich wußte, sie ist solo. Wir haben uns mehrmals getroffen, bevor wir zusammen ins Bett gegangen sind. Beim ersten Mal war ich voller Schuldgedanken, und wenn sie mich nicht zum Schluß oral befriedigt hätte, was eines meiner liebsten Bedürfnisse ist, hätte ich das Verhältnis nicht weiter fortgesetzt.

Damals wäre es mir nicht möglich gewesen, bei meiner Geliebten zu übernachten. Zusammen aufwachen, zusammen frühstükken, das wäre zu viel Intimität gewesen, das war in meiner Erlebniswelt nicht vorgesehen, das ging noch nicht. Ich bin also mitten in der Nacht aufgestanden und ins Hotel zurück. Meine Geliebte hat gesagt: »Das ist eben so.« Es war in Ordnung für sie. M. ist eine großzügige Geliebte, sie macht nicht diesen Druck: »So und so muß es funktionieren«, oder »Wann kommst du wieder?« Sie genießt es, ihren Liebhaber zu empfangen, es ist schön, wenn er da ist, und das reicht.

Ich habe für mich Regeln, und die sage ich jedesmal, wenn ich ein Liebesverhältnis anfange, ganz klar und deutlich. Erstens: Ich lasse mich nicht aus meiner Familie und meiner Beziehung rauslösen. Zweitens: Es muß völlige Offenheit herrschen in der Frage: Termine, wann treffen wir uns, ich will, daß man sich freiwillig und ohne Druck trifft, ohne Gewohnheiten, feste Vereinbarungen. Ich hab' genügend Zwänge im Beruf und sonstwo, ich muß mir nicht auch noch auf dem Feld der Lust Druck schaffen. Drittens: Ich treffe mich auch mit anderen Frauen und lege keine Rechenschaft darüber ab.

Ich habe im Moment Beziehungen zu mehreren Frauen im Alter zwischen 38 und 59, ich bin 50, meine Frau ist 47. Fast alle meine

Geliebten sind beruflich selbständig, Geschäftsfrauen, eine Psychologin, eine Unternehmensberaterin. Mit zweien, mit S. und E., hatte ich bisher nur eine einzige Nacht, beide in diesem Jahr. Meist ist es so: Man sieht sich ein, zwei Monate nicht. Da passiert dann aber nicht gar nichts, man telefoniert, schickt SMS, E-Mails. Natürlich auch mit erotischen Geschichten.

Was bekomme ich von den Frauen? Was interessiert mich an ihnen? Ich liebe es zu erleben, wie Frauen ihre Lust zulassen und sie sich erschließen. Ich genieße die Bodenlosigkeit der Lust dieser Frauen, wenn sie sich erst mal trauen. Das ist durchaus unterschiedlich, aber auch wieder ähnlich. Gerade die Verheirateten haben mit mir ihre Lust an Abhängigkeit entdeckt. Die Lust, daß Dinge angewiesen werden, daß sie sich beugen, hingeben, unterwerfen – sie nennen das alle anders. Und sie sind es, die mir signalisieren: Es kann weitergehen. Ich nehme nur ihre Bedürfnisse auf und führe sie in andere Gefilde. Schon immer wußte ich, daß es mir Spaß macht, Frauen Lust zu verschaffen, es zu genießen, wie sie die ausleben und mir dann ihren Duft, ihre Säfte, ihre Gefühle und ihre Hemmungs- und Schamlosigkeit schenken ... Schon immer habe ich gerne erotische und auch pornographische Literatur gelesen, habe meine Fantasien ernst genommen und den Frauen davon erzählt. Dabei merkte ich, daß Frauen gerne Fantasien hören wollen, besonders, wenn sie in erotische Geschichten verpackt sind. 1999 habe ich damit angefangen, für C. Geschichten zu schreiben und ihr am Telefon zu erzählen. Vorher habe ich nach solchen Geschichten im Internet gefischt. Dann ging es weiter mit telefonischen Geschichten, wo sie im Mittelpunkt stand. Während der Telefonate hat sie sich oft selbst befriedigt, so daß ich sie hören konnte. Das Schreiben und Erzählen macht einfach Spaß.

Die Frauen lieben es sehr, selbst in den Geschichten vorzukommen, Mittelpunkt einer Orgie zu sein, sich öffentlich vögeln zu lassen. Sie würden das in der Regel im richtigen Leben so nicht tun. Meine Frauen kriegen von mir Geschichten, bezogen auf sich selber. Das ist total spannend, weil die Situationen, die ich beschreibe, zwischen Fantasie und Realität angesiedelt sind. Zum Beispiel dauerte es bei R. sehr lange, bis sie die Geschichten über Exhibitionismus auch in die Tat umsetzte. In den Geschichten schildere ich ihr oft Situationen, in denen sie mich dabei beobachtet oder mir dabei hilft, mit einer anderen Frau zu vögeln. Anschließend läßt sie sich von dieser Frau oral verwöhnen. Jetzt wünscht sie sich, einmal von einer Frau geleckt zu werden. Und dies soll ich organisieren. C. erzählte ich eine Geschichte darüber, daß sie mich im Kino oder im Auto bläst. Ein wenig später hat sie es gemacht.

Die Frauen genießen es, wenn man ihre Lust, die dunklen Seiten an ihnen ernst nimmt und ihnen hilft, die Wünsche, die Begierden der dunklen Seite anzunehmen und sie auszuprobieren. Es ist so, als wenn man jemandem hilft, über eine schmale Brücke zu gehen, und auf der anderen Seite, hinter einer Wegbiegung, beginnt ein wunderbares Land. Vielleicht ist es auch so, daß gerade starke Frauen sich auf erotischem Gebiet so gerne führen lassen, weil sie im Leben so oft zu sich selbst unnachgiebig sein müssen. Mir geht es dabei wirklich um die Frauen und ihre Bedürfnisse, natürlich auch um meine, aber das paßt zusammen, weil meine Ladys und ich uns auf Augenhöhe begegnen. Sie schließen das, was sie mit mir erleben, total weg. Die wenigsten reden überhaupt darüber, daß es mich gibt. Gut, manchmal wissen es Freundinnen. Aber was wir da genau machen? Ich kann mit den Frauen übrigens auch die Rollen tauschen, ich gebe mich hin, ich liefere mich aus, manchmal fesseln sie mich. Am besten geht das mit den sehr vertrauten Geliebten, die ich weit in das Land der Lüste geführt habe. Da ich sie dorthin begleite und dabei viel lerne und erlebe, kann ich mich auch selbst hingeben. Ich kann Männern nur empfehlen, sich den Frauen hinzugeben, es ist wunderbar und heilt Männerwunden.

L. ist 40, sie war bis vor kurzem verheiratet, insgesamt 15 Jahre. Sie ist Geschäftsfrau. Wir schicken uns viele Mails, sie erzählt mir ihre Liebesgeschichten und fragt um Rat. Sie versucht jetzt, ihre über Jahre aufgestaute Lust auszuleben. Zum 40. Geburtstag habe ich sie in ein Hotel eingeladen, es traf sich, daß das dann auch noch ausgerechnet der Tag ihrer Scheidung war. Ich habe sie für 21 Uhr zum Hauptbahnhof bestellt und gesagt: »Nimm dir bitte Zeit bis zum nächsten Morgen und ruf mich an, wenn du im Bahnhof bist.« Sie hat mich angerufen, und ich habe gesagt: »Ich bin im Hotel G.,

Zimmer 436, komm her. An der Tür bekommst du deine weiteren Anweisungen.« Draußen an die Hotelzimmertür, an den Türgriff, hatte ich ihr eine Maske gehängt, schwarz und geschwungen. Als ich sie kaufte, fragte mich die Verkäuferin: »Für eine Prinzessin?« Ja, sagte ich, für die erste Nacht des Dunkels. Die sollte sie anziehen. Das hat sie getan, so kam sie rein, sie wußte nicht, wie das Zimmer aussah, in dem sie ist, wo sie sich ausliefert. Sie war unsicher, nicht nur auf den Beinen. Sie stand mit ihren roten Haaren mitten im Zimmer, und ich habe sie stehenlassen. Bin um sie herumgegangen, und immer wieder habe ich sie leicht berührt. Sie geküßt. Sie hatte sich von ihrer Freundin frisieren, schminken und anziehen lassen. Sie war mit Glitter bestreut und sah sehr schön und opferbereit aus. Ich fühlte mit meinen Händen ihren Körper nach, suchte ihre Brüste, ihren Po und ihre Lustquelle zwischen ihren Beinen und flüsterte ihr zu, was ich dabei empfand. Für mich war es ja auch eine besondere Situation, weil sie mir zwar in den Telefonaten beschrieben hatte, wie ihr Körper aussieht, ihre Brüste und ihre Scham, daß sie sich rasiert ... Aber all dies selbst zu fühlen, war ungeheuer erotisch. Ich hatte Wein und Leckereien eingekauft, Pralinen, um diese in ihrem Mund zu essen. Und ich habe ihr ein erotisches Buch geschenkt, aus dem ich ihr später eine Geschichte vorgelesen habe.

Ich hatte vorher in Erfahrung gebracht, wie bei eigentlich allen meinen Frauen: »Was magst du denn so?« Dabei ist langsam deutlich geworden, daß auch sie sich ausliefern möchte, sich hingeben möchte. Ich versuche aufzunehmen, was die Frauen wollen: Zärtlichkeit, Härte, Streicheleinheiten, wie wollen sie gestreichelt werden? Ich möchte auch wissen, wie es ihnen dabei geht, was sie fühlen. Die Frauen heben ihre eigenen Grenzen unheimlich schnell auf. Ich meine zum Beispiel Analverkehr. Sie sagen irgendwann: »Ja, das will ich probieren.« Oder: »Ich will das mit dem Fesseln jetzt.« Oder: »Ja, ich komme mit dem Zug, nackt unterm Mantel.« L. hat mir neulich im Zug einen geblasen, sie hat sich darüber lustig gemacht: »Ich als anständige Frau mache solche Sachen im Nahverkehr.«

Mit L. hatte ich ein zweites Erlebnis. Neulich hatte sie ein Wochenende frei, ich war auch alleine. Ich habe sie gefragt: »Hast du

Lust, dich auf etwas einzulassen?« Sie hat ja gesagt. Ich habe sie zu einem Autobahnparkplatz bestellt, indem ich ihr eine Geschichte geschrieben habe. Ich hatte sie vorher gefragt: »Läßt du dich auch auf alles ein?« Auf was, das haben wir vorher schon mit einer erotischen Geschichte geklärt, die ich für sie geschrieben habe und die ich ihr gemailt habe. »Ja, ich will das wirklich ausprobieren«, war ihre Antwort. Ich gab ihr auch Anweisungen, wie sie sich anziehen sollte. Leider war es sehr kalt. Ich wollte, daß sie eine durchsichtige Bluse, einen offenen BH und einen Rock anzog. Ich hatte alles vorbereitet, habe sie am Parkplatz abgeholt, ihr dort eine Zucchini in ihre Möse geschoben und sie angewiesen, mit dem Auto zum Häuschen zu fahren, das ich ausgesucht hatte. Dort wollte sie rasiert und verwöhnt werden. Ich hatte vorgesehen, daß wir danach in die Therme fahren, wo an dem Tag Nacktbaden war. Ich hatte mir auch dafür ein paar Aufgaben für sie ausgedacht. Sie sollte sich nackt, offen und schamlos, immer ohne Handtuch, durch die Therme und die Saunen bewegen. Sie sollte sich auf Liegen legen und an die Bar gehen. Immer allein, ich wäre nur in der Nähe, um sie und die Reaktionen der Umgebung zu beobachten. Ich wollte ihr später diese Reaktionen erzählen, welche offenen und verstohlenen Blicke auf ihr ruhten, welche Glieder sich bewegten ... Schlichtweg sollte sie viele erotische Gefühle und Regungen hervorrufen. Schließlich hatte sie die Aufgabe, bei drei Männern stehende Verhältnisse zu erzeugen. Entweder passiv, indem sie wirkt, oder er oder eine Partnerin Hand anlegt oder, wenn sie sich das zutraut, auch selbst aktiv wird.

Sie war aber so k.o. und fertig von der Woche, daß sie gesagt hat. »Ich stehe hier nicht mehr auf.« Das war auch in Ordnung, konnte ich verstehen, das geht mir auch oft so. Ich habe Essen gekocht, wir haben geredet bis tief in die Nacht. Sie hat mir am Montag eine E-Mail geschrieben, wie sehr sie es genossen hat, einfach so im Bett zu liegen, daß sie sich dort geborgen gefühlt hat wie ein Kind. Das, was wir nicht gemacht haben, bleibt ja in der erotischen Geschichte. Lebensalter und Erfahrung spielen eine Rolle für das, was man will. L sagt: »Ich möchte nicht noch mal verheiratet sein. Ich werde mein Sexualleben künftig so gestalten, wie ich es will.«

Das Verhältnis mit M. hält bis heute an, sie ist mein vertrautes Liebesverhältnis, sie weiß als einzige auch von den anderen Frauen. Wir treffen uns etwa alle halbe Jahre, dann, wenn ich in ihrer Stadt bin. Sie ist 54, also älter als ich. Sie stellt auch heute keine Ansprüche, macht keinen Druck, daß ich bei ihr übernachte, aber heute tue ich das durchaus und auch gerne. Sie ruft mich manchmal an: »Wann sehe ich dich mal wieder?«, und bei ihr ist das auch völlig in Ordnung. Wir haben über die Jahre eine hohe emotionale Nähe, ein großes Verständnis füreinander aufgebaut. Sie will keinen festen Partner. Ihre letzte feste Beziehung, die war vor 1987, ist übel geendet. Sie sagt über sich: »Ich bin beziehungsunfähig.«

Ich erlebe sie nicht so, ich sehe das nicht wie sie. Sie lebt allein, aber sie ist im Umfeld nicht einsam. Trotzdem hat sie manchmal das Bedürfnis, einen Menschen emotional wie körperlich nah zu haben. Sie nennt das: »Ich brauche jetzt mal Wärme in meinem Bett.« Das ist etwas, was sich viele Frauen wünschen, emotionale und körperliche Wärme auf der einen Seite, aber frei sein von allen Alltagsproblemen, die ein fester Partner mit sich bringt, etwa seine Dominanz im Alltag, Streit ums Geld, die Kinder ... Man kann sich so etwas schaffen wie einen Reinraum der Liebe.

Trotz aller Absprachen gibt es manchmal schwierige Situationen, wenn Frauen anfangen, nervig zu fragen. Wie T., sie treffe ich erst seit einem Jahr. Sie will immer wissen: »Wann sehe ich dich wieder?« Poah, bei dieser Frage kriege ich 'ne Krise. T. ist so. Sie wirft mir vor: »Ich plane, du nicht.« Ja. Es gibt immer mal wieder solche Diskussionen, besonders, wenn Frauen sich in mich verlieben. Wie T., erst schickt sie mir eine sehr schöne, sehr anregende SMS, sie war mit ihrem Mann im Urlaub in Italien: »Hier scharwenzeln die Männer um mich herum. Das ist deine Schuld, du hast mich als Frau erweckt.« Tage später bekomme ich eine bitterböse Nachricht, weil ich ihr während des Wochenendes keine SMS geschickt habe: »Du kümmerst dich nicht um mich. Aber da ist jemand, der sich um mein Herz bemüht.« Ich habe ihr zurückgesimst: »Ich bin nicht der Mann, dessen Herz du bekommen könntest.« Sie klammert und zerrt manchmal an mir herum. Ich habe ihr gesagt, daß sie unglücklich ist in ihrer Ehe. Ich bin nichts weiter als der Stein im Bach, der da liegt und dafür sorgt, daß das Wasser in eine andere Richtung fließt. Wir haben sehr offen und gut darüber geredet, und sie sagte mir, daß ich ihre Situation sehr klar und deutlich beschrieben habe. Mittlerweile reden wir darüber, wie sie den Mann, der ihr Herz will und dessen Herz sie will, bekommen kann.

Wenn eine Frau wünscht, daß es mehr wird mit uns, und ich weiß ja, daß ich das absolut nicht will, muß ich sorgsam mit ihren Gefühlen umgehen. Wenn diese Gefühle da sind, darf ich trotzdem nie Druck ausüben oder die Frau vor den Kopf stoßen. Das kann eben passieren, daß man sich verliebt, obwohl es nicht vorgesehen war. T. fragt mich auch Sachen wie: »Gab es das auch bei deinen anderen Verhältnissen, daß Frauen sich verliebt haben? Wie ist es mit den anderen überhaupt?« Was soll ich sagen, ich habe es ihr ja nicht verheimlicht: Ich bin kein monogamer Liebhaber. T. fragt dann weiter: Wie viele? Was denn? Wo denn? Wer sind die anderen? Das nervt. Und ich sage darüber natürlich gar nichts. Wenn sich eine Frau mit mir als Liebhaber trifft, geht es mich auch nichts an, was sie sonst so macht. Ich habe festgestellt: Es gibt einen Unterschied zwischen Frauen, die alleine leben, und den verheirateten. Die, die allein sind, haben viel Zeit, und sie möchten mehr mit mir machen. Die verheirateten gehen sparsam mit ihrer Zeit und ihren Möglichkeiten um. Sie nehmen viel stärker wahr, wie sie es genießen, ihren Liebhaber zu treffen, das ist Zeit, die ganz allein ihnen gehört.

Die meisten meiner Frauen habe ich in meinem Lebens- oder Arbeitsumfeld kennengelernt. Manchmal spreche ich auch Frauen an. Ich gehe zum Beispiel durch einen Gang wie hier in der Lufthansa-Lounge, und plötzlich kriege ich eine Schwingung mit. Dann kukke ich und fühle, was von dieser Frau ausgeht. Lust und Offenheit. U. habe ich in der Straßenbahn angesprochen. Ich saß an der Haltestelle, sie stieg direkt vor mir aus und kuckte mir direkt in die Augen. Ich sagte: »Guten Morgen.« Fertig. In den nächsten Tagen habe ich sie wiedergesehen, wir stiegen zusammen ein. Ich habe mich hingesetzt und gesagt: »Ich bin der Adam K.« Sie hat gesagt. »Und ich bin die U. Y.«

G. habe ich bei Freunden kennengelernt, ich war da mit meiner Frau eingeladen. Ich hatte sie gar nicht richtig wahrgenommen, nur gedacht: Was ist das für ein Weib? Sie hat die ganze Zeit so quakkeldiquack geredet. Irgendwann lief lateinamerikanische Musik im Nachbarraum, ich kuckte durch die Tür und habe G. da bewußt gesehen, sie war da am Tanzen. Da macht es klack, und klack kommt die Begierde. Ich habe mich erkundigt, wer sie ist. Sie macht den gleichen Sport wie ich. So hat sich der weitere Kontakt ergeben. Vor anderthalb Jahren hat sie unser Liebesverhältnis beendet. Sie hat mir aber gesagt: »Du hast unsere Ehe gerettet.«

Wie das? Als es mit uns anfing, war sie vollkommen unzufrieden in ihrer Ehe. Sie hat Sex gefordert, ihr Mann wollte nicht. Er hat ihr gesagt: »Ich habe keine Lust.« G. hat sich bei mir ausgetobt. Sie war sehr erfinderisch und neugierig. Irgendwann sagte sie: »So, jetzt muß ich aufpassen und meine Ehe retten.« Ich habe zu ihr gesagt: »Aber du kannst doch nicht deine ganze Erotik wegpacken.« Sie meinte nur: »Das ist alles unter Verschluß.« Ich glaube, sie hat ihrem Mann auch ganz schön zugesetzt. Sich zum Beispiel einen Vibrator gekauft, aber gar nicht versucht, den mit ihm gemeinsam zu benutzen, sondern das Ding einfach auf den Nachttisch gestellt. Da steht er dann, als Mahnmal sozusagen.

Bei den verheirateten Frauen ist die Bruchstelle zur Ehe immer, daß das Erleben der eigenen Lust mit dem Ehemann viel schwerer geht als mit dem Liebhaber. Das ist ja nichts Unnormales, darauf kann man sich einlassen. Eine Frau sagte mir, sie würde gerne mal Analverkehr machen. Mit ihrem Ex-Mann war früher immer alles ein Machtkampf, gewesen, anal kam schon deswegen nicht in Frage. Mit mir sieht das anders aus als mit ihrem geschiedenen Mann. Sie genießt es jetzt, ihren eigenen Interessen nachzugehen.

Mir ist das Zusammenleben mit meiner Familie sehr wichtig. Zur Zeit habe ich kein Hoch in der Beziehung zu meiner Frau. Als unsere Kinder klein waren, drehte sich alles um sie. Vieles an Gemeinsamem, Interessen, Unternehmungen ist weggefallen. Ich frage mich heute schon: Wie leben wir nach den Kindern? Die eine Tochter ist groß, die andere acht, wie wird es weitergehen?

Ich bin sehr katholisch erzogen, ich habe sehr lange gebraucht, das Thema schlechtes Gewissen und Sünde abzuhaken. Ich habe bei dem, was ich tue, kein schlechtes Gewissen, meiner Frau gegenüber nicht, weil es mein Gefühl ist und weil ich mir Gutes tue. Die Dinge, die ich mit anderen Frauen erlebe, sind sehr spannend. Die Dinge, die ich mit meiner Frau erlebe, sind nicht so spannend. Wir hatten lange Jahre ein sehr lustvolles Sexualleben. Irgendwann wurde es monoton. Ich frage mich auch: Wie kann ich die sexuellen Bedürfnisse meiner Frau erfüllen, ohne daß ich mich verstelle? Wir schlafen nur noch selten miteinander. Schade, ich würde gerne mit ihr auf die Reise gehen. Aber ich bekomme es nicht hin. Ich denke, sie will es eigentlich auch. Aber als Paar schaffen wir es offenbar gemeinsam nicht. Wenn man sich mit meiner Frau unterhalten würde, würde sie wahrscheinlich Sachen über ihren Ehemann erzählen wie die anderen Ladys. Es geht offenbar nicht, sich Spannendes in der Ehe zu erhalten.

Unsere Bedürfnisse haben sich auch auf anderen Gebieten mit zunehmendem Alter verändert, der Körper fordert einen anders, ich spüre das für mich deutlich. Unsere Interessen und Bedürfnisse haben sich unterschiedlich entwickelt. Wir müssen Fragen klären wie: Wieviel Aktivität brauche ich? Wie geht es beruflich weiter? Bei mir ist es so, daß ich richtig grundlegend nachdenke. Werbung und Marketing ist eine oberanstrengende Branche. Mein Chef ist mittlerweile jemand, der 15 Jahre jünger ist als ich, ich habe es mit lauter kleinen Mädels und Jungs zwischen 30 und 40 zu tun. Ich muß mich allmählich wohl doch umstellen auf was anderes, sonst hast du einen ungeheuren Verschleiß der Kräfte, das ist in unserem Job so. Fragt sich nur: Wie kriege ich das alles unter einen Hut?

Meine Frau sagt, sie kann mit meinem Tempo nicht mithalten. Sie arbeitet halbtags, sie braucht immer den Überblick und den zentralen Punkt, von dem sie steuern kann, so macht sie es auch in der Familie. Wenn sie das müde ist, kriege ich das Paket übergeworfen.

Ich habe zwei Freunde aus uralten Zeiten, die wissen nur, daß es M. gibt. Ich erzähle ihnen kaum was, ich bin nicht der Typ, der angibt und erzählt, ich schreibe lieber Geschichten und genieße ansonsten und schweige. Mein einer Freund warnt mich fast gebetsmühlenartig vor einer Scheidung: »Meine Frau hat mich ausgezogen bis auf die Unterhosen, sieh zu, daß du dein Geld rechtzeitig auf die Seite schaffst.« Dies ist nicht mein Denken.

Mit meinen Ladys bin ich immer in neuen Situationen, die mich herausfordern, die meine Fantasie beflügeln. Es sind alles starke Frauen, die voll im Beruf stehen. Bei meiner Suche und Orientierung helfen mir die Ladys unheimlich. Sie geben mir das Gefühl, ich kann so sein, wie ich will. Natürlich muß man dabei Rücksicht auf die Gefühle und Bedürfnisse der anderen nehmen. Diese Freiheiten, die ich auf dem Gebiet der Lust und Leidenschaft schon habe, will ich auch in anderen Lebensbereichen, im Job, mit der Familie.

Manchmal habe ich durch die Ladys bessere Unterstützung, mehr Verständnis als durch meine Frau. Ich würde aber mit keiner der Frauen zusammenleben wollen. Das heißt, bei R. kann ich mir durchaus mehr vorstellen. Wenn wir uns beide von unseren Partnern trennen würden, würden wir uns bestimmt öfter treffen und ein offenes Liebesverhältnis haben. Wenn R. mir eine SMS schicken würde, wie K. es getan hat, dann würde mich das sehr treffen. K. und ich haben ein sehr offenes Verhältnis, sie schrieb mir vor einem Vierteljahr: »Ich muß dich mal auf Eis legen, ich habe einen Mann kennengelernt, mit dem bahnt sich was an.« Meine Antwort: »Wenn du mich brauchst, taue mich auf.« Sie schrieb auch, sie würde die Zeit mit mir nicht vergessen. Ich habe immer Respekt gegenüber den Gefühlen der Frauen.

Wenn aber R. sagen würde: »Ich lege dich auf Eis« oder »Ich will dich nicht mehr sehen«, das würde mich sehr treffen. Sie war meine allererste Freundin, wir haben uns nach dreißig Jahren wiedergetroffen.

Ich war Klosterschüler und nur in den Ferien in meinem Heimatdorf, wo sie auch lebte. Bei einer Kirmes sind wir einander nähergekommen. Da war Dorftanz, die Mädchen warteten schön aufgereiht, daß irgendein Schnulli sie auffordert, und die Jungs stürmten los. Man kuckt sich eine aus, die will man dann. Ich war dabei nie einer der Schnellsten, ich schaue mir immer erst die Situation an. Sie hat mir erzählt, daß sie hoffte: Adam, mach schon, komm. Ich habe sie aufgefordert, und wir haben den ganzen Abend getanzt. Danach habe ich sie nach Hause gebracht, alles ganz harmlos, Arm in Arm, ein Kuß. Ich war ihr auch schon aufgefallen vorher, aber sie hätte mich nie angesprochen, obwohl wir nur 200 Meter voneinander entfernt wohnten, schließlich war ich Klosterschüler und sollte mal Theologie studieren. Das waren wunderbare Ferien, ich war 17, sie war 15, aber da lief nichts Sexuelles, dafür waren wir beide viel zu schüchtern, das höchste der Gefühle war, daß wir mal beide völlig aufgelöst auf einer Decke auf der Wiese lagen – nebeneinander. Aber die Zeit mit ihr war für mich die Initialzündung, mich aus den Klauen der katholischen Kirche zu befreien.

Der eine Kuß mit 17, dann der mit 47, die Gefühle waren die gleichen. Sie sagt: »Du bist der Mensch meines Lebens.« Das kann ich über sie auch sagen: Sie ist die Frau meines Lebens. Für mich bedeutet das: Sie ist der Mensch, bei dem ich hemmungslos bin, offen, ich finde jede Minute, egal ob mit Lust und Fantasie oder ohne, vor oder nach dem Miteinanderschlafen, absolut schön. Wir können gegenseitig die Gefühle des anderen verstehen. Wir verstehen uns nicht nur kopfmäßig, verständigen uns mit den richtigen Worten, nein, das sind Gefühle, die ans Herz kommen. Das bedeutet nicht, daß man nun plopp zusammensein muß, es sind einfach Lebenslinien, die zusammengehören.

Wir haben uns vor vier Jahren wiedergetroffen. Ich hatte zwischendurch schon mal an sie gedacht, auch daran, vielleicht mal über ihre Familie nachzuforschen, wo sie abgeblieben ist. Aber so was macht man dann ja doch nicht. Als ich nach langer Abstinenz mal wieder bei einer Familienfeier im Dorf war, wo meine Eltern schon lange nicht mehr wohnen, traf ich einen ihrer Cousins, der mir sagte, wie sie jetzt mit Nachnamen heißt, wo sie wohnt und was sie macht. Ich habe ihre Telefonnummer rausgefunden und den Zettel wirklich sechs Wochen auf dem Schreibtisch rumgeschoben. Was würde sie sagen, wenn ich anrufe und sage: »Hallo, ich bin der und der, erinnerst du dich?« Irgendwann habe ich sie angerufen und genau das gesagt, es ging gleich los: »Oha, erzähl mal ...« Ich habe gefragt: »Wie siehst du denn jetzt aus?«, und sie hat gesagt: »Ich bin viel dicker geworden, habe lange Haare.« Ich habe dann gefragt: »Was meinst du, sollen wir es wagen, mal einen Blick aufeinander zu werfen?« Schon das Telefonieren war mir so angenehm, so interessant und so vertraut.

Wir haben uns in ihrer Stadt am Hauptbahnhof in einem Restaurant verabredet. Ich sitze da und warte, sehe sie reinkommen. Ich habe sie gleich erkannt. Sie mich nicht – ich sehe die Tussi doch tatsächlich auf einen anderen Mann zugehen! Ich habe mich ihr in den Weg gestellt, und wir haben uns umarmt. Der Funke ist übergesprungen. Wir hatten uns nur eine halbe, dreiviertel Stunde Zeit genommen, zwischen zwei Terminen. Hätte ja auch sein können, daß so ein Treffen irgendwie komisch ist. Aber die Zeit ging wie im Fluge vorbei. Zum Abschied wollte ich ihr so ein Küßchen links, ein Küßchen rechts aufdrücken, aber sie hat sich einfach weggedreht und mir einen derartigen Kuß auf den Mund gegeben. Da machte es dong. Lichter gingen an.

Ich hatte danach einen Gesprächstermin, eine Auftragsverhandlung – ich habe lange nicht so ein schlechtes Ergebnis gehabt. Sie war auch völlig durch den Wind, wie sie mir später erzählt hat. Sie ist in ein Taxi gestiegen und hat zu dem sehr jungen Taxifahrer gesagt: »Tut mir leid, ich weiß gar nicht, wo ich hin muß. Ich bin völlig durcheinander. Ich habe gerade meinen Jugendfreund wiedergetroffen, und ...« Sie hat sehr gelacht, als sie mir das erzählt hat. »Der arme Kerl, der mußte sich das alles anhören, irgendwann dachte ich: Was erzähle ich hier eigentlich? Und habe mich bei ihm entschuldigt.« Er hat nur gelacht und gesagt: »Ist doch schön, daß das Leben so aufregend ist.« Wir mußten das beide erst mal verarbeiten. Wir haben über zwei Jahre verstreichen lassen, bis wir uns erneut getroffen haben. Immer wieder haben wir zwischendurch telefoniert, sie hat gesagt: »Ruf nicht mehr an.« Wir haben uns verabredet und alles wiedererkannt, was wir mal aneinander mochten.

Wir waren total verliebt, aber wir wollten beide unsere Ehen nicht aufgeben. Deswegen wollten wir auch Abstand halten. Aber sie hat mir dann erzählt, daß sie sich auf eine Stelle in meiner Stadt beworben hat, was natürlich Unsinn war und auch nicht richtig ernst gemeint. Irgendwann haben wir beschlossen, miteinander zu schlafen. Das war hart, es waren bei uns beiden so viele Emotionen wieder da. Wir haben uns in Hamburg getroffen und eine erotische Nacht im Hotel verlebt.

Wir sehen uns jetzt so alle zwei, drei Monate, manchmal geht es sehr schnell, sie ruft mich an und sagt: »Ich brauch' das jetzt, daß wir uns sehen.« Ich denke, sie wird sich von ihrem Mann trennen, ihre Kinder sind schon 15 und 16. Sie kann sich nicht vorstellen, mit ihm alt zu werden. Auch R. würde mit ihrem Mann nie Dinge tun, die sie mit mir tut. In der Ehe dominieren doch die Fragen: Wie geht man mit den unterschiedlichen Lebensbedürfnissen um? Wer dominiert, wer bestimmt den Kurs, wer prägt, wer zieht sich zurück?

R. sagt von sich: »Ich bin eine sehr schamvolle Frau gewesen.« Jetzt ist sie rasend schamlos. Sie ruft mich aus dem Büro an und will erotische Geschichten hören. Die erzähle ich ihr. Oder sie ruft mich abends vom Hotel aus an, wir telefonieren, sie zieht sich dabei aus und befriedigt sich selbst. Sie ist auch hingegangen und hat sich sehr freizügige Dessous gekauft, sie hat richtig ihre Lust daran entdeckt. Sie hat sich auf dem Weg zum Treffen mit mir im Café Slip und BH ausgezogen und ist so an meinen Tisch gekommen.

Einmal haben wir uns in Hamburg getroffen. Sie war zuerst da, hat sich Unterwäsche gekauft und mir geschildert, was sie erleben möchte. Im Hotel haben wir zusammen im Internet Dildos angekuckt. »Zeig mal, welchen meinst du denn jetzt?« – »Laß uns doch mal so einen Doppeldildo ausprobieren.« Wir haben einen ausgesucht, ich habe bei so einem Beate-Uhse-Laden in der Nähe angerufen und gefragt, ob sie das Teil, das wir ausgesucht hatten, da haben.

Wir sind gemeinsam hingegangen, haben den Dildo angekuckt und entschieden: Nehmen wir. Wir haben Schampus eingekauft, viele Leckereien, und dann sind wir zurück ins Hotelzimmer und haben den ausprobiert. Für sie war es eine rasende Nacht, unerschöpflich und grenzenlos. Für mich auch, denn mit dem Dildo haben wir uns gegenseitig und gemeinsam verwöhnt. In der nächsten Woche hätten wir wieder Gelegenheit gehabt, uns zu sehen, aber wir wollten es beide nicht. Sie hat gesagt: »Das war so gut, bis ich da wieder runter bin, brauche ich 'ne Weile, nächste Woche lieber nicht.« Der Doppeldildo ruht jetzt bei einer Freundin und wird bei Gelegenheit wieder aktiviert.

Menschen unseres Alters sind ja im Werbe-Deutsch meiner Branche die Best-Agers, Menschen im besten Alter, die als Zielgruppe immer noch entdeckt werden. Der Jugendwahn läßt Gott sei Dank ein bißchen nach. In unserem Alter verdient man meist gut, man hat sein Leben im Griff. Wir haben gelernt, mit komplexen Situationen frei umzugehen. Dazu gehört auch, daß man den Menschen seines Lebens erkennt. Jeder hat doch so eine Liebe, selbst meine Mutter, das weiß ich von ihr, hat den Mann nicht vergessen, den sie am meisten geliebt hat. Ich habe das große Glück, diese Frau wiedergetroffen zu haben und zu wissen: Ich bin erwachsen genug, diese Liebe, unsere Lust im Alltag nicht zu verschleißen.

Hermann, 37/49, Wissenschaftler und Aktivist

Jetzt suchst du dir eine Frau

Oder: Plötzlich bin ich ein Liebhaber

Hermann schrieb mir einen Brief: »Geschätzte Autorin, ich weiß nicht, wie ich Ihnen schreiben soll, aber ich möchte lieber schreiben als reden, denn das fällt mir in diesem Fall besonders schwer.« Nach einigen Telefongesprächen trafen wir uns doch in seinem Lieblingsfrühstückscafé, und er erzählte, wie aus ihm über die Jahre wider Erwarten doch noch ein Liebhaber wurde.

Ich habe bisher nie mit jemandem über meine Beziehung zu Wiebke geredet. Es ist nicht so, daß ich keine Freunde oder Freundinnen hätte, mit denen ich sprechen könnte, aber die meisten von ihnen kennen meine Frau, und ich kann mir wirklich alles mögliche vorstellen, aber daß Simone erfährt, daß Wiebke wieder da ist in meinem Leben, das möchte ich absolut vermeiden.

Simone und ich haben vor neun Jahren geheiratet. Ich habe gedacht, daß meine Beziehung mit Wiebke dadurch endgültig vorbei wäre. Ich habe es mir gewünscht. Mit Wiebke ging das damals, als ich Simone traf, schon drei Jahre. Wiebke hatte einen Freund und wollte sich nicht von ihm trennen – ich hätte sie geheiratet. Ich habe sie geliebt, ich war überzeugt davon, daß sie mit Niels nicht glücklich ist. Aber sie wollte ihn nicht verlassen.

Niels wußte alles von uns. Daß Wiebke bei mir übernachtete, daß wir zusammen in Urlaub waren. Das waren wir öfter – eine Woche auf einer griechischen Insel, Paris, zwei Wochen Kühlungsborn, Ahrenshoop, Hiddensee. Für Niels war das in Ordnung, wenn Wiebke mit mir wegfuhr, er verreist sowieso nicht gerne, ich nahm ihm sozusagen eine Last ab. Die Urlaubsfrage war ein ständiger Streitpunkt zwischen den beiden.

Ich habe bei jeder Reise gehofft, daß die gemeinsame Zeit für Wiebke und mich so was wird wie Flitterwochen. Aber so war es nie. Ich habe genau gemerkt, daß Wiebke sich mit mir wohlgefühlt hat. Aber sie konnte sich nicht richtig auf mich einlassen. Ich weiß noch, wie wir in Paris in einem kleinen Hotel auf dem Bett lagen, alles war perfekt. Wir hatten von unserem Balkon den Blick auf den Eiffelturm. Die Balkontüren waren offen, die Sonne ging unter, und der Eiffelturm strahlte immer mehr. Das sah so toll aus, so unwirklich und übersinnlich, ich bin fast zerflossen, so angerührt war ich von der Stimmung, die wie für Wiebke und mich gemacht schien.

Ich wollte Wiebke in dieser Situation herzen und küssen, aber sie hat mich zurückgewiesen und gesagt: »Du, das ist hier nicht unser Honeymoon.« Da ist bei mir sofort alles auf Null zusammengeschnurrt, die Atmosphäre war zerstört. Wiebke war immer klug genug, solche Situationen, in denen die Stimmung kippte, irgendwie zu retten. Sie konnte mich um den kleinen Finger wickeln, wenn sie wollte, das wußte sie genau, und das hat sie auch eingesetzt. Im Handumdrehen hatte ich wieder Lust auf sie und sie mich da, wo sie mich haben wollte: im Bett. Dabei hatte ich immer das Gefühl, ihr als Mann nicht zu genügen, und das hat sie ausgespielt, wo sie nur konnte. Sie hatte zielgerichtet meine wunden Punkte gesucht, sie in meiner bedingungslosen Liebe zu ihr und einer gewissen Zögerlichkeit beim Sex gefunden, und dieses Wissen setzte sie gegen mich ein, so empfand ich es.

Ich konnte Wiebke nicht für mich gewinnen, und die Rolle, die sie mir zugedacht hatte, die des Liebhabers, die war mir zu wenig. Ich suchte damals eine Frau, mit der ich eine Familie gründen konnte. Wiebke wäre das für mich gewesen. Dabei gab es genug Frauen in meinem Umfeld, viele waren auch durchaus interessiert. Mir hat ihr Interesse geschmeichelt, ich wußte natürlich, was mich für diese Frauen so interessant machte. Ich konnte gut zuhören, ich konnte Gefühle zeigen, sicher galt ich als Softie, als neuer Mann. So wie ich waren durchaus die meisten Männer in meinem Umfeld, wir gehörten alle mehr oder weniger zum links-intellektuellen, alternativen Milieu, Toskana-Fraktion oder wie auch immer – jedenfalls mochten die Frauen an mir neben meiner Ausstrahlung durchaus auch meine öffentliche Wirkung. Die Macht, die Stärke, die ich öffentlich zeigte, hat sie fasziniert. Aber was nützte mir das alles? Ich wollte Wiebke, und bei ihr verhielt ich mich immer wieder schwach. Sie war für mich die erotischste, die aufregendste Frau, die ich mir vorstellen konnte. Aber diese Beziehung war nicht gut für mich, das war mir bereits nach dem ersten Jahr klar, als sie Weihnachten mit Niels zusammen war und mich nur ganz kurz angerufen hat. Ich wußte, daß ich mir mit ihr keinen Gefallen tue, daß ich mich blockiere, aber ich kam nicht los.

Einmal hat Wiebke selbst gesagt: »Es ist besser, wenn wir uns nicht mehr sehen, ich merke doch, wie du dich quälst.« Ich habe innerlich rebelliert, aber ihrem Vorschlag zugestimmt, ich wollte ja eigentlich auch nicht mehr. Es war tatsächlich Funkstille zwischen uns. Sechs Wochen. Bis ich das erste Mal in meinem Leben in Boltenhagen war. Ich ging dort auf dem Deich entlang – da kam sie mir entgegen. Ich erkannte sie schon von weitem an der Sihouette, sie hatte ein knielanges, schwarzes Kleid an, in dem sie mir immer besonders gut gefallen hat. An ihrer Seite lief Niels. Wir gingen aufeinander zu, gaben uns ganz selbstverständlich die Hand, auch Niels und ich, ich kannte ihn ja, ich hatte Wiebke ja manchmal zu Hause abgeholt und da auch mit ihm gesprochen. Wiebke sagte: »Laß uns nächste Woche telefonieren.« Am Mittwoch darauf waren wir bereits wieder verabredet. Bei dem Italiener, bei dem wir uns auch das erste Mal überhaupt getroffen haben.

Ich hatte Wiebke bei einem Wochenendseminar kennengelernt, wo sie als Praktikantin teilnahm, sie studierte damals noch. Wir waren zwar in keiner gemeinsamen Arbeitsgruppe, aber ich habe sie immerzu angeschaut und abends beim Wein das Gespräch mit ihr gesucht, allerdings haben wir nur ein paar Worte miteinander gewechselt. Als ich ihr am letzten Abend einen Zettel mit meiner Telefonnummer in die Hand drückte, sagte sie: »Aber warum?« Ich sagte: »Falls Sie noch eine Frage an mich haben.« Sie sagte: »Was sollte ich für eine Frage haben?« Ich habe dann eine Woche später *sie* angerufen. Wiebke sagte als erstes mit einem durchaus frechen und selbstzufriedenen Unterton: »Ich wußte, daß Sie sich bei mir melden würden.« Mir gefiel dieses weibliche Selbstbewußtsein.

Am nächsten Tag gingen wir aus. Zum Italiener. Wie kam ich drauf? Ach ja, weil wir uns später immer wieder dort trafen. Ich konnte an diesem ersten Abend mein Glück nicht fassen, daß sie tatsächlich gekommen war. Sie war so lebendig, so frisch, sie hatte alle Frechheit, die ich bei mir in den letzten Jahren immer mehr vermißt hatte. Also, natürlich entstand dieser Eindruck bei mir auch dadurch, daß Wiebke 14 Jahre jünger war beziehungsweise ist als ich, sie war 23, ich 37. Aber Wiebke war kein junger Hüpfer, sie war klug, umtriebig, politisch interessiert – gemeinsam haben wir in nächtelangen Gesprächen die Welt aus den Angeln gehoben. Das gab mir anfangs, eigentlich auch später, unerhört viel Kraft.

Überhaupt habe ich Wiebke genossen. Es ist wunderbar. Du gehst mit einer schönen Frau aus, du merkst, daß auch die Kollegen das registrieren oder die Freunde bei einer Party – kommt dazu, daß Wiebke trotz ihres Alters eine unglaublich mondäne, damenhafte Ausstrahlung haben konnte, die faszinierend war. Wie oft habe ich es erlebt, daß sich bei einem Fest eine Männerrunde um Wiebke scharte, sie hielt geradezu Hof, ab und zu tanzte sie auch mit einem, und ich habe ihr dabei zugesehen, ich habe nämlich nie gerne getanzt. Und ich wußte den ganzen Abend über genau: Baggert ihr nur alle an ihr rum, mit dieser Frau gehe ich nach Hause und ins Bett. So war es immer, in dieser Hinsicht war Wiebke absolut loyal, flirten mit anderen ja, mehr nicht, schon gar nicht mit meinen Freunden. Einer meiner Freunde hat sich ziemlich um Wiebke bemüht, aber ich habe genau mitgekriegt, wie sie ihm auf die Finger gehauen hat. Es war komisch: Einerseits flirteten die Männer in meinem Alter und älter mit Wiebke, andererseits kriegte ich hämische Bemerkungen zu hören von wegen verfrühter Midlifecrisis.

Die Frauen wiederum erschienen mir eifersüchtig. Na ja, letztlich war das alles ganz egal, denn Wiebke hatte Niels. Auch wenn ich mich bei einer Party den ganzen Abend darauf freute, endlich mit ihr ins Bett zu kommen, mit ihr zusammen einzuschlafen, mit ihr zu frühstücken – wir haben stundenlang gefrühstückt, mit frischen Croissants, Milchcafé, frisch gepreßtem Orangensaft –, nachmittags ging Wiebke in der Regel zurück zu Niels. Blieb sie doch mal ein ganzes Wochenende, war das für mich ein Fest.

Meine Freunde, die Wiebke kennengelernt hatten, wußten, daß sie einen Mann hat. Eigentlich sind alle damit gut umgegangen. Daß sie einen Mann hat *und* mich, das hat diese Frau für viele noch zusätzlich interessant gemacht. Gerade Frauen konnten das aber nicht wirklich fassen und fragten mich oft: »Warum trennt sie sich denn nicht für dich von ihm?« Das habe ich Wiebke auch oft gefragt. Nach allem, was ich von Niels wußte, war er nicht zugewandt, offen, liebevoll zu ihr. Er war durch und durch Naturwissenschaftler der alten Schule, obwohl er im Alter zu ihr paßte, er sprach nicht viel. Aber sie klebte an ihm, tut es heute noch, wahrscheinlich lieben die beiden sich auf eine Weise, die ich nicht verstehe. Was erzähle ich da, was hat das mit mir zu tun?

Als ich an einem Wochenende in der Wiebke-Zeit mal wieder alleine zu Hause saß, beschloß ich: Jetzt suchst du dir eine Frau. Ich habe in der Folgezeit jede Einladung angenommen, um neue Leute, vor allem neue Frauen kennenzulernen. Ich habe jede Gelegenheit genutzt, mich mit einer Frau zu verabreden. Mit drei, vier Frauen ging es weiter, ich habe auch mit ihnen geschlafen. Ich habe Wiebke von ihnen erzählt, warum auch nicht, sie hatte mir schließlich auch von ihren weiteren Liebhabern erzählt. Ja, die hatte sie – ich bin jedesmal fast irre geworden vor Eifersucht, wenn mal wieder einer auftauchte, Niels machte mir nichts aus, der war vor mir da, aber diese neuen Typen waren für mich eine Bedrohung.

Ich erzählte Wiebke also auch von Franka, zwei Wochen nachdem ich mit dieser wirklich sehr attraktiven Kollegin ein Wochenende verbracht hatte. Wiebke ist fast ausgerastet. Natürlich hatte sie keinerlei Besitzansprüche, aber nun das. Mich hat das sehr gewundert. Franka und ich hatten Kondome benutzt, das war klar, nicht nur wegen Aids, ich wollte nie zufällig ein Kind zeugen. Wiebke sagte zu mir, so ginge das nicht, sie hätte es wissen wollen, daß ich mit einer anderen geschlafen habe, *bevor* sie, Wiebke, wieder mit mir schläft. Sie wolle nämlich selbst entscheiden, ob das für sie o.k. sei. Ich war in Panik! Ich war in Panik, daß sie nie wieder mit mir schlafen würde. So war es dann nicht, aber fortan mußten Wiebke und ich Kondome benutzen, was mir vorher bei ihr nicht wichtig war, denn ein Kind mit ihr hätte ich liebend gern in Kauf genommen. Die Sache mit den Kondomen hat mich extrem beeinträchtigt, dieses Gefummel, dieses fremde Gefühl, ausgerechnet mit der Frau, die ich abgöttisch liebte. Das war eine gezielte Zurücksetzung von ihr, die mich ins Mark traf.

Irgendwann lernte ich Simone kennen. Ich wußte: Sie ist es. Sie war offen, schön, sprühend, engagiert, einfach eine wunderbare Frau. Ich wußte: Mit ihr schaffe ich auch den Absprung von Wiebke. Simone war fast so alt wie ich, also eine richtige, reife, erwachsene Frau, wie ich dachte. Wir waren uns auch schnell einig, wir wollen ein Kind, wir haben nicht mehr viel Zeit, wir heiraten.

Eigentlich war für mich alles klar, mit Wiebke mußte ich ja noch nicht mal richtig Schluß machen, wir waren ja gar nicht richtig zusammen. Ich lud Wiebke noch einmal zum Essen zu mir nach Hause ein. Sie hatte ja schon mitgekriegt, daß Simone da war, sie fand das angeblich auch gut – ich war zugegebenermaßen auch ausgeglichener, weniger klettig mit Wiebke, seit Simone da war, und wir hatten dadurch, daß ich nicht mehr so an Wiebke klebte, alles leichter nahm, viel Spaß und richtig guten Sex miteinander. Trotzdem war mir klar: Das muß vorbei sein, wenn ich mit Simone lebe, ich bin nicht der Typ für irgendwelche Nebenverhältnisse. Ich hatte schön für Wiebke gekocht, das, was ich auch das erste Mal für uns gekocht hatte: Schwarzwurzelsüppchen, Saltimbocca, Zabaione, die Wiebke besonders liebt. Komischerweise fiel es mir schwer, ihr zu sagen: »Ich heirate.« Ich schob es auf von Gang zu Gang, nach dem Dessert rückte ich damit raus, eigentlich wollte ich es schon zur Suppe gesagt haben, damit es neutraler ist, nicht so was von Ätschi-Bätschi kriegt. Was dann kam, nach meinem: »Ich muß dir was sagen, was Wichtiges: Simone und ich werden heiraten«, war für mich überraschend: Wiebke fing an zu weinen. Sie weinte und weinte, irgendwann schluchzte sie nur noch, und dann wollte sie nach Hause. Sie war mit dem Fahrrad da, und ich habe mir richtig Sorgen gemacht. Sie hat mich dann nachts angerufen, sehr gefaßt, und gesagt, alles sei o.k., sie sei gut nach Hause gekommen, ich sollte mir keine Gedanken mehr machen. Aber nichts war o.k. bei ihr in den nächsten Wochen, ich kriegte das nicht mit, sie hat sich nicht mehr bei mir gemeldet und ich mich auch nicht bei ihr. Sie hat es mir aber Jahre später erzählt, wie es ihr ging damals, und ich habe ihr das geglaubt. Sie konnte nicht schlafen und hat in zwei Wochen fünf Kilo abgenommen. Mich wollte sie in Ruhe lassen, weil sie wußte: Der ist weg.

So war es ja auch. Ich war selig mit Simone, wir bereiteten die Hochzeit vor, an Wiebke dachte ich kaum noch. Sie verschwand aus der Stadt, sie schrieb mir nach drei Monaten eine Postkarte aus Südfrankreich, sie wollte sich da insgesamt ein halbes Jahr aufhalten, bestimmt nicht allein, wie ich sie kenne, dachte ich.

Ich habe über die Jahre mitbekommen, wie Wiebke ihren Weg gemacht hat. So viele gemeinsame Bekannte hatten wir dann schon, und sie tauchte auch in der Öffentlichkeit als Sprecherin verschiedener Initiativen auf. Sie blieb mit Niels zusammen, die beiden haben einen Sohn, der jetzt vier ist.

Vor einem halben Jahr rief Wiebke plötzlich an. Nur so, wie sie sagte, sie hätte einfach Lust dazu gehabt. Sie hatte einen Volltreffer gelandet, das ist ihre Intuition, die ich schon früher häufig gespürt habe. Am Abend vor Wiebkes Anruf hatte mir Simone gestanden, daß sie seit ein paar Monaten ein Verhältnis mit einem Kollegen hat. Reinhold, fünf Jahre jünger als sie. Durchtrainierter Leichtathlet, Hobbytänzer, das glatte Gegenteil von mir. Das Schlimmste an der Sache war, Simone sagte mir offen ins Gesicht: »Bei ihm finde ich die Männlichkeit, die ich bei dir vermisse.«

Es war nämlich so: Obwohl Simone mich liebte, hatte auch sie schnell meine Schwachstelle gefunden: Ich bin kein Mann, der bei der körperlichen Liebe zupackt, sich sozusagen animalisch nimmt, was er will. Ich streichele lieber, bin zärtlich, erlebe intensiv die Wärme, die Nähe meiner Partnerin – Simone mochte das alles, aber sie wollte eben auch das andere, sozusagen männliche. Klar wollte ich sie manchmal packen und einfach durchficken, aber das war genau wie bei Wiebke – ich konnte nicht kraftvoll sein, es ging einfach nicht. Irgendwann, noch im ersten Ehejahr, sagte Simone nach einem Versuch von mir: »Ach, laß es besser.« Ich war ernüchtert.

Nun also ihr Kollege Reinhold. Sie ging mit ihm aus, tanzen, hinterher ins Bett – zwei-, dreimal im Monat. Ich hatte so was geahnt, aber gehofft, daß es nicht stimmt. Simone hatte die Wahrheit von sich aus rausgerückt. Ich war tief verletzt und dachte: Das halte ich nicht aus. Ich war also wirklich völlig durch den Wind, als Wiebke anrief und vorschlug, wir sollten uns treffen. Warum eigentlich nicht mit ihr drüber reden, dachte ich, immerhin wußte ich ja, daß ihr vergleichbare Situationen nicht fremd sind.

Wir trafen uns, wieder bei dem Italiener, bei dem wir das erste Mal vor mittlerweile mehr als elf Jahren waren. Wiebke erschien mir verändert, sie war weich, weniger zynisch, immer noch spöttisch, durchaus, aber eben angenehm weicher, weiblicher. Das erste, was sie tat, sie entschuldigte sich bei mir für ihr Verhalten mir gegenüber. Sie sagte: »Ich war unreif, eine dumme Göre.« Ich wunderte mich, damit hatte ich nicht gerechnet. Wir redeten und lachten viel an diesem Abend, mir ging es plötzlich prima. Wiebke meinte, ich sollte den Kollegen von Simone einfach aussitzen, sie werde schon bleiben, es sei doch ganz normal, daß nach so vielen Ehejahren mal so was passiere. Und sie sah die Tatsache, daß Simone mir von Reinhold erzählt hatte, nicht als vorsätzliche Verletzung durch Simone. Wiebke meinte vielmehr, Simone wollte durch ihr Geständnis nur ihr schlechtes Gewissen erleichtern und sozusagen mein Einverständnis erschleichen. So hatte ich das nicht gesehen, aber es leuchtete mir ein. Ich hatte einfach alles auf mich bezogen. Wir haben viel Wein getrunken an diesem Abend. Als Wiebke kokett an ihrem Zabaione-Löffel herumleckte, mußten wir beide grinsen.

Als ich Wiebke zum Taxistand brachte, kamen wir an einem Lokal vorbei, in dem eine Salsa-Band spielte. »Würdest du mit mir tanzen?« fragte ich. Natürlich hat Wiebke mitgemacht. Sie hat sich zwar sehr gewundert und gesagt: »Früher wolltest du nie tanzen«, aber sie kannte ja die Geschichte von Reinhold, dem tollen Tänzer. Also haben wir getanzt, immer wieder, zwei Stunden, ich hatte zwar keine Ahnung, wie Salsa geht, aber es war toll, wir haben uns so amüsiert.

Als ich nach Hause kam, lag Simone längst im Bett. Sie fragte: »Wo kommst du denn her?« Ich sagte: »Ich war noch mit Volker ein Bier trinken.« Warum ich das gesagt habe, weiß ich nicht, ich hatte doch schließlich nichts zu verbergen, es war ein harmloser Abend gewesen, vielleicht hätte die Wahrheit Simone sogar ein bißchen eifersüchtig gemacht. Simone fragte nicht weiter nach dem Abend mit Volker, ich legte mich zu ihr ins Bett. Wir haben ein bißchen gekuschelt, Löffelchen gemacht und sind eingeschlafen. Ich schlief ein mit dem Gedanken: »Na warte.« Wiebke hatte mir gefallen an diesem Abend.

Drei Tage später rief sie an, ob ich mit zu einem Swing-Konzert wollte, sie hätte Karten. Für denselben Abend. Simone war zu ihrer Schwester gefahren. Nicht nur deswegen sagte ich zu. Die Musik war toll, ich hatte sogar wieder Lust zu tanzen, obwohl ich Swing nun wirklich nicht konnte. Bei einem langsamen Stück lag Wiebke mir weich und rund im Arm. Da merkte ich auf einmal: He, ich habe wieder Lust auf sie. Später dann, draußen, habe ich sie einfach in den Arm genommen und geküßt. »Was ist denn nun los?« sagte sie. Ich sagte: »Das gefällt dir doch.« Ja, sagte sie, und da hatte ich schon meine Hände unter ihrer Rüschenbluse, so ein Teil, in dem sie schon den ganzen Abend wie eine wilde Spanierin aussah. »Hehe«, sagte sie, »laß uns noch 'nen Wein trinken gehen.« Haben wir gemacht.

Fürs nächste Treffen hatte ich mir vorgenommen: Diesmal bleibt's nicht beim Anfassen. Wiebke wäre nicht Wiebke, wenn sie sich nicht etwas für mich ausgedacht hätte. Ich sollte sie in der Wohnung abholen, Niels und Malte waren bei den Großeltern. Als ich ankam, war die Wohnungstür nur angelehnt, aus dem Bad kam laute Musik, auch diese Tür war offen. Wiebke stand unter der Dusche und rief: »Seifst du mir den Rücke ein?« Das verfehlte seine Wirkung nicht – wir haben es unter der Dusche gemacht, sie hat mich halb aus den Klamotten gezerrt. So fing das an – seit einem halben Jahr habe ich ein Verhältnis mit der Frau, die mal meine große Liebe war. Jetzt ist sie meine Geliebte und meine Freundin. Sie hört sich geduldig meine Sorgen mit Simone an, wenn mich die Sache mit Reinhold doch wieder mitnimmt. Wobei ich merke: Seit ich selbst ein Verhältnis habe, sehe ich die Sache von Simone entspannter. Ich merke auch, daß sich zwischen Simone und mir wieder so was wie erotische Spannung entwickelt, wahrscheinlich, weil ich nicht mehr so verletzlich bin, da ich mich als fähigen Liebhaber, als Mann erlebe. Es ist nämlich komischerweise so: Jetzt, wo Wiebke nicht mehr die

Frau ist, die ich unbedingt will, kann ich gelassener mit ihr umgehen, sie beim Sex richtig fest packen. Ich erlebe, daß ich das kann, freue mich dran und weiß, mit Simone das wird auch wieder. Außerdem genieße ich die stundenlangen Gespräche mit Wiebke, die mir schon früher so gefallen haben.

Es ist eigenartig, ohne zu üben hat sich bei mir in den Jahren eine Fähigkeit entwickelt, die ich nicht für möglich gehalten habe: ein Liebhaber sein. Ich kenne die Grenzen, weiß, wie weit es mit Wiebke und mir gehen kann, weiß, daß ich zu Simone gehöre und Wiebke zu Niels. Dennoch genieße ich die Leichtigkeit und Unbeschwertheit mit Wiebke, ich glaube, so muß es sein, auch wenn ich dieses Leben mit Geliebter als Daseinsform nie angestrebt habe.

KABEL BY PIPER

Marie Theres Kroetz-Relin
If pigs could fly

Die Hausfrauenrevolution. In Zusammenarbeit mit Anja Quattlender. 271 Seiten. Broschur

Multitalent zum Nulltarif: Pädagogin und Putzfrau, Köchin und Kinderärztin, Sekretärin und Buchhalterin, Chauffeurin, Frisörin, Ernährungsexpertin, Inneneinrichterin, Psychotherapeutin, Muse und Event-Managerin, verständnisvolle Ehefrau und anspruchslose Geliebte – Hausfrau sein hat viele Gesichter.
Stellvertretend für 15 Millionen deutsche »Nur-Hausfrauen« ruft Marie Theres Kroetz-Relin zu Solidarität und Veränderung auf und versammelt die ersten mutigsten, provozierendsten und spannendsten Texte aus der Bewegung.

Die Revolution der Hausfrauen: wütend und trotzig, humorvoll und zärtlich, authentisch und kreativ.

07/1003/01/R

KABEL BY PIPER

Susanne Westphal

Einfach becircend

Die Typologie weiblichen Erfolgs. 269 Seiten. Gebunden

Madonna, Elke, Jodie oder Anke – welcher Circen-Typ sind Sie?
Ob selbstbewußte Diva oder stilles Reh, Perfektionistin oder Katastrophennudel: Ein bißchen Circe steckt in jeder von uns. Selbstvermarktungsprofi Susanne Westphal, Gründerin des erfolgreichen Netzwerks femmes géniales, verrät, wie Frauen heute ihre Ziele einfordern, wie sie becircen, überzeugen und kriegen, was sie wollen. Sie gibt die besten Kontaktstrategien beim Netzwerken preis, entlarvt die natürlichen Feinde jeder Circe und öffnet die Trickkiste, mit der eine ganz normale Frau sich zur unverwechselbaren Marke macht. Mit individuellem Circen-Test.

07/1001/01/L

PIPER
KABEL BY

Katja Sundermeier

Die Simply Love® Strategie

Ihr Weg zur großen Liebe. 196 Seiten. Klappenbroschur

»Männer sind bindungsscheu«, »Frauen klammern immer so«, »Ich verliebe mich grundsätzlich nur in Verheiratete«, »Meine Ansprüche sind einfach zu hoch« …
13 Millionen Singles, kaum einer freiwillig: ein gefundenes Fressen für Partneragenturen und Beziehungsratgeber. Dabei sind es unbewußte Mechanismen, die uns bei der Partnerwahl immer wieder in die gleichen Fallen tappen lassen – Enttäuschung inklusive. Wie aber können wir unser ganz persönliches inneres »Drehbuch« beeinflussen, unsere »Festplatte« neu formatieren? Wie unser Beuteschema austricksen? Katja Sundermeier, renommierte Psychotherapeutin, arbeitet seit 1995 mit Simply Love®, der Strategie, die Männer wie Frauen einfach und eigenverantwortlich zum Partner fürs Leben führt. Ihr Erfolgsmodell ist in zahlreichen Seminaren erprobt. Jetzt stellt sie es erstmals im Buch vor: mit konkreten Fallbeispielen, praktischen Übungen und spannenden Rollenspielen.

07/1002/01/R

Martina Rellin

Ich habe einen Liebhaber

Frauen erzählen von ihren Begegnungen mit dem ganz besonderen Mann. 256 Seiten. Serie Piper

Mit ihren Ehemännern oder festen Partnern verbindet sie der Alltag – Abenteuer, Lust und Leidenschaft erleben sie mit einem anderen: In diesem Buch erzählen dreiundzwanzig Frauen von ihrer Begegnung mit dem ganz besonderen Mann. Ein Liebhaber gibt ihnen das, was ihnen in ihrer festen Beziehung fehlt. Frauen mit Liebhabern suchen nicht nur Sex, sondern auch jemanden, der ihnen zuhört und Schmetterlinge in den Bauch zaubert. – »Jede dritte Frau geht fremd«, titelte eine Boulevard-Zeitung. Martina Rellin, Bestseller-Autorin mehrerer Liebhaber-Bücher, ergänzt provozierend: »Gäbe es die Liebhaber nicht, noch mehr Ehen landeten vor dem Scheidungsrichter.«

Der Spiegel

05/1848/01/L

Dwight Webb

Ab heute ohne dich

50 Tipps für ein Leben nach der Trennung. Aus dem Amerikanischen von Jutta Suthau. 223 Seiten. Serie Piper

Aus und vorbei? Auch nach dem Ende einer Beziehung muss das Leben nicht leer und sinnlos sein. Ganz im Gegenteil – es hält jede Menge für Sie bereit, Sie müssen nur zugreifen! Der Psychologe Dwight Webb hat 50 Tipps zusammengetragen, mit deren Hilfe Sie nach einer Trennung ins Leben zurückfinden. Sie lernen, erfolgreich von Ihrem Ex-Partner oder Ihrer Ex-Partnerin loszukommen, und erfahren, wie Sie wieder zu sich und Ihren eigenen Bedürfnissen zurückfinden. Und so werden Sie schließlich glücklicher in eine neue Beziehung hineingehen. Ein unentbehrlicher Ratgeber in allen Trennungssituationen und Beziehungskrisen, der Sie stark macht für einen Neuanfang.

05/1819/01/R

SERIE PIPER

H. Cameron Barnes

So funktionieren Affären

Erfolgreich fremdgehen. Aus dem Amerikanischen von Barbara Röhl. 213 Seiten. Serie Piper

Ob locker liiert, seit Jahren zusammen oder verheiratet – Seitensprünge kommen in den besten Beziehungen vor. Das Wichtigste dabei: nicht erwischt zu werden. H. Cameron Barnes gibt Ihnen praktische Tipps, wie Sie jedes Detail Ihrer Affäre mit Leidenschaft, Diskretion und Würde organisieren. Lassen Sie äußerste Vorsicht walten. Seien Sie daheim nicht zu fröhlich, bezahlen Sie Hotel- und Restaurantrechnungen nur bar, unternehmen Sie keine auffälligen Diätbemühungen. Fundiert deckt der Autor alle kritischen Bereiche ab: Kleidung, Handy, Hotel, An- und Abfahrt, sogar Alibi-Beschaffungen. Praxiserprobte Strategien und Tipps zum erfolgreichen Fremdgehen!

05/1818/01/L

Ellen Fein und Sherrie Schneider

Die neue Kunst, den Mann fürs Leben zu finden

»The Rules II«. Aus dem Amerikanischen von Ursula Buntspecht. 233 Seiten. Serie Piper

Auf in die zweite Runde! Nach dem Sensationserfolg ihres Buches »Die Kunst, den Mann fürs Leben zu finden« bieten Ellen Fein und Sherrie Schneider einen neuen Katalog mit Tips und tieferen Einsichten, damit auch Sie ihn endlich bekommen: den Mann fürs Leben. Jede Menge Singles laufen heutzutage herum, es wäre doch gelacht, wenn da nicht einer für Sie dabei ist. Nur müssen Sie es richtig machen. Wie hole ich meinen langjährigen besten Freund vor den Traualtar? Wie bekomme ich meinen Ex zurück? Was mache ich aus der Büroaffäre? Was, wenn er geschieden ist und Kinder hat? Was, wenn er reich ist und mich zu einem luxuriösen Wochenende einlädt? Unverblümt und offen stehen Ellen Fein und Sherrie Schneider mit Rat und Tat zur Seite.

05/1506/01/R

Michele Weiner-Davis

Jetzt ändere ich meinen Mann

Wie Sie ihn einfach umkrempeln, ohne dass er es merkt. Aus dem Amerikanischen von Martin Rometsch. 272 Seiten. Serie Piper

Wie oft haben Sie sich schon gewünscht, Ihr Partner würde mehr mit Ihnen reden? Oder ganz selbstverständlich bei der Hausarbeit helfen? Und wie oft haben Sie sich dann gedacht: Ich geb's auf, er ändert sich nie! Wenn Sie das alles kennen, dann machen Sie Schluss mit den ewigen Nörgeleien und Diskussionen. Denn damit ärgern Sie nur sich und Ihren Partner und erreichen wenig. Setzen Sie stattdessen auf Methoden, mit denen sich Männer wirklich ändern lassen. Dieses Buch zeigt Ihnen die perfekten Strategien – von vielen Frauen erfolgreich getestet. Fangen Sie gleich an und freuen Sie sich an Ihren Erfolgen. Übrigens: Ihr Partner wird es mögen.

05/1507/01/L

Kathryn Eisman

Schuhe lügen nicht

Was sie uns über Männer verraten. Aus dem Englischen von Ursula Bischof. 112 Seiten mit Illustrationen der Autorin. Serie Piper

Wir Frauen haben es immer schon gewußt: Ein Blick auf die Füße verrät mehr als tausend Worte. Ob legere Camper, klassische Schnürschuhe, kultige Pumas oder luftige Flip-Flops – die Lieblingsschuhe des Mannes sind der Schlüssel zu seinem wahren Ich. 44 Männertypen hat Kathryn Eisman mit ihren Charakterstärken und Schwächen anhand ihrer Fußbekleidung ausgemacht. Zu welchen gehört der Mann Ihres Herzens?

»Originelle Tips und humorvolle Einsichten in die Spezies Mann.«
Sonntagsjournal

05/1827/01/R

Ellen Fein, Sherrie Schneider

flirt.m@il

Die Kunst, den Mann fürs Leben im Netz zu angeln. Aus dem Amerikanischen von Heike Schlatterer. 285 Seiten. Serie Piper

Flirt-Mails, Kontaktbörsen und Chatroom-Affären machen Spaß und sind unverfänglich. Aber was tun, damit aus dem ersten Kontakt mehr wird? Wie erkennt man, welcher Absender Mr. Right ist und ob er es wirklich ernst meint? Und was ist beim Online-Dating unbedingt zu beachten? Nach ihrem weltweiten Bestseller »Die Kunst, den Mann fürs Leben zu finden« verraten die Autorinnen jetzt die wichtigsten Regeln und besten Tips fürs Web – damit der Traummann in natura hält, was er online verspricht.

»Amüsant und geistreich – perfekt für weibliche Singles.«
Gala

05/1846/01/L

Brenda Kinsel

Neues aus der Umkleidekabine

Richtig shoppen, super aussehen. Aus dem Amerikanischen von Edith Winner. 240 Seiten mit farbigen Illustrationen von Jenny Philips. Serie Piper

Richtig gut aussehen und shoppen mit Spaß! Ob ins Büro, zum romantischen Dinner oder zum Kindergeburtstag, ob Luxusweib oder Schnäppchenjägerin, gertenschlank oder kräftig, blond oder brünett: Brenda Kinsel, erfolgreiche Stilberaterin, verrät Ihnen, wie Sie für jede Gelegenheit perfekt gekleidet sind und wie Sie Ihren Kleiderschrank ohne Geld- und Zeitverschwendung optimal bestücken können. Außerdem bietet sie eine umfassende Typberatung: Finden Sie heraus, welche Kleidung perfekt zu Ihnen paßt – für jeden Anlaß, jeden Geldbeutel, jede Figur.

»Vom Zaubern mit Schals über Accessoires und die Brille bis hin zu Kleidung – zu jedem Thema hat sie ein paar pfiffige Tips!«
Die Welt

05/1847/01/R